中國學術思想 研究輯刊

十七編

林慶彰 主編

第14冊

「禮義之統」：
荀子政治哲學研究

胡可濤 著

花木蘭文化出版社

國家圖書館出版品預行編目資料

「禮義之統」：荀子政治哲學研究／胡可濤 著 — 初版 — 新北
市：花木蘭文化出版社，2013〔民 102〕

序 12+ 目 2+192 面；19×26 公分

（中國學術思想研究輯刊 十七編：第 14 冊）

ISBN：978-986-322-404-4（精裝）

1.（周）荀況 2.政治思想

030.8   102014734

ISBN-978-986-322-404-4

9 789863 224044

中國學術思想研究輯刊
十七編 第十四冊   ISBN：978-986-322-404-4

「禮義之統」：荀子政治哲學研究

作 者 胡可濤
主 編 林慶彰
總 編 輯 杜潔祥
出 版 花木蘭文化出版社
發 行 所 花木蘭文化出版社
發 行 人 高小娟
聯絡地址 235 新北市中和區中安街七二號十三樓
         電話：02-2923-1455 ／傳真：02-2923-1452
網 址 http://www.huamulan.tw 信箱 sut81518@gmail.com
印 刷 普羅文化出版廣告事業
封面設計 劉開工作室
初 版 2013 年 9 月
定 價 十七編 34 冊（精裝）新台幣 60,000 元

「禮義之統」：
荀子政治哲學研究

胡可濤　著

作者簡介

胡可濤（1979～），男，江蘇灌雲人。淮陰師範學院法學學士（2002），南昌大學哲學碩士（2005），清華大學哲學博士（2009），香港中文大學訪問學者（2012）。曾任教於江西師範大學政法學院，並擔任江右思想文化研究中心，道德與人生研究所專職研究人員。現為中國礦業大學馬克思主義學院講師，中國哲學專業碩士生指導老師。曾在《哲學動態》、《文化中國》（加拿大）、《鄭州大學學報》等學術刊物發表論文 20 餘篇。著作《宗教生死書》（合著）（台灣華成圖書出版股份有限公司，2004 年版），《為什麼美國人恨政治》（合譯）（上海人民出版社，2011 年版）。主要學術興趣：先秦哲學、政治哲學、中西哲學比較等。

提　要

　　荀子是先秦思想的集大成者，也是儒家最富原創力的思想大師之一。他與孟子從「外王」與「內聖」兩個不同的方向繼承和發展了孔子儒學，對後世思想乃至現實都產生了極其深遠的影響。論文從政治哲學的研究視野出發，以「禮義之統」為主題，對荀子的外王思想進行闡釋。

　　論文首先從荀子的天道觀與人性觀展開。「性與天道」問題是荀子政治哲學構建的邏輯前提和理論基礎，荀子政治哲學的形上高度以及價值依託由此奠定。接著，需要探討的是，荀子是通過什麼樣的方法進行政治哲學建構的？「知通統類」作為聖人高明的道德智慧，它具有追求確定性，從具體到抽象、個別到一般的理性化、客觀化的理論傾向。「禮義之統」實質是「統類之道」坐實於歷史文化的產物，是一種「客觀精神」的體現。

　　繼而，「禮義」如何從抽象的「客觀精神」轉化為具體的制度規範？這使得荀子轉向吸納早期法家政治哲學的思想和方法。然而，荀子並非照搬法家的「法」思想，而是將法家的「法」進行了儒家道德化的改造。這種改造使得「禮」、「法」呈現了一體化的結構，構成了荀子政治哲學的一個重要特徵。

　　與之同時，雖然「禮義」在儒家那裏主要呈現「價值理性」的特徵，不過，在荀子看來，它可以演化為一種具有工具理性特徵的「禮義之道」（「禮術」），以更具有實踐性和可操作性。論文圍繞荀子的「為君之道」、為臣之道」、「王霸之道」、「為兵之道」和「論辯之道」等五個問題展開，從微觀上對荀子政治哲學的內容進行細緻的剖析。

　　在對以上四個環節梳理的基礎之上，論文將揭示荀子政治哲學的思想旨趣——「政教貫通」問題，這也是「禮義之統」的本質性特徵。在荀子政治哲學之中，有序社會的建構與有教養的人的塑造不僅是一致的，而且歸根結底，後者是前者的歸宿。放在現代性的視野，儘管以荀子的「禮義之統」為代表的儒家政治哲學存在著時代的限制，然而，卻也為消解現代性政治的危機提供了一條可能的路徑。

序：政治哲學的荀學視界

胡偉希

1、政治哲學：定義與構成

政治哲學是對政治的追問，它要追問的是政治的所以然。政治哲學以國家與社會秩序作為重點研究對象，〔註1〕因此，政治哲學也就是要追問國家與社會秩序的所以然，它關注的是國家之構成以及社會秩序之原理。

然而，政治哲學離不開現實政治。它要對現存的國家政治制度和政治實踐加以認識與評價。它既包括經驗的認知成分，又具有規範與評價的性質。正因為這樣，政治哲學的邊界常常並不清楚。與政治哲學相提並論的有政治科學。一般來說，政治科學屬於經驗科學，強調認知的經驗性；但講究經驗的政治科學有它的理論基礎與方法論，這些基礎理論與方法都涉及到政治哲學；而政治哲學不但要確立政治的認知方法與評價方式，也關心它提出的原理在現實政治中能否應用、如何運用的問題。這樣看來，政治哲學與政治科學的劃分只具有相對性，有時候是很難把它們截然分開的。可以這樣認為：假如將政治學說理解為包括政治哲學與政治科學在內的一個統一體的話，那麼，這其中，政治哲學為政治科學提供基礎理論與方法論，而政治科學則是政治哲學的具體應用。

〔註 1〕 關於政治哲學的研究對象，一直是學術界在討論且沒有獲得公認結論的問題。一般來說，有如下三種觀點：1、以國家與社會制度安排作為主要研究對象；2、以權利為基本考察對象；3、以價值的權威性分配為研究對象。此處將政治哲學定位為以國家與社會秩序安排為基本研究對象，此屬於第一種觀點。這種看法的好處是研究對象較為明確，也是中西政治哲學史上曾長期佔據主流的觀點。

但是，當強調政治哲學的規範性以及它為政治科學提供基礎理論與方法論時，對這一問題的討論就超出了政治科學本身而成為哲學的內容。所以，政治哲學又可以視為哲學在政治研究領域中的延伸。或者說，政治哲學可以視之為兩個不同學科——哲學與政治科學的雜交或合成。用形象一點的話說，政治哲學好像一座橋樑，它一頭通向哲學，另一頭通向政治科學，它是把規範性、評價性的哲學與經驗性、事實性的政治科學連接起來的學科。由於政治哲學具有以上兩重性，它既可歸入哲學學科，又可以劃歸為政治學學科。而歷來的大哲學家們，像柏拉圖、亞里斯多德、康德、黑格爾、中國的孔子、孟子、荀子、朱熹、王陽明等，都既討論一般哲學問題，也以對政治哲學的研究見長。而不少人類學術文化史上留下來的名著，既是哲學的經典，同時又是政治學的經典，如柏拉圖的《理想國》、康德的《法的形而上學原理》、先秦時期的《論語》、《孟子》、《荀子》，等等。

政治哲學具有強烈的規範現實政治的性質。由於要規範現實政治，因此，它一方面要提出理想的社會目標，對理想的政治制度與社會安排加以描繪，並從社會理想出發對現存的或歷史上曾有過的社會制度與秩序安排作出評價；另一方面，它又要從現實經驗出發，研究理想社會目標以及理想社會制度如何實行的可能性，並研究如何將這種可能性轉化為現實。這樣看來，政治哲學既要以理想來規範現實，同時還要研究這種社會理想如何才能在經驗層面上得到體現。前者，我們稱之為政治哲學思想的意義，後者，稱之為政治哲學思想的涵義。而政治哲學作為一門實踐性很強的思想理論，其意義與涵義在其思想系統中又分別以範導性原理與構成性原理的方式加以呈現。換言之，任何具有思想系統的政治哲學理論，都由政治之意義與涵義這兩部分構成，並且要體現政治的範導性原理與構成性原理的統一。

對於政治哲學研究來說，國家與社會秩序有其特定的含義。所謂國家，主要就是國家主權制度。所謂社會秩序，主要體現為以國家意志實行的社會管理與運作方式。一般而言，政治哲學由下列幾部分內容組成：1、國家本體論：研究國家存在的本體論根據，以及它的合法性問題（主權來源問題），2、國家價值論：國家存在的目的、它欲達成的社會理想如何？（這也就是關於「理想的國家」究竟如何的問題）。3、權力運作論：國家如何貫徹它的統治意志？其統治的手段與方式如何？4、政治功效論：政治的運作與實踐是否符合它原初的目標設計？這涉及到對現實的國家運作模式從功效的層面加以檢

驗與評價的問題。看來，前面兩個問題更多地屬於政治的意義與範導性原理要處理的內容，而後兩個問題更多地牽涉到政治的涵義與構成性原理。

2、儒家政治哲學類型

由於政治哲學關注對現存政治制度與政治實踐的規範，並以現實的政治制度作爲考察對象，因此，不同歷史時期的政治哲學，其強調的內容以及所研究問題的重心並不相同。由此，政治哲學可以劃分爲古代的、近現代的、當代的，等等。比如說，古希臘時期的政治哲學以城邦政治作爲其研究的重要內容，羅馬時期的政治哲學關注的是奴隸制下的共和制與君主制統治，中世紀的政治哲學以神權政治爲內容，近現代西方的政治哲學主要立足於如何建立民主的制度安排；而在當代西方，政治哲學以現實政治生活中的基本衝突——自由與平等的矛盾作爲中心話題，如此等等。

就近現代西方整個政治哲學而言，這當中又可以區分爲不同的類型：以自由主義爲導向的，以社群主義爲導向的，以民族主義爲導向的，以馬克思主義爲導向的，等等。這些類型的不同，乃由於它們各自有其不同的中軸原理。如自由主義政治哲學的中軸原理是個人自由與個人權利，社群主義將社群（共同體）、共同善等作爲它的中軸原理，民族主義以國家權力作爲它的中軸原理，馬克思主義以階級鬥爭作爲它的中軸原理，等等。

在世界上，不同的文化圈各有它們不同的文化傳統與宗教背景，從這些不同的文化傳統或宗教背景中，又可形成不同的政治哲學類型。像基督教文化背景、伊斯蘭文化背景、儒家文化背景的政治哲學，等等。假如將政治哲學從文化傳統的角度來加以考察的話，可以發現政治哲學的話語方式常常打上了這些不同文明傳統的印記。

此外，不同的政治哲學還有它們各自不同的哲學背景，這些哲學背景也強烈地影響到它們對於政治問題的認識。比如說，以近代西方哲學思潮來劃分，就出現了不同的政治哲學類型，如行爲主義（實證主義）的政治哲學，存在主義的政治哲學，弗洛依德主義的政治哲學，等等。以至於在具有同一思想宗旨的政治哲學中，也可以按照哲學取向的不同加以細分。比如說，同爲自由主義的政治哲學，就有大陸理性主義傳統與英美經驗主義傳統的不同，它們屬於自由主義這一思想譜系中的不同類型。

基於以上的劃分，對儒家政治哲學的研究具有類型學的意義。這是因爲

政治哲學的思想派別與思想類型儘管品種繁多，但拋開其在各自的政治理念以及政治方略上的看法不同，將不同的類型加以區分開來的，其實是政治哲學中的意義與涵義。就是說，由於對意義與涵義有倚重倚輕之別，以及對其中意義與涵義的理解不同，才出現了各自不同的類型。比如說，古代與中世紀的政治哲學強調意義的層面，而近現代與當代的政治哲學側重對涵義的研究；自由主義政治哲學重視對涵義的研究，而社群主義的政治哲學則強調意義。東方的政治哲學有強調意義的傳統，而當代西方的政治哲學以對涵義的研究見長；而在對意義的理解中，自由主義是以個體爲本位的，而社群主義的政治哲學則是以社群爲本位的，如此等等。而在這種種的類型劃分之中，儒家的政治思想是接近於西方社群主義這種思想類型的。這表現在儒家對政治之理解蘊含著如下思想觀念。

（1）個人是社會的動物。儒家認爲：個人是通過與他人，尤其是與整個社會進行交往才得以確立其存在意義的。因此，儒家認爲人是社會性的存在。換言之，不僅沒有可以脫離社會而獨立存在的個人，而且個人是通過其社會性才獲得其本體論地位的。儒家歷來以社會性來界定人的存在。如儒家重要經典《中庸》說：「仁者，人也，親親爲大。義者，宜也，尊賢爲大。」這裏，人與人的關係，尤其是家庭成員之間的倫理關係，才成爲人之爲人的存立根據。孟子也強調「人禽之別」，並將維繫社會穩定的道德之有無作爲衡量人之爲人的依據。至於荀子，更將體現社會存在的「禮」上升到本體論高度，強調人要修身習禮。

（2）社會價值高於個體價值。儒家重視與提倡群體價值，認爲個體價值要服從於群體價值。儒家重視成就自己，即講究自我實現，但這種自我價值是要通過群體價值才能實現的，這就是儒家歷來所講的「成人成己」。社會價值是儒家所謂的「道」。儒家認爲人的價值與使命就是如何去求道、行道。孔子說：「朝聞道，夕死可矣！」〔註2〕並且主張「無求生以害仁，有殺身以成仁。」〔註3〕

（3）強調社會善。儒家將社會善視之爲首要價值，並認爲國家的目標就是要實現這種社會善；同時還將是否滿足社會善視爲政治清明與否的標準。孔子將這種強調社會善的治國原則稱之爲「德治」：「爲政以德，譬如北辰居

〔註2〕《論語・里仁》。
〔註3〕《論語・衛靈公》。

其所而眾星拱之。」〔註4〕孟子則稱之爲「王道」：「以力假仁者霸，霸必有大國；以德行仁者王，王不待大——湯以七十里，文王以百里。以力服人者，非心服也，力不贍也；以德服人者，中心悅而誠服也，如七十子之服孔子也。」〔註5〕

（4）強調個人對社會的義務與責任。儒家強調個人對群體的義務與責任，並視之爲人之爲人的標準。如孔子說：「君子務本，本立而道生。孝悌也者，其爲仁之本與！」〔註6〕爲此，孔子提倡「克己復禮」。荀子更將這種重視社會義務與責任的原則上升到「禮」的高度，主張施行禮的教化：「禮者，所以正身也；師者，所以正禮也。無禮何以正身，無師吾安知禮之爲是也。」〔註7〕

從以上四方面內容來看，儒家思想與西方當代社群主義在基本的社會理念和社會價值的看法以及對人的本質的認識上，都存在著共識，即強調人是社會性的存在，並且將國家的職能理解爲如何保障群體的共同善。在這種意義上，我們可以將儒家政治哲學理解爲廣義的社群主義類型。這裏，之所以說儒家政治哲學具有社群主義的屬性，主要是指它對政治的理解是以社會人爲導向，而非以個體人爲本位的。

儘管如此，儒家畢竟是儒家，而非當代西方的社群主義者。作爲一種發端於東亞文明傳統的社會政治哲學，儒家自有它不同於當代西方社群主義者的問題意識以及觀察社會政治問題的獨特視野，這是需要我們進一步辨明的。

首先，「群」以「家族」作爲基本結構。在儒家思想中，「群」的概念是與家族概念聯繫在一起的。這是因爲：傳統中國社會是以家族爲基本單位的社會存在，人與人之間的交往，以家族爲基礎，而國家不外是這種家族結構的放大與延長。對於儒家來說，所謂社群不是別的，無非是一種家族式的社會網路與人際關係，是一種依賴宗法關係加以維繫的社會共同體，而國家則居於這個家族結構的頂端。孔子在談到社會的管治時，認爲最重要的事情就是「正名」，即確立「君君，臣臣，父父，子子」的社會關係準則。《大學》在談到社會管理辦法時更強調家族式的管理：「上老老，而民興孝；上長長，而民興弟，上恤孤，而民不倍。是以君子有絜矩之道也。」

〔註4〕《論語・爲政》。
〔註5〕《孟子・公孫丑上》。
〔註6〕《論語・學而》。
〔註7〕《荀子・修身》。

其次，「群」的維繫基於倫理道德。在西方社群主義者眼裏，社群是自發自治的社會共同體，這種共同體更多地是基於共同利益的聯繫。而對於儒家來說，社群的維繫與其說是基於共同的利益，不如說更多地是訴諸於社會倫理。在儒家看來，倫理道德是社會之形成的最根本的紐帶，因此，人與人之間的交往，更多地依賴於一種道德倫理關係。對於孔子來說，國家的治理就是如何把這種社會倫理或家族倫理作為治理之目標，所以，他談到如何治理一個國家時說，引述《尚書》中「孝乎惟孝，友乎兄弟，施於有政」的話說：「是亦為政，奚其為為政？」意思是說：所謂政治，無非是將家族倫理運用於社會管理。《大學》對這種家族式的社會倫理原則作了具體的規定：「為人君，止於仁。為人臣，止於敬。為人子，止於孝。為人父，止於慈。與國人交，止於信。」

再次，社會價值的一元而非多元。對於儒家來說，社會價值目標是趨於一元而非多元的。這是因為：要維繫家族式的社會結構與人際關係，必須訴諸於共同的社會道德，這種社會道德的目標是為了維繫社會共同體的穩定，密切共同體成員之間的聯繫，因此，它不能不以社會整體的名義確立一種社會共同體所有成員都必須遵循的共同道德。在這種情況下，任何個體的權利與利益必須讓位，服從於社會整體的利益與價值。因此，從本質上，這種社會道德是排斥個體性與多元性，而追求集權與一元性的。這種統一的社會道德，體現為具有強制性的禮。所以孔子強調「克己復禮為仁」，並且提倡「非禮勿視，非禮勿聽，非禮勿言，非禮勿動」，〔註8〕等等。

此外，國家的治理是通過自上而下而非自下而上的方式。對於儒家來說，既然國家是家族的延伸或放大，因此，在國家治理的模式上，自然就是採取家族式的自上而下的方式進行：國君就相當於社會中的家長，他的責任是選擇好德才兼備的臣下，以輔助他的治理。《禮運》篇描述這種國家管理方式說：「大道之行也，天下為公，選賢與能，講信修睦。」這種自上而下的管理模式，具有賢人政治與精英政治的特點。而整個社會管理權力，也呈現為一個金字塔的結構：國君處於最高位，然後依次是諸侯、大夫，等等。

最後，「德治」成為國家治理的主要方式。雖然是採取家族式的管理，儒家認為，國君對於國家的管理，其治理方式也相當於一位慈父對家庭的管理，而非一味憑個人喜怒可以行事，因此，儒家提倡「德治」。德治表現為兩個方

〔註8〕 《論語‧顏淵》。

面的內容：首先，統治者要以身作則，成為道德的化身或楷模。孔子說：「政
者，正也。子帥以正，孰敢不正。」〔註9〕其次，對於社會的治理，是提倡道
德教化。孔子談到這種德治的教化效果時說：「道之以政，齊之以刑，民免而
無恥；道之以德，齊之以禮，有恥且格。」〔註10〕

　　從以上幾點看來，儒家作為一種以「社群」為本位的政治哲學，其對於
群或者說社群的理解其實與西方社群主義者的理解相差甚大。僅僅將它歸之
為社群主義，雖然可以說明儒家思想與當代西方社群主義思想存在著共性，
但卻容易導致對儒家的政治學說中無法被西方社群主義所能包涵的特殊思想
與觀念，而這些特殊思想與觀念對於我們理解儒家思想之為儒家思想來說是
更為重要的。因此，為了加深對儒家政治思想的理解與認識，並對儒家政治
哲學之價值從學理上加以評價，我們不能停留於儒家屬於社群主義類型的簡
單提法，而應當進一步深入到儒家思想之「堂奧」，去弄清楚儒家政治哲學之
不同於其他政治哲學思想的特質到底在哪裏。

3、荀子對儒家政治哲學的貢獻

　　作為一種政治思想學說，儒家政治哲學是由儒家思想的創立者孔子開啓
的。應該說，孔子的思想學說中已包含著儒家政治哲學的核心思想或者說根
本觀念，這當中包括：家國同構思想、倫理共同體觀念、社會共同善觀念以
及德治觀念。但就儒家政治哲學思想的建構來說，孔子的獨特之處是對國家
統治的合法性問題的提出及其論證，這就是關於「禮」的思想。我們知道，
自殷周以來，「禮」作為宗法社會的制度安排，在維持社會的穩定運轉方面一
直發揮著重要職能。但孔子以前，禮僅僅是作為社會建制而存在，孔子政治
思想的一項重要貢獻，就是對禮進行反思。可以說，孔子的其他思想觀念，
都是圍繞著禮這一個核心觀念來展開的。比如說，關於仁的說法。孔子說：「禮
云禮云，玉帛云乎哉？樂云樂云，鐘鼓云乎哉？」〔註11〕「人而不仁，如禮
何？人而不仁，如樂何？」〔註12〕仁在社會政治層面體現為德治。孔子將德
治視為政權合法性的根據。所謂德治，就是承認道德在政治中的優先性。這

〔註9〕　《論語‧顏淵》。
〔註10〕　《論語‧為政》。
〔註11〕　《論語‧陽貨》。
〔註12〕　《論語‧八佾》。

種優先性，不僅是指道德應確立爲國家政權的基礎，而且是指：在具體的政治動作與政治實踐中，應貫徹道德至上的原則。

繼孔子之後，將儒家政治哲學思想作進一步發揚光大的是孟子。如果說孔子政治哲學的問題意識是關於國家統治權力的合法性問題的話，那麼，孟子則將如何管治好一個國家與社會作爲他思考政治問題的重心。這方面，孟子主張「仁政」。孟子的仁政思想包括如下內容：其一，仁義並重，以義釋仁。孟子認爲，對於國家治理來說，要以仁爲價值導向；但是，仁又必須通過具體可行的社會管理措施與國家治理方案體現出來。從這種意義上說，義爲國家管理與政治活動提供了行爲準則。其二、行仁政。孟子將孔子的作爲國家政權之合法性依據的「仁」改造爲「仁政」，強調仁要展現爲具體的國家政治管理形式。行仁政具體表現爲兩個方面：對於君主來說，要從自己的仁心推己及人；就具體的社會管理而言，要「以民爲本」。

然而，孔子和孟子雖然在儒家政治哲學的創立方面具有奠基性的貢獻，但在他們那裏，儒家政治哲學作爲一種思想系統尚未得以全幅的開展。而後一方面的工作，有待於荀子來完成。

作爲先秦儒家思想之集大成者，荀子政治哲學的貢獻在於：首先，它繼承和發揚了孔子以禮治國的傳統，並且融法入禮，解決了儒家政治哲學中的難題。其次，它以「禮義之統」的方式，建構成一個首尾一致、具有思想系統性的儒家政治哲學理論體系，從而將儒家對政治的反思提高到一個全新的水準。我們知道，本來，在孔子思想中，禮也是一個相當重要的概念，但對於孔子來說，禮主要是一套社會管理規範與行爲準則，在當時，孔子主要關心的是這種社會管理規範與行爲準則的合法性問題，故他要將禮灌注以仁的內容。「以仁釋禮」雖然可以解釋國家權力的合法性以及價值論問題，卻也容易導致對政治哲學的另外兩個重要問題——權力的運作論與政治的功效論的忽視。孟子雖然關注後兩個問題，提出「行仁政」，卻將良好政治的實現寄託於統治者的「仁心」與道德修養方面，要求治理國家者具有「內聖」的功夫與人格。但事實上，良好的政治與社會秩序之建立與其說是一個「內聖」問題，不如說是屬於國家治理之功效與事功的「外王」問題，這個問題僅憑國家治理者的良好願望與個人道德修養難以解決。因此，這方面，是荀子而非孟子，才是孔子開啓的以禮治國路線的真正傳人。荀子認爲：禮本身具有天然的正當性與合法性，這種正當性與合法性不在於它是否符合人的道德意

識，而在於它本身就是國家意志的體現。從這種意義上說，荀子不僅繼承了孔子思想，而且發展與補充了孔子的思想，即將「以禮治國」這一儒家政治哲學的核心思想發揚光大，而且增添了新的內容。對於荀子來說，以禮治國不僅意味著孔子提倡的德治，也不止是孟子所要求的君王具有仁義之心，而是一種制度化的安排，它必得表現與體現為一種具有制度規範性的社會秩序。在這種意義上說，是荀子而非孔子和孟子，才真正使禮的制度化安排這一問題納入儒家政治哲學的視野並使之作為思考政治問題的中心內容，即言之，作為國家制度安排的禮不再停留或寄託於君王的仁心，它本身就具有絕對的權威與行使權力的主體性。因此說，荀子政治哲學的重要貢獻是發現了禮這一作為國家制度與社會秩序的構成性原理。

荀子不僅將禮作為國家的「大經大法」也即構成性原理加以提出，更關心這種構成性原理在現實社會政治生活中的運用。我們知道，任何一個社會與國家在實施其統治時，必須有法。對於孔子、孟子來說，由於其強調德治與仁政，法是不那麼受到重視的，至少認為它不是政治哲學要討論的重要問題。但在荀子看來，法在社會生活中扮演著重要的角色。因此，荀子政治哲學的一個重要內容就是要將禮與法加以溝通，也即所謂的「禮法治」。荀子的禮法治思想包含如下內容：首先，禮法貫通。其次，禮高於法。再次，禮法分別對待的原則。總之，對於荀子政治哲學來說，禮法治是一個核心觀念，既是其構建政治哲學思想體系的邏輯起點，亦是其完成整個政治哲學理論建構的思想終點。因此，如何理解禮法治思想，不僅是把握荀子政治哲學的關鍵，同時也是把握荀子整個政治哲學思想體系的難點。

應該說，對荀子的禮法治思想的研究，早已為學界所注意。但呈現在眼前的這本書卻是別開生面的。我們知道，荀子一方面繼承了孔子以禮治國的思想傳統，另一方面卻又從法家思想中吸取思想養料，提倡「法治」。然而，強調德性的禮治在制度與實踐層面上如何與強調法制的法家思想加以對接，這對於繼承儒家傳統的荀子來說是一種思想挑戰。也唯其如此，荀子關於「禮法治」的思想其實充滿內在的張力，甚至在言說層次中顯得「幽暗難明」。本書的成功之處就是提煉出「禮義之統」這一中心話題，對荀子禮法治的複雜思想作了層層深入的剖析，使我們得以一窺荀子禮法治思想的豐富意蘊與深刻內涵。誠如作者所言：「『禮義』如何從抽象的『客觀精神』轉化為具體的制度規範？這使得荀子轉向早期法家政治哲學的思想和方法。然而，荀子並

非照搬法家的『法』思想，而是將法家的『法』進行了儒家道德化的改造。這種改造使得『禮』、『法』呈現了一體化的結構，構成了荀子政治哲學的一個重要特徵。」讀此書，我們同樣可以說：作者通過對荀子思想的分析與敘事，不僅展現了荀子的禮法治思想的內在理路與思想邏輯，而且是對整個儒家政治哲學的思想重構，即儒家重視禮治與以德治國的思想傳統，必有待於經過法家的法治思想的洗禮，才得以煥發出其思想生機。換言之，是荀子援法入儒的思路，才使得儒家落實於制度與社會秩序層面的政治哲學思想體系得以完成。

依我看來，此書的思想價值已遠超出了其關於荀子政治哲學的敘事。如本文開篇所言，理想的政治哲學理論要面對的是國家制度的意義與涵義如何銜接、政治的範導性原理與構成性原理如何統一的問題。這其中，政治哲學的意義要闡明的是國家權力與社會秩序的合理性與合法性問題，而政治的範導性原理意味著良好的國家制度與社會秩序安排應當如何，這兩個問題都非囿於單純的「政治」本身所能解決。即言之，政治的意義問題與政治的範導性原理有待於超超狹隘的政治性思維，而將視野向政治之外的領域延伸。這也就意味著政治哲學不僅要對政治的基礎問題進行探究，同時也是政治的形而上學，它要求對政治的理解具有形上之思。在這方面說，《「禮義之統」：荀子政治哲學研究》一書題旨立意高遠，其對荀子政治哲學理論的討論首先從荀子的人性論思想切入，並將「性與天道」問題視爲荀子政治哲學的邏輯起點；然後，本書對荀子建構政治哲學的方法論加以探討，即認爲荀子建構政治哲學理論的方法論原則是「知通統類」；在此基礎上，本書對荀子的整個政治哲學的理論架構即「禮法一體」思想作了辨析；最後，該書還分別從「爲君之道」、「爲臣之道」、「王霸之道」、「爲兵之道」以及「論辯之道」等方面，分別對荀子政治哲學的內容作了具體展開。這種對荀子政治哲學的思想處理與邏輯安排既是對荀子思想的重構，同時也表明了作者對政治哲學理論該如何建構的沉思。這裏，作者打通「天人」，貫通形上之道與形下之理的理論探索勇氣是可取的。也許，目前爲止的現存種種政治哲學的思想體系與理論範式並不意味著理想的政治哲學思想體系之完成。猶如人類的政治實踐仍在不斷探索過程之中，言其到達終點尚爲時過早一樣，有志於政治哲學理論探索的研究者要將政治哲學的理論範式定於一尊從目前看來也爲時爲早。從這方面說，作者通過對荀子政治哲學的考察，爲我們引入了一種思考政治哲學問

題以及建構政治哲學理論的新的思想理路。由此看來，本書不僅推進了關於荀子政治哲學的研究，而且會給政治哲學理論本身的研究帶來某種啓迪或思想的衝擊。

　　是爲序。

胡偉希

識於北京藍旗營

2013 年 4 月

目次

第1章 導 論

1.1 研究目的與意義

論文之所以以「『禮義之統』：荀子政治哲學研究」爲題，必須交待兩個問題：一是何以以「禮義之統」作爲貫穿論文的中心？二是何以是政治哲學而非政治思想研究？針對第一個問題，我們無法繞開新儒家代表人物牟宗三先生。他最早從荀子思想中提煉出「禮義之統」，將之視爲荀學的「大體」。而且，牟先生的這一觀點在港臺荀學界具有支配性的影響。故而，我們首先從牟先生的《名家與荀子》一書引出「禮義之統」這一主題。繼而，在對荀子禮學思想及政治思想研究檢討的基礎之上，引出政治哲學研究的必要性。接著，我們將根據政治哲學的基本原理，探討荀子政治哲學何以可能的問題，最後將談一下此選題的意義。

1.1.1 從牟宗三《名家與荀子》談起

牟宗三在《名家與荀子》一書中透露了他對荀學研究狀況的不滿：「荀子之學，歷來無善解」〔註1〕。他歸納了兩種荀學研究範式：一爲「不識性」的宋明儒學，二爲不識「禮義之統」的近世荀學研究。前者糾纏於荀子的「性惡論」問題，後者則將興趣集中於荀子的《正名》篇。在牟先生看來，要瞭解荀子「邏輯之心靈」，就必須先把握荀學之「大體」——「禮義之統」，此爲「求善解」的途徑。

〔註 1〕 牟宗三：《名家與荀子》，見牟宗三全集編委會：《牟宗三先生全集》（第二冊），臺北：聯經出版事業股份有限公司，2003 年版，第 21 頁。

就牟宗三所批評的第一種荀學研究範式而言，宋明儒學的「不識性」直接影響了荀學後來的命運。荀子在唐代以前至少與孟子具有同等的學術地位。根據史料來看，他晚年在蘭陵講學授徒，其門人眾多，聲勢頗為浩大。他的兩個弟子：法家的理論家韓非、實踐家李斯深刻地影響了秦代的政治。清代學者汪中在《荀卿子通論》中認為：「荀卿之學，出於孔氏，尤有功於諸經」〔註2〕。儘管有學者對汪中歸納的荀子傳經譜系有不同意見，但大抵不否認荀子對於漢代學術的影響。從流傳至今的文獻也可以看到這種影響力量：大、小戴《禮記》，《韓詩外傳》，《孔子家語》、《史記》之《禮書》和《樂書》篇等著作與《荀子》不乏雷同之處。漢代諸多學者，不論是第一流的博士經生浮丘伯、申公、張倉等，還是第一流的思想家陸賈、賈誼、王符、董仲舒、荀悅等都受到了荀子思想的深刻影響。荀子對於儒學學脈的延續作出了不可磨滅的貢獻。司馬遷將之與孟子並列作傳，班固視其與孟子同為「七十子之弟子」，位列「儒家類」。劉向則將孟荀同列，比肩孔子，並全面系統地校讎整理荀子的著作，定名為《孫卿新書》。顯然，終漢之世，孟、荀地位不相伯仲。即使是魏晉降及隋唐，也未見孟荀的地位出現太大懸殊。

然而，伴隨著印度傳入的佛教逐漸滲透到中國民眾乃至知識分子的心靈世界，儒家知識分子出於護教的需要，在「排佛」的同時，也走向了對傳統心性論的挖掘，以對抗佛教的心性論，正如康有為所說：「孟子性善之說所以大行者，借由佛學之故。蓋宋時佛學大行，專言即心即佛，與孟子性善暗合，乃求之儒家得性善之說，極力發明之，又得中庸天命之謂性，故亦稱中庸。然既以性善之說，則性善在所必攻。此孟子所以得運兩千年，荀子所以失運兩千年也。」〔註3〕這一進程也直接導致了孟、荀的地位朝著逆向對稱的方向發展：當孟子成為儒家「道統」重要環節的時候，荀子則幾乎被剝離了在思想界的影響。宋明新儒家認為荀子最大的癥結就是「性惡論」問題，程頤的「只一句『性惡』，大本已失」〔註4〕基本代表了這種立場。此外，荀子還有其他的兩條罪狀：一是《荀子》中多有指責子思、孟子的言論；二是李斯、

〔註2〕轉引自王先謙：《荀子集解》，沈嘯寰、王星賢點校，北京：中華書局，1988年版，第21頁。

〔註3〕康有為：《長興學記·桂學答問·萬木草堂口說》，北京：中華書局，1988年版，第184頁。

〔註4〕程顥、程頤：《二程集》，王孝漁點校，北京：中華書局，1982年版，第262頁。

韓非是荀子的學生。這兩者無疑是荀子在「大本已失」的情況下所造成的必然結果。

　　平心而論，這三點很難作爲排斥荀子的根據：首先，如果以孔子作爲儒學正宗的參照系，孔子談「性」的內容大體涉及兩句，一爲「性相近，習相遠」（《論語・陽貨》，另一則爲：「唯上知與下愚不移。」（《論語・陽貨》）很難說，孟子的人性論就是正解了孔子的意思，而荀子則走向了歧解。至於說孟子形成了「性善論」、荀子產生「性惡論」，只是不同的致思路徑，從不同的方向發展了孔子的人性論而已。其次，荀子對後世所能知曉的那個時期的學派和人物大多有所批判，而且基本上能夠做到有的放矢。從出土文獻《馬王堆帛書》以及《郭店楚簡》來看，荀子批評孟子造「五行」並非臆測。荀子對孟子的批判只是在「百家爭鳴」背景之下，基於自身學術框架對儒學內部的一種理性反思。最後，就荀子與李斯、韓非的關係來看，有學者認爲韓非與荀子沒有思想承傳關係，李斯與荀子只是旁傳關係〔註5〕。退一步而言，我們承認韓非和李斯都是荀子的弟子。儘管，《荀子》中並沒有出現與韓非相關的話，但文本所反映的價值立場卻與《韓非子》是完全對峙的。至於李斯，《荀子・議兵》篇有荀子與他的對話。從對話內容看，荀子與李斯之間的觀點方枘圓鑿。根據《鹽鐵論・毀學》篇記載：「方李斯之相秦也，始皇任之，人臣無二，然而荀卿爲之不食，睹其罹不測之禍也。」〔註6〕這說明荀子對於法家思想的問題，還是非常有預見性的。熊十力先生曾從師承關係的角度，爲荀子「正名」，他說：「韓非學於儒而率毀儒，其亦不善變矣。世或以荀卿之徒有韓非，而咎及卿之學，此亦過也。堯舜有均朱，何傷於堯舜乎？天有浮雲，地有荊棘，何傷於天地乎？」〔註7〕

　　回到牟宗三所說的第二種研究範式。近世學者何以對荀子的《正名》篇情有獨鍾？原因在於近代以來，中國的知識界經歷了「歐風美雨」的洗禮。如果用西方的學術標準看待中國文化，就會發現中國幾乎很難有西方標準意義上的學術。最切近西方學術標準的也許只能是中國文化中的「名學」。故而，那一時期的學者大多不約而同地對「名學」發生了興趣，並以西方的邏輯去

〔註5〕　張涅：《論韓非與荀子無思想承傳關係》，見《先秦諸子論集》，上海：上海古籍出版社，2005 年版，第 299～305 頁。

〔註6〕　桓寬：《鹽鐵論》，上海：商務印書館，1936 年版，第 35 頁。

〔註7〕　熊十力：《韓非子評論・與友人論張江陵》，上海：世紀股份有限公司，2007 年版，第 16～17 頁。

比附中國的「名學」。牟氏正確地指出了那些熱衷於荀子名學研究的學者將「名學」抽離出荀學的「大體」——「禮義之統」的癥結。他認爲對於荀學正確的求解路徑是先把握好荀學大體——「禮義之統」，繼而，通過名學把握荀子的「邏輯之心靈」。他的《名家與荀子》完全依此路數：《荀子大略》即是對荀學「大體」的把握，而附錄的《荀子·正名篇》疏解，則爲荀子「邏輯之心靈」的呈現。牟宗三認爲荀子的思路與西方重智傳統相近，是疏通中西文化命脈的一條重要路徑。

　　《荀子大略》採取了傳統文本案語方式解讀，其核心是探討荀學的「大體」——「禮義之統」問題。牟宗三借用了德國哲學家黑格爾的「主觀精神」、「客觀精神」與「絕對精神」的範疇去分析孔、孟、荀思想：孔子默契天命天道，表現爲主觀精神與客觀精神的合一，此即絕對精神；孟子以「仁也者，人也。」(《孟子·盡心下》)的主觀精神透顯絕對精神；荀子則以「禮義之統」顯豁出純粹的客觀精神。然而，荀子不能洞徹絕對精神，其所論之天乏超越義，僅爲自然被治之天，故「本原不足」；又因不解主觀精神，僅識自然被治之性，故「禮義之統」又流於「義外」，故他斷言：「荀子有客觀精神，而其學不足以成之。」〔註8〕

　　牟先生認爲，「禮義之統」的客觀精神落實於具體化的組織，只具有自上而下的道德形式，並未進展到近代國家形式。當然，這不止是荀子的問題，也是整個傳統政治思想的癥結，此即他所說的「只有治道而無政道」¹問題。以荀子爲例，他的「道」實質是「人文化成」的「禮義之統」，也是「人道」、「群道」、「君子之道」爲核心的治理之道。以之治人、治性、治天，以成人爲能，即是荀學的基本原則——「天生人成」的涵義。牟先生從「天生者不能自成」的「天生」至「節制之而後能生生」的「人成」，一方面論述荀子「天」的自然性以及「天君」的內涵，另一方面則解析荀子「性」中的動物性與「心」所具有的「知性」，以此揭櫫荀子思想中的天人關係。對於「天」，荀子只言人道，不論天道，其「道」非宗教、非形而上，非藝術，而爲自然之道。那麼，如何開出禮義法度呢？顯然，只有轉向「人成」。荀子強調自然之天，若完全順從自然之天，不加節制，則走向「爭」、「亂」、「窮」。其中關鍵即在「天君」。「天君」即是荀子所說的「心」。牟先生認爲荀子是「以智識心」而非「以

〔註8〕牟宗三：《名家與荀子》，見牟宗三全集編委會：《牟宗三先生全集》(第二冊)，臺北：聯經出版事業股份有限公司，2003年版，第174頁。

仁識心」，他說的「心」僅有認識思辨作用，是「認知心」，而非「道德心」。同時，荀子把「性」視爲赤裸裸的動物性的自然生命，就生命本身而言無所謂善惡。若「順之而無節」則必然生惡亂，這才是荀子說的「性惡」的意味。但是，荀子並沒有順承動物性，而是轉而求助「天君」，「以心治性」，由禮義的發明而轉向「治性」，故而荀子所論的「禮義」在人性中無根，是外在的發明，是經驗義，導致「禮義之統」透顯不出。

與孔孟立「天下爲公」思想不同，荀子不主禪讓，因爲「天子」（君）在他那是一個純理念，用牟先生的話說：「天子之本質爲純理純型（pure form），爲通體是道之呈現（pure actuality），而毫無隱曲者（no potentiality）。」〔註9〕「君」，實爲絕對精神的人格化象徵，落實到政治組織中，往往產生「君主專制形態」（直接形態）。其中的問題是：（1）在沒有法律軌道的保障之下，君位的傳承，往往取決於戰爭；（2）君主只是一個純粹理念，落實現實，很難保證君主一生儘其德，亦很難以德加以期望；（3）荀子無「法天敬天義」，所以君往往缺乏有力約束；（4）君主雖有宰相系統相輔弼，但由於等級森嚴，不足以「興發庶民之自覺」、「抒發客觀精神」，無法成就國家形態。只有從直接形態過渡到憲法軌道下的間接形態，國家形式才能夠轉出。一方面需要對君有客觀的安排，使絕對性變爲相對性，無限性變爲有限性，另一方面，則需要塑造「公民」，喚起民眾的主體自覺意識。惟有如此，才能夠解決中國政治的癥結與弊端。

牟先生一方面突破了以往的荀學研究範式，對荀子的思想作了全新的解讀，另一方面又嘗試地對荀學進行現代價值的轉換。他對荀學的基本立場和觀點，確實具有全新的意義。不過，他對荀子「禮義之統」的解析至少存在以下幾個問題：（1）「主觀精神」、「客觀精神」與「絕對精神」是黑格爾「精神現象學」的知識譜系，它突出的是精神所經歷「正、反、合」三階段的動態發展過程。他借用了這一說法，卻將之視爲靜態的、具有品級高低的價值標準，以此來擡高孔、孟，貶抑荀子。此種做法不僅有扭曲黑格爾哲學的危險，更可能會造成對荀子思想的誤讀。（2）牟氏將荀子說的「性」完全理解爲「自然之性」，「天」理解爲「自然之天」，而且認爲荀子對人性的認識要低孔、孟一截。他認爲宋明儒家對荀子的人性論認識不夠，但是，他對荀子人性論的看法，實際上與宋明儒者評判荀子「只一句『性惡』，大本已失」的價

─────────

〔註9〕同上，第 200 頁。

值立場如出一轍。因為荀子是儒家，所以，他對荀子有同情的理解，甚至希望能夠將荀子思想加以更好的發揮；因為荀子不主「性善論」，所以，他又和宋明理學家一樣，糾纏於荀子的「性惡論」，而繼續對荀學採取謹慎和保留的態度。正如韋政通先生所批評的那樣：「唐（君毅）、牟（宗三）二先生對傳統心性論的整理，及其問題的疏導，在哲學的範圍之內，有相當價值。遺憾的是，為了堅持正統觀念，勢必為後世留下一些無謂的爭端，如認為孟子性善論為心性論的正統，於是對荀子漢儒經驗觀點的人性論，都只能消極地肯定其價值，殊不知荀子和漢儒瞭解人性的方法，根本與孟子不同，其基本路數，與現代人運用社會科學方法探求人性比較接近。」〔註10〕（3）牟宗三認為荀子是「以知識心」，而不是「以仁識心」，不過，根據佐藤將之的統計，在《荀子》中，「仁」出現 36 次，「仁義」出現 16 次〔註11〕。至少說明，荀子思想並沒有完全排斥具有內傾性道德特徵的「仁」與「仁義」。而且，如若荀子所論的「心」完全是理性化的「知識心」，那麼如何解釋荀子論域中的道德緣起問題？誠然，荀子的思想具有理性的品格，但是其自始至終所凸顯的是道德理性。牟先生未免對荀子所論的「心」有「過度詮釋」的嫌疑。

　　牟宗三確實發現了荀學「求善解」的路徑，但囿於孔孟正統路線的維護，對心性之學的青睞，使得他對荀子解讀存在著強烈的「門戶之見」，這也必然影響到了他對「禮義之統」的深入詮釋和合理解讀。不過，對「禮義之統」作出詮釋的《荀子大略》總共才 55 頁，卻深刻地影響和支配著港臺的荀學研究領域。不論是牟氏後學，如蔡仁厚的《孔孟荀哲學》（臺北：學生書局，1984年）、周群振的《荀子思想研究》（臺北：文津出版社，1987年）、何淑靜的《孟荀道德實踐理論之研究》（臺北：文津出版社，1988年）等，抑或自由知識分子韋政通先生的《荀子與古代哲學》均無不映現牟宗三的影響。儘管後者關於牟氏的觀點有所批評，但大抵不否認牟先生對「禮義之統」的基本觀點。

　　在大陸的眾多荀學研究著作之中，「禮義之統」一詞幾乎不見，出現在大陸荀學研究者以及部分港臺研究者的話語中與之相接近的是「禮學」，其中如大陸學者陸建華的《荀子禮學研究》（合肥：安徽大學出版社，2004 年）、高春花：《荀子禮學思想及其現代價值》（北京：人民出版社，2004 年）、吳樹勤：

〔註10〕　韋政通：《儒家與現代中國》，上海：上海人民出版社，1990 年，204 頁。
〔註11〕　Sato，Masayuki，The Confucian quest for order：The origin and Formation of the Political Thought of Xunzi，Leiden and Boston：Bril，2003，pp.441.

《禮學視野中的荀子人學：以「知通統類」爲核心》（濟南：齊魯書社，2007年）、臺灣學者陳飛龍：《荀子之禮學研究》（臺北：文史哲出版社，1991年）等。儘管，禮學與「禮義之統」大體有涵義相接近的一面，但是由於禮學一則可以視爲荀子思想的一部分，一則又可以作爲幾乎囊括政治、道德、教育、宗教、法律、藝術等各個部分的整全體系。對於前者而言，往往集中於荀子的《禮論》、《樂論》篇，而與看似與禮（樂）缺乏聯繫的《解蔽》、《非相》、《非十二子》、《正名》等篇保持了一定程度的隔膜，不利於對《荀子》三十二篇作整全意義上的解讀。就後者而言，由於禮學包涵的外延比較豐富，如若不分輕重地將政治、道德、法律等思想作並列式的闡揚，不僅不利於展開禮的構造脈絡，更不利於體現荀子禮學的外王特色。

就荀子思想而言，「禮義之統」這一概念相比於「禮學」的優勢在於：一方面，它以極其明確的語言涵蓋了荀子思想的主旨與中心，適如牟宗三所言，「禮義之統」是荀學的「大體」，是理解荀子思想的根本所在。另一方面，它亦凸顯了荀子「外王之學」的特色，體現了其政治模型的獨特建構——「禮義之統」即是以「禮義」爲基礎的政治建構。對「統」的不同理解，實際上有助於呈現荀子政治哲學的不同特徵，我們至少有以下幾個詮釋的視角：（1）「統」作綱紀講，側重將「禮（義）」作爲政治治理的根本制度，原則、依據；（2）「統」作治理、統治講，側重以「禮義」作爲治理的手段與工具，衍生出禮義的「工具理性」特徵；（3）統作「通」、作「合而爲一」。一則意味著具有外向化的「禮」與具有內傾性的「義」，統攝爲一，一則意味著，「禮」涵容收攝「義」，言「禮義」即言「禮」，以強調和突出「禮」的價值合理性。

顯然，圍繞牟宗三所提煉的「禮義之統」這個荀學「大體」，我們不僅可以將《荀子》三十二篇作爲一個不可分割的有機整體，對荀子政治哲學的構造脈絡作系統性的解讀，而且，對「禮義之統」內涵的多維解讀，也有助於我們深化對荀子政治哲學的理解與認識。

1.1.2 何以「政治哲學」，而非「政治思想」

目前，受上世紀 70 年代興起的「羅爾斯熱」的推動與國內政治體制改革的迫切理論需要，政治哲學逐漸成爲國內近年來的一門「顯學」。然而，在西方現代性的政治視野之下，「政治哲學何以可能？」依然是一個不斷遭到追問的問題。當西方的「政治哲學」湧進中國的時候，它又促發了另外一個問題

——「中國政治哲學何以可能？」，即在中國本土文化中，有能夠稱之為「政治哲學」的東西嗎？

在學術界曾就「中國哲學的合法性」展開熱烈爭論的時候，使用「政治哲學」研究中國的思想人物，確實需要非常謹慎。畢竟，政治哲學是哲學的一個分支。所以，對於「什麼是政治哲學」必須要從「什麼是哲學」這一前提出發。哲學究其本質是一種高級思維的產物，是人類「愛智慧」的結晶。它所關注的往往是宇宙、人生、社會等領域的終極問題。若以近現代西方學者如黑格爾等人的觀點，那麼，哲學只是以抽象性、分析性、系統性見長的一種地方性概念，只是一種體現西方文化優越性的標誌性「建築」。不過，在黑格爾之後，當「拒斥形而上學」成為一股新的文化潮流的時候，「哲學」的「反動」卻有利於走向對「哲學」的「正名」。

對自蘇格拉底之後的哲學有最深切反思的德國著名哲學家海德格爾（Martin Heidegger）認為，哲學的歷史就是存在的歷史，也是存在的真理的歷史，它所追求的是一種本源性的真理。他的弟子赫爾伯特·博德爾（Heribert boeder）則明確肯定，哲學的本源意義不是智慧，而是愛智慧。對於這一點而言，中國文化儘管有著強烈的現實關注意識，但是它的「早熟」不可能與「愛智」精神存在著隔膜。更可能的是，現實的關注激發了中國人對智慧的熱愛。最能體現中國哲學精神的一個範疇無疑就是「道」，幾千年的中國哲學史就是對「道」的孜孜以求。「道」不是現成的，而是被揭示的，並且處於不停地被揭示之中，強調的是探求與揭示的過程。這一點與西方哲學意義上的「愛智」之「愛」是頗為契合的。所以，不能說中國沒有哲學，只是不具備西方哲學的特殊形態。

列奧·斯特勞斯（Leo Strauss）在他的《什麼是政治哲學？》一文中也強調政治哲學是哲學的一個分支。哲學不是佔有真理，而是尋求真理。政治哲學是源於人們追尋「好生活」和健全社會的知識。在施特勞斯看來，它包括兩個方面的內容：「政治哲學就是要試圖真正瞭解政治事務的性質以及正確的或完善的政治制度這兩個方面內容。」〔註12〕當然，早期的政治哲學實際上與政治學是重合的，只是隨著認知主義和實證研究的興起，政治科學逐漸獨立出來，直接導致了政治哲學出現了「衰落的也許是腐朽的狀態」。然而，政

〔註12〕〔美〕列奧·斯特勞斯：《什麼是政治哲學？》，見古爾德等編：《現代政治思想》，楊淮生等譯，北京：商務印書館，1985年版，第61頁。

治哲學從傳統語境到現代性語境的置換，並不意味這它失去了應有的功能。政治哲學的中心關切是政治應當如何，是一門規範性色彩很濃的學科，以至於它常常又被有學者視爲倫理學的一部分。

　　日本學者五來欣造在《政治哲學》一書中對「政治哲學」進行了這樣的界定：「是以政治理想者，因人而生無限之差別，所有研究此等政治思想，求其統一原理之學問，即所謂『政治哲學』是也。」〔註 13〕由此說明，政治哲學思考的進路不是政治事實，而是政治理想。適如任劍濤所說：「政治哲學不向實際的政治生活具體負責，政治哲學的理論規範與現實的政治生活並不具有一一對應的關係，這是政治哲學的一個特點。」〔註 14〕英國政治哲學家邁克爾・歐克肖特（Michael Oakeshott）則在痛陳現代性政治中所彌漫的理性主義（尤其是工具理性、技術理性）思潮的時候，明確指出：「不能指望政治哲學增進我們在政治活動中成功的能力，它不會幫助我們區別好和壞的政治規劃；它沒有力量在追求我們傳統的暗示中指引或指導我們。」〔註 15〕在他看來，政治哲學必須被理解爲「解釋性」的，而非「實踐」的。它更多提供的是一種經驗資源，作爲現實政治的一種理論參照，作爲人們反思的對象。故而，在歐克肖特看來，政治哲學從某種意義上看，「除了歷史沒有別的」。

　　相形於大量的西方政治哲學的研究，國內從「政治哲學」出發研究中國傳統人物或者學說的著作以及論文並不多見。即使以「政治哲學」爲題，從內容上看也很難與「政治思想」劃清界限。研究者將之冠以「政治哲學」而基本不與「政治思想」作概念上的辨析。此類著作如陳顧遠的《孟子政治哲學》（上海：泰東書局，1927 年）、《墨子政治哲學》（上海：泰東書局，1929年）、陳烈的《韓非政治哲學》（上海：華通書局，1929 年）、劉曉竹：《孔子的政治哲學的原理意識》（北京：中國婦女出版社，2003 年）等。這些作者固然出於對中國有政治哲學抱有毋庸置疑的堅信態度。但是，何以「政治哲學」而非「政治思想」，還是需要進行學理上的辨析的。

〔註 13〕〔日〕五來欣造：《政治哲學》，李毓田譯述，上海：商務印書館，1935 年版，第 6 頁。

〔註 14〕任劍濤：《政治哲學講演錄》，桂林：廣西師範大學出版社，2008 年版，第 21頁。

〔註 15〕〔英〕邁克爾・歐克肖特：《政治中的理性主義》，張汝倫譯，上海：上海譯文出版社，2004 年版，第 57 頁。

我們且以荀子為例，來比較一下「政治哲學研究」與「政治思想研究」的差異。國內以「政治哲學」為視角對荀子進行研究的著作幾乎不見。就荀子政治思想研究而言，主要出現在出現於兩種類型的研究著作之中：一種是中國傳統政治思想史的研究領域。研究者將荀子的政治思想作為傳統政治思想的一個發展脈絡，只作「點」（一個切入點）、「線」（一個發展線索）、「面」（一個側面）的研究，而非「體」（一個完整的體系）研究。此類著作包括梁啟超的《先秦政治思想史》（天津古籍出版社，2004 年）、楊幼炯的《中國政治思想史》（上海：商務印書館，1937 年）、蕭公權的《中國政治思想史》（瀋陽：遼寧教育出版社，1998 年）、薩孟武的《中國政治思想史》（臺北：三民書局股份有限公司，1979 年）等。另一種是一般性的荀子思想（哲學）研究專著。此類著作大多將荀子的政治思想與教育思想、法律思想、經濟思想、道德思想作並列式的闡揚。並且，對荀子政治思想的論述，大多圍繞禮法關係、君臣關係、貴民、王霸等幾個基本問題，而不作深度的拓展與延伸。此類著作如郭志坤的《荀學論稿》（上海：三聯書店，1991 年），向仍旦的《荀子通論》（福州：福建教育出版社，1987 年）、周紹賢的《荀子要義》（臺北：臺灣中華書局，1977 年）、楊大膺的《荀子學說研究》（上海：中華書局，1936 年）、陶師承的《荀子研究》（上海：大東書局，1926 年）等等。總體而言，這兩類著作對於荀子政治思想的解析，大多顯得比較孤立，缺乏足夠的系統性和連貫性，根本無法展現荀子對於政治架構的深度與力度。

顯而易見，政治思想不足以涵蓋荀子對於政治問題思考的系統性，也不足以呈現荀子政治架構的深度與力度。同時，「思想」大多停留在就事論事的層次。哲學可以說是思想，但準確地說是「思想的思想」。與思想最主要的區別體現在具有「終極的追問」，或者還會具有一種體系化的、形而上的理論建構。就此而言，荀子的理論體系，既有天道的形上高度，又有人性的內在深度，更有體系的縝密厚度。並且，如若僅僅從政治思想出發研究荀子，往往只涉及君權、用人、治民等少數有限的幾個部分，不僅不利於全面呈現荀子的政治構思，而且不利於揭示這些思想背後的深層動因，未免有矮化荀子思想的可能。

同時，對照「政治哲學」的相關界定，至少可以說明荀子的思想特質與「政治哲學」存在著比較契合的一面。在荀子那裏，他對政治的重視與倫理的關切幾乎是不分軒輊的。在他整個思想脈絡中，始終貫穿著工具理性與價

值理性的緊張，政治的「應然」（正當性、價值合理性）問題顯得格外突出。而政治哲學的中心關切就是政治應當如何，它是一門規範性很強的學科。故而，以「政治哲學」作爲一種研究進路，不僅可以對荀子的整個政治建構進行一番全面系統的解析，而且也可以作出契合荀子思想特質的解析，爲荀學研究開闢一個嶄新的視角。

1.1.3　「荀子政治哲學研究」的選題意義

　　費孝通先生在《鄉土中國》一書業已指出我們將傳統政治模式定位爲與現代「法治」相對立的「人治」是欠妥的。他認爲，我們不能說傳統社會就不講「法」，相反，傳統社會有著相當完備的法律系統。我們也不能說「法治」就一定比「人治」好，因爲西方的法治社會照樣會造成「多數人暴政」的問題。與其說中國傳統社會是「人治」社會，倒不如說是「禮治」社會。「禮」是傳統社會公認的合適的行爲規範，具有很強的約定俗成的意味。禮治實際上依賴的是傳統，是習慣，造就了傳統社會的超穩定結構，這也構成了中國鄉土社會的主要特色。

　　順著費氏的思路，從理論上而言，對中國鄉土社會作出詳盡勾勒與闡釋的典籍應該算是「三禮」（《周禮》、《儀禮》、《禮記》）。然而，有名可稽的，對「禮」談得最系統、最全面、最深入的思想人物則是荀子。馮友蘭甚至認爲《荀子》影響了《禮記》〔註 16〕。孔孟荀相比較而言，孔孟著重發展了以「仁」爲核心的「內聖」之學，尤其是在後世新儒學的推崇與弘揚之下，對中國人的道德世界產生深刻的影響。而荀子則著重發展了以「禮」爲核心的外王之學，儘管後世新儒家對荀子大加貶抑，然而荀子的思想對傳統禮制社會的影響還是極其深刻的。研究荀子的政治哲學，不僅對於認識傳統政治思想本身，而且對於認識傳統社會政治結構，都具有極其重要的意義。

　　如此，就不難理解，當荀子被宋明新儒家排斥上千年之後，在近代卻突然進入人們的視野，被改良派知識分子，如梁啓超、譚嗣同、夏曾佑、唐才

〔註16〕馮友蘭說：「《禮記》中言喪祭禮與樂諸篇多與荀子同。大約非抄《荀子》即荀派後學所作也。」（馮友蘭：《中國哲學史》（上冊），見塗又光纂：《三松堂全集》（第二卷），鄭州：河南人民出版社，1988 年版，第 281 頁。）他在《中國哲學簡史》中亦說：「我相信，《禮記》各篇大多數是荀子門人寫的。」（馮友蘭：《中國哲學簡史》，北京：北京大學出版社，1996 年版，第 128 頁。）

常〔註17〕等人指責爲專制政治的禍首。而另一批學者又高度評價荀子的學術地位，其中如章太炎將荀子視爲「後聖」，大加頌揚。甚至，到了文化大革命時期，在儒家與法家被虛構爲不可調和的政治立場在現代社會的復活的時候，荀子的角色出現了奇特的變異，竟然成了法家的代表人物。顯然，一方面，這說明出於實用角度出發的「思想研究」，很容易導致思想人物的臉譜隨著實際需要的變化而改變。尤其是，當荀子在不同時期呈現不同的形象的情況下，如何還原荀子思想的本然面目，這固然需要對歷史人物作出不超出特定時代的要求，而且還需要擺脫狹隘與偏見，尤其是「門戶之見」，從思想人物的思想本身出發研究思想。另一方面，荀子學術地位的大起大落，固然折射了時代的變化，卻也反映荀子思想對於傳統社會的特殊意義。

值得注意的是，改良派貶抑荀子不是因爲荀子構造了禮治社會的藍圖，而是認爲他與法家有著密切的聯繫，是鑄造幾千年專制政治的罪魁禍首。尤其是荀子的思想不僅有著明顯地吸收法家思想的痕迹，而且法家的理論家韓非，實踐家李斯又是其門徒。故而，當我們認定傳統社會的治理模式是「陽儒陰法」，或是「儒表法裏」的時候，荀子似乎注定了與這種模式有著極其微妙的關係。然而，遺留下來的問題是——是否吸收了其他派別的思想，就必然轉向了其他派別的價值立場？荀子究竟是儒家，還是法家？只有對荀子的政治哲學進行深入的探討，方可得出合理的結論。

在認定荀子是儒家還是法家學派的背後，實際上潛伏著荀子政治哲學內部關於「禮」與「法」，或者是「道德」與「法律」的關係問題。延伸到當代中國，當「以法治國」成爲治國方略的時候，提倡「以德治國」是否切合時宜？如何擺正「法治」與「德治」的關係。荀子政治哲學的探討儘管不會給出現成的答案，但是卻可以留下不無裨益的反思。

最後，對於現代性政治而言，科層制在帶來行政效率的同時，卻也因工具理性膨脹，而帶來無數的弊端。在工具理性膨脹的時代，如何處理好工具理性與價值理性的關係，確實是一個極其棘手的問題。過於強調價值理性，

〔註17〕如梁啓超説：「自秦漢以後，政治學術，皆出於荀子。」（梁啓超：論支那宗教改革），見《飲冰室合集·文集之三》。）譚嗣同説：「故二千年來之政，秦政也，皆大盜也；二千年來之學，荀學也，皆鄉愿也。」（譚嗣同：《譚嗣同全集》，蔡尚思等編，北京：中華書局，1981年版，第337頁。）唐才常則認爲：「荀子開歷代網羅鉗束之術。」（唐才常：《唐才常集》，北京：中華書局，1980年版，第36頁。）

容易造成實施無力，缺乏實際可操作性；過於強調工具理性則會導致手段偏離目的，甚至本身就成爲目的，造成「理性的冷酷」。在荀子的政治哲學中，滲透著價值理性與工具理性的緊張，他對價值理性與工具理性關係的協調與處理，可以爲診治現代性政治的危機問題提供某種借鑒意義。

1.2　研究方法與框架

　　本文主要是以「禮義之統」爲核心，著力於對荀子的政治哲學作一個全面系統的考察。荀子一方面將「禮」與「義」整合，強調「禮」的價值合理性，另一方面，將「禮」與「法」整合，突出「禮」的功用性和可操作性。對其整合所依賴的手段──「統類」乃至如何整合，我們將會進行一個宏觀乃至歷史性的展示與呈現。同時，我們將對荀子政治哲學中所凸顯的價值理性與工具理性的關係在不同的層面進行微觀的分析和考察。

　　以此目標爲出發點，我們將以《荀子》爲元典，同時兼及禮學以及其他相關研究著作進行探究。因爲，儘管經典文本《荀子》是研究荀子政治哲學的基本依據。但是，由於荀子思想「集大成」的特性，所以使得探討不能僅僅集中於《荀子》本身，還需要與同時期的文本和思想形成互動與交流，以此可以使得荀子政治哲學的詮釋更加具有開放性和合理性。閱讀《荀子》不難發現，荀子的政治哲學不僅是應對戰國時期「禮崩樂壞」的無序社會的一種理論建構，也是「百家爭鳴」的理論激蕩之下的思想產物。所以，一方面，我們需要凸顯荀子是如何進行社會秩序的建構，這也是其政治哲學的問題切入點。另一方面，荀子對於各個學術流派，乃至思想潮流不僅有吸收與借鑒，亦有批評與反思。他常常是在與理論對手的互動之中，闡釋和維護自身的建構理論。其理論對手主要分成兩組：一者是不事禮義，或者事非禮義的學派，主要指儒家之外的價值立場，如墨、道、名、法諸家；一者是不知「禮義之統」的儒家學派，如思孟學派。因此，我們可以以荀子與其理論對手的交鋒爲線索，並對之加以反省與批評，從而有助於我們重新估價這些爭辯的成敗得失，有助於我們將荀子的思想與其理論對手區分開來，從而更清楚地呈現荀子政治哲學的思想特色。

　　儘管，《荀子》和很多傳統經典一樣，出自後學的整理和編輯。就文本解讀而言，從開篇《勸學》，到終篇《堯曰》的謀篇布局實際上是仿照《論語》

的格式。雖然說並非呈現有序式的「層層推進」的說理，但各個篇章卻緊緊地圍繞著「禮義之統」這個中心。只不過，各個篇章從不同的角度，不同的層面展開論述。如果立足於政治哲學的詮釋，必然需要跳出這種既有的篇幅框架，而以「禮義之統」的構造思路出發進行一種全盤的梳理。而這種梳理，力求做到歷史與邏輯的辯證統一：一方面，將荀子的思想放在戰國末期特定的時代背景之下考量，而不對歷史人物作超出時代要求的評價；另一方面，兼顧荀子思想的內在系統性，尤其是荀子思想本身的理性特徵，使其理論能夠超越於孔孟並具有相對嚴密的說理系統。這也是本文對荀子政治哲學詮釋的一個重要基點。

根據以上所論述的思路和研究方法，本文的框架也就自然而然地獲得了呈現。從總體上，本文可以分成三大部分，它們分別是導論部分，正文部分，以及結論部分。具體如下：

第一部分是導論，即論文的第 1 章。在這一部分，我們從牟宗三先生的《名家與荀子》談起。我們肯定牟先生的對荀學「求善解」的路徑，肯定「禮義之統」作為荀學的「大體」。不過，由於牟先生強烈的儒學正統觀念，所以導致其荀學研究存在著明顯的理論偏見。以此，引出論文選擇「禮義之統」作為主題的原因。與之同時，介紹了論文之所以不選擇「政治思想」而是「政治哲學」的角度進行研究的原因。接著，我們介紹一下荀子政治哲學研究的選題意義。最後再談一下論文的研究方法乃至構思的框架。

第二部分是正文。這一部分的主要目的是要對「禮義之統」從政治哲學的角度出發進行一番系統的梳理。首先，「性與天道」問題構成了荀子政治哲學的邏輯起點和理論前提，荀子政治哲學的形上維度與價值源頭由此奠基；其次，從荀子政治哲學構建的方法論入手，分析「知通統類」，探討「禮義之統」何以形成。再次，我們探討荀子為了凸顯「禮義」的工具性價值，吸納法家的「法」思想，然而卻將之進行了儒家道德化的改造，使得禮法走向了一體化的傾向，從而呈現了荀子政治哲學的內部結構。最後，我們將詳細探討「禮義之統」在「治道」層面的落實，主要集中於為君之道、為臣之道、王霸之道、為兵之道以及論辯之道等五個問題展開。以上幾個部分分別構成了論文的第 2 章、第 3 章、第 4 章、第 5 章。在第 4 章和第 5 章的論述中，我們將著力呈現工具理性與價值理性在荀子政治哲學中的內在緊張。

第四部分為本文的結論，也是論文的第 6、7 章。這一部分是要對以上的

論述做出概括和總結，對荀子政治哲學的思想旨趣，即「政教貫通」問題作
一系統的歸納，並對之作延伸的討論。最後，則以現代性背景之下荀子政治
哲學的可能性意義問題的思考來結束本文。

　　不難發現，在諸多研究成果中，對荀子「禮義之統」的解讀，一方面完
全是以另外一系統（如思、孟一系）爲軸心，來探討荀子的思想。荀學並非
作爲一門獨立的學問，而只是作爲反襯其他系統之「高明」、「博厚」才出現
於這些研究者的視野之內〔註 18〕；另一方面，一個相當普遍的現象就是大多
數學者僅僅對荀子的「禮義之統」進行靜態的、平面的、孤立的分析。對其
思想的動態演變以及時代影響較少著力。針對這些問題，筆者以爲必須從荀
子思想本身研究出發，只有從荀子自身的學說系統出發，佐之以其他研究成
果，尤其是最新的研究成果，以此得出的研究結論才能夠更爲客觀與公允。
並且，荀子作爲先秦思想的集大成者，其思想具有開放性與綜合性的特徵。「禮
義之統」不僅涉及到對儒家思想的繼承與發展，更有對其他諸家的批判與吸
收。故而，闡釋荀子的「禮義之統」思想，不僅需要呈現荀子思想的發展脈
絡，而且需要呈現荀子思想與其他諸家思想之間的動態關係。以此方式爲線
索，在吸收前人優秀研究成果的同時，將荀子思想以系統化、結構化的展示，
對「禮義之統」進行全新的解讀，這也是本論文致力的方向所在。

〔註 18〕 對此，劉又銘先生說得更爲明確：「程朱、陸王學派以及當代牟宗三、蔡仁厚
　　　　等人對荀子哲學的詮釋，基本上是以孟子哲學典範爲片面的、單一的標準來
　　　　論證荀子哲學的不足和不能成立，藉以凸顯孟子哲學的正統性（也就是唯一
　　　　正當性）。它們其實不能真正進入荀子哲學的筋骨血脈，不能真正呈現荀子哲
　　　　學的內在生機。不妨說，它們是不自覺地以孟子哲學的倒反或負面爲模型所
　　　　構建出來的荀學，它們不是真正的荀學，而只是『廣義的孟學』的一環，只
　　　　是孟學的周邊、延伸而已。」（劉又銘：《荀子的哲學典範及其在後代的變遷
　　　　轉移》，見《漢學研究集刊》（荀子研究專號）臺北：國立雲林科技大學漢學
　　　　資料整理研究所，2006 年版，第 34 頁。

第 2 章 「性與天道」：荀子政治哲學的邏輯起點

　　政治哲學，究其本義是用哲學的眼光審視社會，用哲學的方法對人類的社會政治秩序加以建構與塑造。在古代中國，儒家政治哲學的每一部分幾乎都與「性與天道」問題有著不可分割的聯繫。它不僅是洞察儒家政治哲學堂奧的重要入口，亦是建構儒家政治哲學的基本邏輯起點。作爲貫穿儒家政治哲學的一條主線，「性與天道」不僅決定儒家政治哲學的形上維度，甚至它從根本上決定著儒家政治哲學偏重於道德、倫理的價值形態。

　　「性」與「天道」兩者在本質上是同實而異名。古人對於「性」問題的探討要較「天道」問題晚出。「人性」問題實際上是「天道」問題的衍生和拓展，都是一種先在的預定性條件，「性」與「命」只不過是這種預定性條件的不同稱謂而已。並且，兩者之間存在著互動與勾連的關係〔註1〕：「天道」從根本上規定著「人性」，「天命之謂性」(《中庸》)大抵可以作出如斯的理解。同時，「性與命之分別，性在己在內，而命在天在外。」〔註2〕天道觀是人們認識外在世界的深度把握；人性論則是人們對於人的內在世界的理論總結。兩者從不同的方向，影響和決定著政治哲學的建構形態。

〔註1〕 以孟荀爲例，馬積高說：「荀子的人性論，主要對孟子性善論的反駁。但是人們一般只注意他們對人性的認識角度不同，而忽視了它還反映了兩種天人觀的對立。其實，孟子的人性論是他的天人觀的延伸，荀子的人性論是他的天人觀的延伸。」(馬積高：《荀學源流》，上海：上海古籍出版社，2000年版，第52～53頁。)

〔註2〕 錢穆：《晚學盲言》，桂林：廣西師範大學出版社，2004年版，第361頁。

在儒家政治哲學中，天道、天命、天理並非僅就天而言天，而是以之而爲人間立定秩序。蕭延中先生說：「在中國文化傳統中，作爲一個不以人的意識支配的力量的『天』，其『行爲』包括著強烈的『象徵意義』。」換言之，『天學』所關注的重心，不僅僅是『自然』而且更是『政治』，但就根本目的而言，前者只是證明後者的必要途徑和手段而已。」〔註3〕日本學者溝口雄三則指出了中國傳統政治哲學在這方面所具有的獨特性，他說：「把天與政治聯繫起來的政治思想，是中國獨立發展起來的一種政治思想，它在日本或歐洲均未曾出現。」〔註4〕

人性論是對人的存在本質的看法與態度。所謂人性，即是人之爲人的本質特性，它是人們在其行爲中所表現出來的共同特徵。因此，不管如何討論人性，都不可能游離於由人所組成的人類社會。儘管不同的人性論會造就了不同的政治哲學建構形態，但是任何一種政治哲學的建構，從理論上而言，其宗旨都是爲人性的完善創造最爲有利的條件。換個角度而言，人性的完善是需要在社會當中完成，是需要良好的社會政治制度的，如美國社會心理學家米德（George H.Mead）所言：「至少，沒有某種社會制度，沒有構成社會制度的有組織的社會態度和社會活動，就根本不可能有充分成熟的個體自我或人格；因爲社會制度是一般社會生活有組織的表現形式，而只有當參與該過程的個體各自分別在其個體經驗中反映或理解這些由於社會制度所體現或代表的有組織的社會態度和活動時，才能發展和擁有充分成熟的自我或人格。」〔註5〕顯而易見，對政治制度的建構圖景可以有所不同，但是政治哲學探討政治與社會之善及其制度架構，都必須考慮人性的基本需求，不論是從制度建構的起點，抑或是終點而言。或可說，人性論是政治哲學建構不可或缺的邏輯起點。

荀子以「禮義之統」爲核心的政治哲學的建構亦是從「性與天道」問題而展開的。不過，由於與孔、孟對「性與天道」的理解存在著很大的差異，所以也使得荀子政治哲學成爲儒家政治哲學中的一個獨特典範。在荀子那，

〔註3〕 蕭延中：《中國古代「天學」理念與政治合法性信仰的建構》，《華東師範大學學報》（哲學社會科學版），2008年，第11期。

〔註4〕 〔日〕溝口雄三：《中國的思想》，趙士林譯，北京：中國社會科學出版社，1995年版，第5頁。

〔註5〕 〔美〕米德：《心靈、自我與社會》，趙月瑟譯，上海：上海譯文出版社，1992年版，第231頁。

「禮」實際上是因循「天道」，順乎「人情」的產物，這與《禮記》對「禮」的本體論追溯是完全一致的。荀子的理論特色在於，他對「性與天道」進行了理性的「祛魅」，同時，由於受到道家思想的影響，他賦予了「性與天道」以「自然」義。誠然，「性」作爲自然之性，「天」作爲自然之天，都是被治的對象，不過，由此卻突出了後天之「僞」（人爲），後天之「制」（「制天命」）的重要性，最終凸顯了人道（「禮義之道」，亦即「治道」）的價值。不難發現，荀子對「性」與「僞」，「天」與「人」的關係的論述，具有強烈的辯證法色彩。通過這兩對範疇辯證關係的解讀，可以幫助我們很好地認識荀子對其政治哲學邏輯起點的設定。

2.1 天人關係論：荀子政治哲學的終極依據

學界一般視「天人合一」爲中國人認識世界的方式，「主客合一」代表著中國哲學的思維方式；而「天人相分」是西方人認識世界的方式，「主客兩分」則代表著西方人的思維方式。所以，荀子的「天人相分」的觀念，在傳統時代往往被視爲是歧出，在近現代則常常被視爲與西方認識論、宇宙觀接榫的一條路徑。如此，在荀子天人關係的解讀上，就形成了三種比較具有代表性的研究觀點：一種是受西方科學主義思維影響較深的學者，著力突出荀子思想具有「戡天主義」色彩，如胡適等人；一種是受唯物主義思維影響較深的學者，著力挖掘荀子天人關係的唯物主義特徵，如郭沫若、侯外廬、杜國庠、夏甄陶等人；一種是以繼承傳統路線，弘揚孔孟之道爲己任的海外新儒家，著力肯定儒家心性之學的價值，從而對荀子的天人關係，尤其是人性論問題繼續採取強烈的批評態度，如牟宗三、唐君毅、徐復觀等人。當然，這三種價值立場之間也存在著一定程度的重疊與交叉。

不過，這三種對荀子天人關係的解讀，卻存在著簡單化的傾向，完全將荀子的「天」理解爲自然物質世界。並且，基於既有的學術立場，生硬地進行理論嵌套，僅僅強調和突出「天人相分」的單一層面。正若孟子雖然側重於「天人合一」，並不代表他沒有「天人相分」的思想成分，如他對「天爵」與「人爵」的區分。同樣的道理，荀子雖然側重「天人相分」，他也有相當多的內容涉及「天人合一」的思想成分。甚至我們可以這樣理解：「天人合一」實際上是爲道德乃至政治哲學尋找價值源頭的終極基礎，而「天人相分」則

是為了確定和凸顯人們追求價值之源的主體能動性。荀子的「天人相分」，是儒家「天人合一」主導模式之下的一種極其有益的補充。

儘管荀子著重發揮了「天」的自然義，尤其是「制天命而用之」的思想，很容易完全等同於認識和理解自然規律，改造自然，征服自然，且似乎與西方的科學精神不謀而合。不過，「自然」在中國古代的思想境域中，從來不具備獨立存在的價值。中國先哲往往是在「天人關係」的模式之下，在自然與社會的關聯中，理解和探索天對於人所具有的意義與價值。這一點在荀子那裏並沒有出現例外。荀子對於天人關係的解讀，不是如早期古希臘哲學家一樣，完全置於自然哲學的視野，而是為其以「禮義之統」為核心的政治哲學提供一種宇宙論的終極根據。

2.1.1 天人之分

長期以來，「天人相分」思想一直被視為荀子的獨創性思想。伴隨著 1993 年湖北荊門出土的郭店楚簡，其中的《窮達以時》出現了「察天人之分」的思想，故有學者認為：「天人之分，並非始於荀子，而可能是早期儒家的一個基本看法。」〔註6〕

從具體的內容來看，郭店楚簡中的《窮達以時》篇與荀子的《天論》篇對於「天人之分」的觀點存在著一定的差別：

首先，《窮達以時》中的「天」，側重於命運之天，是人的時命、際遇：「遇不遇，天也」，「有天有人，天人有分。察天人之分，而知所行矣。有其人，無其世，雖賢弗行矣。苟有其世，何難之有哉？」〔註7〕竹簡雖然對天、人作出區分，其重點似更注重天的作用。認為沒有天的作用，縱使再有賢能也寸步難行，強調和突出外在世界作用於人的不可抗力。對於荀子而言，他所論及的「天」主要還是側重於自然之天，強調萬事萬物的生成和演化，是一種自然的過程，是不以人的意志為轉移的。荀子的「自然之天」實際上也是被治之天，所以，強調和突出的倒是人的主體性作用。

其次，在《窮達以時》那裏，要求人們對命運之天採取懸隔的態度，不

〔註6〕 梁濤：《竹簡〈窮達以時〉與早期儒家天人觀》，《中州學刊》，2003 年，第 4 期。

〔註7〕 劉祖信等：《郭店楚簡綜覽》，臺北：萬卷樓圖書股份有限公司，2005 年版，第 39 頁。

必矚目於窮達禍福的外在境遇，因為這常常是人力無法改變的事實。所以，還是應當改變可以改變的，轉向個人內在心靈世界的塑造。所以說，在《窮達以時》那裏，是從個人的角度出發，討論的是「福」與「德」的問題。而荀子對「天職」與「人職」的劃分，實際上確立了「知天」與「不可知天」的雙重標準，它一方面意味著天具有人力不可及的一面，另一方面又意味著天具有人力可及的一面。順應自然，改造自然，可以達到為人類自身服務的目的：「清其天君，正其天官，備其天養，順其天政，養其天情，以全其天功。」（《荀子・天論》）荀子是從社會政治的視野出發，討論人與自然的關係。

最後，《窮達以時》明顯具有思、孟一系注重「內聖」的道德修養論的特徵。竹簡所認為「時」與「遇」，是一種外在性的東西，不僅可遇不可求，而且也不應當成為人生追求的目標。同樣，外在的名利，富貴，也不應當成為人所追求的目標，所謂：「遇不遇，天也。動非為達也，故窮而不困；學非為名也，故莫之知而不吝。」〔註 8〕荀子所論述的「天人相分」，不僅突出利用自然，改造自然，為人類社會提供福祉的意味，還有通過人文的化成，改造人自身的自然性的意味。

不難發現，《窮達以時》的「天人之分」的思想是一種不同於荀子「天人之分」的另外一種二分模式。顯然，在荀子之前「天人之分」的思想就已經形成〔註 9〕。只不過，因為文獻傳承的問題，「天人之分」說在荀子那裏格外地矚目。雖說「天人之分」的提法並非最早源於荀子，不過他卻賦予了「天人之分」以嶄新的內容，並將之在儒學史上發揚光大，具有極其重要的貢獻。在《窮達以時》那裏，「天人之分」還基本上是作為一種道德觀、人生觀的一種價值認知模式，但是到荀子那裏，「天人之分」思想，則主要是以社會歷史觀的面貌呈現。「天人之分」是荀子學說從前社會狀態（自然狀態），向社會狀態過渡的理論預設。其理論的重點恰恰落實於後天的人為世界（社會）的建構。甚至在有學者看來：「似乎在荀子那裏，有完全的脫開天，而為人及其組織化政治生活單獨籌劃的努力和嘗試。」〔註 10〕

其中，「天」不僅涉及到人所處的外在客觀世界，而且包括人首先作為一

〔註 8〕 同上。
〔註 9〕 這一點，不僅郭店楚簡提供了證據，而且《莊子・大宗師》：「知天之所為，知人之所為者，至矣。」亦可提供佐證。
〔註 10〕 任劍濤：《倫理王國的構造：現代性視野中的儒家倫理政治》，北京：中國社會科學出版社，2005 年版，第 123 頁。

種自然存在的基本事實。荀子的「人道」（禮義之道）無非是對治自然世界：一則意味著利用外在的自然世界，爲人類社會服務；一則意味著改造和遷化的人的生物自然本性，向人之爲人的本質向度——道德性過渡。這也是牟宗三先生所說的「天生人成」所表達的涵義。顯然，荀子所談論的天道問題是人道問題的起點。他從天道（自然之道）入手，達至人道（禮義之道），以人道融攝天道，以至於荀子的「道」最終所呈現的是：「非天之道，非地之道，人之所以道也，君子之所道也。」（《荀子‧儒效》）美國學者 Edward E.Machle 在其專著《〈荀子〉中的『性與天道』：對〈天論〉篇的研究》中亦注意到：「最顯著的事實是，論文所討論的主要不是天，而是關於成功政治的條件、人的可能性的全面發展、人類責任的限度、道德訓練、對待徵兆和獻祭的恰當態度、遵循禮的必要性以及一些卓越的哲學家的局限性。」〔註 11〕（Machle，1988）[58]

針對思孟學派傾向於內在化一極而言天人合德，荀子認爲他們是混淆了天和人，天道和人道的關係，吳龍輝先生指出：「與孔、孟等傳統儒家不同，作爲一個在自然天道思潮崛起之後成長起來的儒者，荀子已不再把人格天作爲立說的思想支柱。在《荀子》書中，雖然人格天沒有被完全拋棄，但已經居於十分次要的地位。荀子所認識的天主要是莊子和稷下學派那種自然天。」〔註 12〕雖說荀子的「天」的「自然義」來源於道家，但是，其間的差異在於道家將「人道」消弭於「天道」，並且極力貶低後天人爲的價值，主張完全順從和遵循自然法則，即「無爲而治」。而在荀子看來這恰恰是一種反動與倒退，所以，他批評莊子「蔽於天而不知人」（《荀子‧解蔽》）。與之恰恰相反，他著力提高人道的價值，並從人道的視野去理解天道，審視天道，從而肯定積極的人爲，肯定後天性的社會政治建構的意義。最終，荀子的思想脈絡出現了史華茲所說的情形：「看似矛盾的是，荀子的天的觀念似乎從根本上講是道家的。他完全接受了莊子在『天所做的事情』（天之所爲）和『人所做的事情』（人之所爲）之間所作的區分。他只是將莊子的價值觀翻轉了過來。」〔註 13〕

〔註 11〕 Machle，Edward. Nature and Heaven in the Xunzi：A Study of the Tian Lun. Albany：State University of New York Press，1993，pp.58.

〔註 12〕 吳龍輝：《原始儒家考述》，北京：中國社會科學出版社，1996 年版，第 167 頁。

〔註 13〕 〔美〕本傑明‧史華茲：《古代中國的思想世界》，程鋼譯，南京：江蘇人民出版社，2004 年版，第 318 頁。

　　儘管自然之天並非濫觴於荀子，但是荀子確是較早有系統地以自然義闡釋天的儒家思想家。天是什麼？荀子說：

> 列星隨旋，日月遞炤，四時代御，陰陽大化，風雨博施，萬物各得
> 其和以生，各得其養以成，不見其事而見其功，夫是之謂神；皆知
> 其所以成，莫知其無形，夫是之謂天。（《荀子・天論》）

需要做出辨析的是：（1）荀子把恒星運轉、日月照耀、四時變化、陰陽風雨、萬物生成，統稱為「天」，這裏的天基本上是指運動、變化著的自然物質世界，用英國漢學家葛瑞漢的話說：「根據荀子的思想，『天地』是道德中立的（morally neutral），事物的自然過程既不支持也不反對人；天賦予我們相衝突的欲望，像四季與地球資源的周而復始，只是我們必須處理的中性的客觀事實。」〔註14〕（2）荀子雖然使用了「神」的概念，但是，這裏的「神」卻不具有「神靈」的涵義，而只是用來形容自然生成造化功能的神妙。（3）指出了人類對於「天」的認知的兩極性——「可知」與「不可知」。「可知」的是天地化生萬物的事實，「不可知」的是天地何以能夠化生萬物。這實際上也就為「人職」與「天職」的劃分奠定了理論前提。值得一提的是，侯外廬學派注意到：「《管子》中的《心術》、《內業》篇的作者說宇宙本體時，喜歡用『道』字，凡用『天』字，大抵是指與『地』對待的天。但在荀子則相反。他似乎有意專用『天』字去表現宇宙的自然（不是宇宙的本體），其用『道』字，除一二處還含有多少本體的意味（如《天論篇》『萬物為道之一偏』之類）以外，大抵是用來表現『道理』、『方術』之類的意思。有時還特別聲明：『道者，非天之道，非地之道，人之所以道也，君子之所以道也。』」〔註15〕

　　荀子所說的天人之分主要是從兩個方面進行闡發的：一是本體論意義上，天與人屬於不同的領域，天是自在自為的自然的世界，其一切活動是無意識、無目的的，而人則是有意識、有目的的，積極有為的。從這個角度看，天人之分實際上是自然與社會，人與自然的區分。二是認識論意義上，不論是不可知之天還是可知之天，都是客觀的、獨立於人的意識之外，不以人的意志為轉移的，所不同的是，可知之天不僅在人之外，而且是作為現實的認識對象，是作為主體的心相對的。具體而言：

〔註14〕〔英〕葛瑞漢：《論道者：中國古代哲學的論辯》，張海晏譯，北京：中國社會科學出版社，2003 年版，第 291 頁。

〔註15〕侯外廬、趙紀彬、杜國庠：《中國思想通史》（第一卷），北京：人民出版社，1957 年，第 534 頁。

　　一方面，荀子從「天人之分」出發，確立了禮在人類社會的核心地位。他認為社會的治亂、國家的存亡、人的吉凶禍福完全是人自身的行為所造成的，這與天的意志並沒有必然的聯繫：

> 治亂天邪？曰：日月、星辰、瑞曆，是禹、桀之所同也，禹以治，桀以亂，治亂非天也。時邪？曰：繁啓蕃長於春夏，蓄積收藏於秋冬，是又禹、桀之所同也，禹以治，桀以亂，治亂非時也。地邪？曰：得地則生，失地則死，是又禹、桀之所同也，禹以治，桀以亂，治亂非地也。（《荀子・天論》）

換句話說，在自然界中，存在著一些比較普遍的現象，這是大禹那樣的治世與桀那樣的亂世所共同具有的，之所以出現治與亂不同的社會局面，不在於自然原因，而只能從人類社會自身尋找原因。荀子認為，「人祅」是導致社會動亂的根本原因。這樣的表述與孟子引用《尚書・太甲》的言論：「天作孽，猶可違；自作孽，不可活」相近。所謂「人祅」就是人自身的錯誤行為，危及到社會的秩序乃至從根本上決定了人類的命運：

> 物之已至者，人祅則可畏也。楛耕傷稼，耘耨失薉，政險失民，田薉稼惡，糴貴民飢，道路有死人，夫是之謂人祅；政令不明，舉錯不時，本事不理，夫是之謂人祅；禮義不修，內外無別，男女淫亂，則父子相疑、上下乖離，寇難並至，夫是之謂人祅。祅是生於亂，三者錯，無安國。（《荀子・天論》）

這實際上是從經濟、政治、倫理等三個層面列舉了「人祅」的危害。經濟不興、政治不舉，人倫不張，歸根結底，就是統治階層自身的問題。要保證國家、社會的穩定和發展，其根本的要求就是在於把握和遵循人類社會的自身規律和制度，而禮作為基本的社會倫理規範和國家制度，無疑居於核心地位。

　　與批判「人祅」相近，荀子還從認識論的角度，批判迷信、愚昧與無知，為推動人類走出蒙昧狀態，促進人的對思想的解放創造了極其有利的條件。荀子認為感性認識具有不可靠性，所以才會出現將石頭誤認為老虎現象發生。同時，他極其反對各式假「天」的名義，對人們思想的禁錮與壓制。他從經驗論的立場出發，系統地批駁了相人術。所謂相人術，就是根據人的體態、容貌去論斷人的貴賤、吉凶、禍福的方術。荀子通過大量的實例說明人的貴賤、禍福並不是人的形象所決定的。他指出人的形體、面貌是人的自然屬性，而人的貴賤、禍福則是人的社會屬性，兩者沒有必然的聯繫。在荀子看來，相人術在先

古時期並不存在，它的出現只能代表一種思想的倒退與社會風氣的墮落。

另一方面，在使人從神秘的天命統治和支配下解脫出來，從而獲得了與天相併列的獨立地位的基礎上，荀子進一步提出了「制天命而用之」，的觀點，更加肯定人的主體價值和主體作用。一則順應自然規律，利用自然界為人類服務；一則主張積極地制天命，裁萬物，利用自然為人類自身服務。人是自然的實體，本身就具有自然的適應性，但是消極地適應自然只是一種生物的本能。人作為有知、有義的高等動物，還需要發揮自身的主觀能動性：

> 大天而思之，孰與物畜而制之？從天而頌之，孰與制天命而用之？望時而待之，孰與應時而使之？因物而多之，孰與騁能而化之？思物而物之，孰與理物而勿失之也？願與物之所以生，孰與有物之所以成？故錯人而思天，則失萬物之情。（《荀子‧天論》）

這種主觀能動性的發揮，不僅意味著人超越了客觀自然世界。須知，人本身也是自然世界的一個部分，但是，由於具有了主觀能動性，所以人能夠獲得了與客體性相區別的主體性。而這種主體性，在與客觀世界「打交道」的同時，卻也能夠利用客觀世界所提供的資源與財富，豐潤主體自我的生命：

> 北海則有走馬吠犬焉，然而中國得而蓄使之；南海則有羽翮、齒革、曾青、丹干焉，然而中國得而財之；東海則有紫、紶、魚、鹽焉，然而中國得而衣食之；西海則有皮革、文旄焉，然而中國得而用之。故澤人足乎木，山人足乎魚，農人不斲削、不陶冶而足械用，工賈不耕田而足菽粟。故虎豹為猛矣，然君子剝而用之。故天之所覆，地之所載，莫不盡其美，致其用，上以飾賢良，下以養百姓而安樂之。（《荀子‧王制》）

荀子的「制天命而用之」的思想固然有對自然規律的認識和利用，尤其是重視農業生產的成分。不過，在自然與人的關係上，並非如某些荀學的現代詮釋者那般，將「制天命而用之」作「人類中心主義」式的詮解。荀子雖然批評墨子對天下物產的「私憂」過甚。不過，他承認如果不好好利用自然規律必然會對人類社會產生毀滅性的後果。實際上，他非常重視人與自然的和諧發展。只有按照自然規律辦事，遵循自然界的生生之道，那麼就可以最大化地為人類社會提供福祉。然而，遵循生生之道，不僅僅是智性的要求，而且更是德性的要求。因為，人類對自然的破壞，最根本的原因不是源於智性，而是貪欲的衝動。

這在荀子看來，如此所導致的不僅僅是人類社會的混亂問題，更威脅到人類的生存。所以，一方面需要節制人們的貪欲，另一方面則需要發揮能動性創造更多的社會財富：「足國之道，節用裕民而善臧其餘。節用以禮，裕民以政。」（《荀子·富國》）「禮」實際上即是這種「開源節流」式的治理手段的依靠力量，同時，它不僅是最佳地協調人與自然的途徑，亦是解決民生問題的根本。用東方朔的話而言：「簡單一點地說，就是既要『正德』，也要『利用』和『厚生』。『正德』是之德，乃是天地生物之本性，之大德；『利用、厚生』爲依物，待物之道。『正德』施諸己，『利用、厚生』散諸物；而言『利用、厚生』必以『正德』爲前提，爲依歸。然而，言『正德』又非一往只是道德心覆載、涵潤於萬物，其同時，亦必開人民之幸福生活。」〔註16〕

由此，「天─人之分」的下一個邏輯鏈條必然是「人─人之分」。就單數人而言，完全依賴發揮主觀能動性，或可最大程度地改造和利用自然。但是，就由複數人構成的社會而言，各自爲政卻很難能夠帶來效益的最大化。依據現代社會學的基本原理，實現社會效益的最大化，就必須保證在社會分工的基礎之上實現社會協作。因此，只有各安其職，各安其位，各儘其能，方可最大程度上發揮人類群體對自然世界的改造和利用能力。或可說，一個良治的人類社會，必然是最清晰天與人的邊界，必然能夠最大程度上凸顯群體能動性。這一點，荀子看得很清楚，所以，他說：「兼足天下之道在明分。」（《荀子·富國》）因此，「天人之分」並非僅僅討論人與自然的關係，其背後卻植根於對良治社會的客觀籲求。從而，由天道而引出並完全導向以「禮義之統」爲核心的人道的討論。

總之，荀子對天、人的區分，關注點是落實在人的思慮合理性與行爲正當性之上的，力圖避免的是壓制人的主動性、創造性；努力強調的是人需要爲自身承擔責任，爲自己的良好生活進行獨立籌劃的傾向。其實質是將人從混沌一體的客觀世界中分化出來，獲得自己的獨立性、主動性。天由一種絕對的、唯一的、至上的主宰變成人的活動的客觀對象。人從一個被規定者變成規定者，這是人的主體能動性的自覺。尤其是從社會的角度而言，人們主觀能動性的最大化不是僅僅通過個體的能動性的簡單相加，而是基於分工基礎之上的社會協作來加以完成的。這樣，一方面就出現了良治社會的欲求；

〔註16〕東方朔：《從橫渠、明道到陽明》，香港：香港中文大學出版社，2005年版，第4頁。

另一方面，天人之分，也確實為人們解放主體能動性創造了條件，從而為建構一種良好的社會制度提供了可能。

2.1.2　天人之合

荀子以「天人之分」為理論依據，並不意味著他將天與人看作是截然對立的兩極，他也肯定天與人的相參、相合，即天與人具有內在統一性的一面。這一點，臺灣學者王曉波看得非常清楚：「荀子是先秦儒家中的經驗主義者，他的世界觀已漸把天道和人道區別，人與天地是平等而參的，天、地、人的一個平等的整體才是荀子真正的世界觀。」〔註 17〕大陸學者儲昭華亦毫不諱言：「荀子認為，天的自然無為與人的有意識性固然迥然有別，但並不意味著天與人的截然對立或否定人的能動有為。為此，他將天（道）分為兩個不同的層面：至上的本源之天創生一切，也賦予人以形體、本性和能力，同時，人又反過來以其源於天的自然本性為基礎，能動地認識到天人之分，並自覺地遵循天道改造利用有形之天，最終又在更高的層次上達到人與天的分的基礎之上的合。」〔註 18〕故而，儘管「天人之分」是荀子思想極其重要的層面，但卻不代表荀子思想的全部。換言之，「天人之分」的觀念本身在荀子哲學具有特定的針對性，是一個有限層次的觀念。在荀子那裏，天人之分，是為天人之合提供一個理論前提。天人之合，實際上是天人之分的最終歸宿。

荀子天人觀的最終導向是「參」，是建立在「參」的意義之上的一種「天人合一」（天人一體）。在宇宙觀的意義上，以君子參天地這一提法也正體現了儒家「天人一體」的思想傳統。關於儒家這一「天人一體」的宇宙觀，較為我們熟悉的經典是《中庸》：

> 唯天下之至誠，為能盡其性；能盡其性，則能盡人之性；能盡人之性，則能盡物之性；能盡物之性，則可以贊天地之化育；可以贊天地化育，則可以與天地參矣。

荀子亦以「誠」來說明天道與人道的統一：

> 天不言而人推高焉，地不言而人推厚焉，四時不言而人百姓期焉。

〔註 17〕 王曉波：《儒法思想論集》，臺北：時報文化出版事業有限公司，1983 年版，第 103 頁。

〔註 18〕 儲昭華：《明分之道——從荀子看儒家與民主政道融通的可能性》，北京：商務印書館，2005 年版，第 109 頁。

> 夫此有常，以至其誠者也。君子至德，嘿然而喻，未施而親，不怒
> 而威。不形則雖作於心，見於色，出於言，民猶若未從也，雖從必
> 疑。天地爲大矣，不誠則不能化萬物；聖人爲知矣，不誠則不能化
> 萬民；父子爲親矣，不誠則疏矣；君上爲尊矣，不誠則卑。（《荀子·
> 不苟》）

天人結合的內在依據就是「誠」。天地要發揮其生生不息的功能，必須「誠」，不誠則不能化育萬物，天的誠體現在天地四時恒常不息地運轉；相應地，人要發揮其治理作用，也必須「誠」，誠是政事之本，人的「誠」指遵循道德操守：「唯仁爲之守，唯義爲之行」（《荀子·不苟》）。至誠便可達到天德。以此不難得出：作爲天道的「誠」是人道的根本。

「誠」作爲一個根本原則，既內在於天地萬物的存在變化之中，又貫穿於人類的倫理規範和政治制度，而集中體現「誠」的根本精神而使得天人的統一得以實現的，恰恰是把人從自然萬物提升出來的「禮」：「天地以合，日月以明，四時以序，星辰以行，江河以流，萬物以昌，好惡以節，喜怒以當，以爲下則順，以爲上則明，萬變不亂，貳之則喪也。禮豈不至矣哉！」（《荀子·禮論》）「禮」規範人的情感和行爲，規定人的上下尊卑等級的基本準則，同時也是宇宙存在變化的基本原則。如此，荀子就從天地自然中發現「禮」的形上根源，建立了「禮」的超越性和客觀性的基礎。

《禮論》篇載：

> 禮有三本，天地者，生之本也；先祖者，類之本也；君師者，治之
> 本也。無天地惡生？無先祖惡出？無君師惡治？三者偏亡焉，無安
> 人。故禮，上事天，下事地，尊先祖而隆君師，是禮之三本也。

作爲「禮」的三個重要本源，「天地」實際上是「本中之本」，沒有天地不可能化生萬物，包括人自身的存在也成爲不可能。天地不僅塑造了人的自然生命，包括形具、稟賦、性情等，同時，還提供了人類生命賴以存在的物質基礎。所以人類需要事天與敬天。從禮的發生學意義而言，禮發端於祭祀天地，最初主要局限於祭禮。所謂祭祀的意圖無非是表達一種不忘生生之本的情感：「祭者，志意思慕之情也。」（《荀子·禮論》）

如果說孔子「敬鬼神而遠之」（《論語·雍也》）的態度，顯豁了他對天地保持一種超越性的態度，那麼儘管荀子的的天人之分，從形而下的層面予以了發揮，但是並不代表他是要完全摒棄對於天地的神秘性：

> 雩而雨，何也？曰：無何也，猶不雩而雨也。日月食而救之，天旱
> 而雩，卜筮然後決大事，非以爲得求也，以文之也。故君子以爲文，
> 而百姓以爲神。以爲文則吉，以爲神則凶也。（《荀子‧天論》）

荀子非常清楚占卜求雨並不產生什麼有求必應的實際效果，但是它卻可以實現一種對天地敬畏的象徵意義。「吉」與「凶」的分別在於是否合乎人文，而並非滿足現實的功利主義需要。

在論述「三年之喪」的時候，荀子具體提出「至親以期斷」的觀念，即子女爲父母服喪以週年爲期。爲什麼呢？他說：「天地則已易矣，四時則已遍矣，其在宇中者莫不更始矣，故先王案以此象之也。」（《荀子‧禮論》）天地萬物都經歷了一次周而復始的變化而到達了一個新的起點。先王正是以此爲依據而規定以週年爲服喪之期。三年之喪則是爲了加倍顯示隆重。因此喪禮的制定「上取象於天，下取象於地，中取則於人，人所以群居和一之理盡矣。」（王先謙，1988）[373] 與孟子著重從性與天道直接合一的角度尋找道德的形上依據相比，荀子則著重以自然現象（天地、四時、日月等）爲直接依據，運用「象」、「數」等概念，從內在結構與規律的角度探討禮的形上依據。

此外，荀子從天人統一性出發，以天地自然的規律論證了人類社會的禮的基本規範的必然性和永恒性：「君臣、父子、兄弟、夫婦，始則終，終則始，與天地同理，與萬世同久，夫是之謂大本。」（《荀子‧王制》）之間的尊卑上下關係和天地的上下關係是相統一的，並由於天地自然的永恒性而獲得永久的存在。他還說：「有天有地而上下有差，明王始立而處國有制。夫兩貴之不能相事，兩賤之不能相使，是天數也。」（《荀子‧王制》）人的貴賤差等也與天地的上下差別一樣，是由於天數決定的。進而認爲，天地自然是先王制禮作樂的根本依據。從這個意義上說，荀子不僅以道德作爲人的本質規定，而且作爲天的本質規定，整個世界的存在也就被安置於道德之上。因此，天人合一的哲學首先是一種道德世界觀。

在儒家學說中，作爲人的本質的「道德」是人生最重要的價值目標。孔子提出殺身成仁，孟子倡導捨生取義，荀子亦大體認同如此的價值立場，他認爲：「人之所欲，生甚矣，人之所惡，死甚矣，然而人有從生成死者，非不欲生而欲死也，不可以生而可以死也。故欲過之而不及，心正之也。」（《荀子‧正名》）他們都肯定道德的價值超越於生命自身的價值，而人類生命的價值，恰恰是建立在生命自身價值的超越之上。

在荀子看來，這種人生價值的實現，是通過不斷地學習來實現的。學習的本質是做人，做一個有道德的人。學習最終的目標或者說最高的理想人格是聖人。所謂聖人恰恰所體現的就是天人合一的境界，他說：

> 今使塗之人伏術爲學，專心一志，思索孰察，加日懸久，積善而不息，則通於神明，參於天地矣。(《荀子‧性惡》)

> 恢恢廣廣，孰知其極！睪睪廣廣，孰知其德！涫涫紛紛，孰知其形！明參日月，大滿八極，夫是之謂大人！(《荀子‧解蔽》)

荀子認爲，即使是一般人，只要經過長期的道德修養，就有成爲聖人的可能性。而聖人是以自己的道德品行與日月同輝，與天地同久。這種境界，不僅與思孟學派是一致的，而且還與《易傳》的天人合一境界是一致的。荀子對天、地、人三者關係與《周易》的「三才說」顯然是相通的，只是「三才」的提法表現出了更高的理論概括性。如有論者所言：「所謂『君子，天地之參也』這一提法顯然也可以視爲《周易》『三才說』思想傳統在荀子哲學中的體現。」〔註19〕

《周易‧說卦》篇云：

> 昔者聖人之作《易》也，將以順性命之理，是以立天之道曰陰與陽，立地之道曰柔與剛，立人之道曰仁與義，兼三才而兩之，故《易》六畫而成卦，分陰分陽，迭用柔剛，故《易》六位而成章。

應該說，《周易》這種以天、地、人爲三才、天道、地道、人道並稱爲說的思想及表述方式深刻地影響了荀子，並通過荀子得到了進一步的發展。在荀子這裏，作爲對人之道德主體位格的肯定，德行修養的積累乃至可以達到與參『天地』(與天、地並立爲三)的高度。從另一個角度說，荀子對人之道德主體位格的肯定，或許已不單單僅僅具有倫理學的意義，而進入到一種存在論的意義。從存在論的意義上而言，『君子者，天地之參也』，這種表述所包含的顯然不止是德行修養上的完善，更是對人之爲人的存在本身的一種完成和確證。

如果拿孟子與荀子的天人論加以比較，可以看到，孟子的天指自然中人所注入的義理(自然中的人)，荀子的天指人的自然本性(人中的自然)；孟

〔註19〕 王楷：《天然與修爲——荀子道德哲學的精神》，北京：北京大學出版社，2011年版，第45頁。

子是以天作爲道德本源，荀子是以人爲道德依據；孟子以人合於天，荀子則以天合於人。但是，兩者殊途同歸，天人合一──個體與社會道德合一──則是兩者的共同的理想。

當然，荀子的天人合一思想並沒有停留在人自身內部這一層次上。他曾說：「性也者，吾所不能爲也，然而可化也；積也者，非吾所有也，然而可爲也。注錯習俗，所以化性也；並一而不二，所以成積也。習俗移志，安久移質。並一而不二，則通於神明，參於天地矣。」（《荀子·性惡》）這表明，他的天人合一思想有兩個層次：其一，人自身內部的天人合一。所謂「性僞合」、「並一而不二」是指人的自然屬性與社會屬性的結合，做到了這一步就可成爲聖人。其二，實現了「並一而不二」的聖人便能夠「通於神明，參於天地」，即人完成了內在的天人合一就可以達到外在的天地合一。人以善來通神明，參天地，這同思孟學派的德配天地思想是一致的，即人以道德與天地之德合一，而不是人作爲自然存在物與物質自然的同一，如道家。所以，荀子的天人論終究是儒家的天人論，荀子的天人合一終究還是一種以道德爲超越目標的人生觀。

然而，聖人作爲理想人格不僅僅是個人的道德境界，在中國古代宗法社會中，道德與法律，個人人格的修養與國家政治生活是合二爲一的，凡是有社會責任感的知識分子追求的就是「內聖外王」之道。因此，「天人合一」也是封建制國家政治秩序與政治制度的理想模式。荀子在政治活動和政治制度方面強調天人的一致性。他把「誠」這一天地與人共同的內在原則和精神狀態對象化、外在化爲「禮」，於是「禮」就成了統轄宇宙秩序的主宰。他把禮視爲天經地義，目的卻不在於給自然萬物設定一個秩序，而說在於爲社會制度的禮尋找一個本源和依據。天道與人道同一而不二，或者說人道本於天道，社會制度的建構是建立在遵循天道的基礎之上的。這也意味著天道是最完善的制度與原則，統治者如果能夠因循天道，便可達到理想的政治局面。

2.1.3　天人之間──政治的正當性基礎問題

政治的正當性（正義），是政治哲學的核心問題之一。它關涉到一個政權是否具備合法性，是政治共同體和政治權威賴以存在的基礎性條件，也是統治者和被統治階層能否達成相互認同的根本依據。並且，政治正當性建立在什麼基礎之上，直接決定和影響著整個政治框架的建構。

在古典世界，政治正當性往往奠基於外在的超越力量。按照弗里德里希的看法，正義的理念是一種超驗的實在，是不能用感覺來證明其存在的。所以，他認為：「人類正義的本質透過神的正義方能得見（恰如透過一面鏡子），而後者乃只是部分地啟示給凡人的神秘之物。」〔註20〕余英時先生也有與之類似的觀點：「中國最早的想法是把人間秩序和道德價值歸源於『帝』或『天』，所謂『不識不知，順帝之則』、『天生丞民，有物有則』，都是這種觀念的表現。」〔註21〕從某種意義上說，傳統社會的政治正當性是來源於世俗社會之外，不過，對政治正義的追問卻往往導源於世俗社會的內部危機。

在古代中國，儘管「天（帝）」均為夏、商、周政治正義的價值源頭。不過，其間的差異在於，夏、商兩代不僅充分肯定天命力量的神秘性，而且還從血緣上建立與「天」的聯繫（「以祖配天」），將違抗「王命」視為違抗「神命」。例如夏桀在為其暴政進行辯護的時候，就以「太陽」自期，論證其政治權威的不可挑戰性。到了周代，周公明確提出了「以德配天」的政治正義言說。一方面，他修正了「天命」的性質，認為天命不僅不是固定不變，也非一直庇護某個政權；另一方面，它在「天命」與「道德」之間建立了紐帶。雖說政權的合法性依然來源於「天命」，但是，統治者必須以自身的德性去匹配天命的垂祐：「惟天無親，克敬惟親，民罔常懷，懷於有仁。鬼神無常享，享於克誠、天位艱哉！德惟治，否德亂。」（《尚書・太甲》）。從夏、商的「以祖配天」到周代的「以德配天」，無疑反映了人文精神的覺醒和道德意識的伸張。政治正義所建立的基礎，從宗教逐漸轉向了道德與理性。不言而喻，從春秋到戰國，這種趨勢更加顯性化。從孔子、孟子到荀子，對天的含義理解的差異性就是這種趨勢的體現。

如前所述，我們已經論證了荀子的天人關係中，不僅存在著相分的一面，也有相合的一面。荀子對天的理解確實著重發展了自然義，那麼除了自然之天的層面，難道就沒有馮友蘭所說的「主宰之天」，或是「義理之天」？如果天地不具備價值負載的功能，那麼禮產生的根據到底是什麼，禮的正當性基礎到底來源於哪裏？從現有的荀學研究成果來看，對此問題的爭議還是相當之大。

〔註20〕弗里德里希：《超驗正義——憲政的宗教之維政治中的理性主義》，周勇、王麗芝譯，北京：三聯書店，1997年版，第9頁。
〔註21〕余英時：《中國思想傳統的現代詮釋》，南京：江蘇人民出版社，2004年版，第5頁。

　　關於荀子的禮的根據和正當性基礎到底是什麼，大體有兩種代表性的觀點：其一、認爲禮是聖人製作的，因此禮的正當性基礎在於聖人。這類觀點的主要支持者爲港臺新儒家及受其影響的後學，以及部分大陸學者。其中如牟宗三、王邦雄、吳樹勤、陸建華、周群振等人〔註 22〕。其二，認爲禮的客觀性乃至正當性依據來源於天。這類觀點的支持者如大陸學者儲昭華、韓德民等人〔註 23〕。筆者傾向於認同第二種觀點。

　　我們先來看第一種觀點。第一種觀點的立論根據在於，荀子所說的天只是具有自然義，因此是完全被治的。這種被治，顯然需要通過人爲的力量。在荀子那，是通過聖人這個特殊的道德典範來實現的。這個特殊的道德典範體現了客觀化的精神。聖人能夠「知通統類」，一旦知曉「統類之道」，即是把握了禮義賴以形成的原理，進而能夠尋求大道的眞義，並且能夠應變自如。「禮」實際上就是這種「客觀精神」落實於規範、制度層面的產物。簡言之，因爲禮作爲人道，所以它的價值之源在於人，而非外在的客觀世界。當然，他們也相當清楚，禮的價值源頭只能來源於客觀性，而非主觀性。故他們特別強調「禮義之統」，這一作爲聖人制禮作樂的客觀化過程，如王邦雄說：「價值的根源，客觀的依據在禮義之統，主觀的依據在聖王，實在禮義之統，在聖王身上，故說法後王。」〔註 24〕

〔註 22〕如吳樹勤說：「聖人制禮作樂，實際是爲人類自身確立合理行爲的標準，實際是爲人類自身確立道德之善的原則。」（吳樹勤：《禮學視野中的荀子人學——以「知通統類」爲核心》，濟南：齊魯書社，2007 年版，第 48 頁。）；陸建華在其博士論文《荀子禮學研究》一書中，第三章第一節的標題即爲「天人相分：禮非天出」（陸建華：《荀子禮學研究》，合肥：安徽大學出版社，2004年版，第 40 頁。）周群振在其著《荀子思想研究》一書中說：「荀子視天，不僅不得爲禮之所自出，相反地，卻常以之爲禮所必予對治的客觀外在之物事。於是，我們即可知得荀子所謂天，實只爲自然宇宙中之物質或物理現象而已，根本不同與正宗儒家之自然精神生命處證顯的天命或天道相提並論。」（周群振：《荀子思想研究》，臺北：文津出版社，1987 年版，第 139 頁。）

〔註 23〕如韓德民在其著《荀子與儒家社會》中，第四章的標題即爲：「天道性命：荀子的價值源頭」（韓德民：《荀子與儒家社會》，濟南：齊魯書社，2001 年版，第 270 頁。）；儲昭華說：「在荀子那，本源、至上之天的確立及其與人的統一，在邏輯上具有同樣的指向。既然人的自然本性欲求乃爲天之所賦，而天具有本源性、超越性和至上性，這就爲確立人的自然本性的正當性、合理性乃至神聖性，使其由事實向價值的轉化提供了本源性的基礎和根據。」（儲昭華：《明分之道——從荀子看儒家與民主政道融通的可能性》，北京：商務印書館，2005 年版，第 179 頁。）

〔註 24〕王邦雄：《中國哲學史論集》，臺北：臺灣學生書局，2004 年版，第 49～50 頁。

但是，這樣的解釋是有問題的。既然聖王是主觀的依據，「禮義之統」只不過是聖王制禮作樂所體現的一種客觀化精神。換句話說，聖人能夠制禮作樂，就表明其有主觀性。如此，就出現了先有主觀性的人，然後有客觀根據，主觀性的人要優先於客觀根據。如此不僅倒果為因，而且還迴避了一個問題，即既然聖人之所以能夠「知通統類」，以「統類之道」來凝化禮義。那麼，他何以具有如此的特性，為什麼普通人不能做到，只有聖人能夠做到呢？

讓我們回到天人之間的關係解讀之上：

> 天地者，生之始也；禮義者，治之始也；君子者，禮義之始也。為之，貫之，積重之，致好之，君子之始也。故天地生君子，君子理天地；君子者，天地之參也，萬物之摠也，民之父母也。無君子則天地不理，禮義無統，上無君師，下無父子，夫是之謂至亂。」（《荀子·王制》）

首先，天地作為生生不息的創始本源，其運行法則類似於道家所提倡的「無為而治」，「禮義」作為人間法則，具有模仿自然運行法則的意味。所以，它具有自然法的某些特徵。因此，我們可以說禮義的客觀性還是來源於天道。

其次，君子（尤其是聖人）是能夠明瞭天地法則，並且能夠將之演化為人間法則的特殊人格。天地的絕對精神，是通過君子下落到人間，從而產生客觀化的力量。因此說，聖人只是一種中介，一種「客觀精神」的特殊載體而已。

最後，從聖人創制禮義來看，聖人與凡人「材性知能，君子小人一也。」（《荀子·榮辱》）那麼，「偽」的分別又產生於何處？在普遍的「性惡」之下，如何產生「致善之具」──「禮義」來呢？這個問題常常作為論者批判荀子最為有力的理由。需要澄清的是，荀子強調「知性材能，一也」，是指天賦好的人與天賦差的人在成為君子與小人的可能性是一樣的。即使是天賦再好的人，如果不通過後天的努力，也會成為小人；反之，即使是天賦一般的人，通過自己的努力，照樣有成為君子的可能。並非如很多人誤解的那樣，認為荀子這裏所指的是天賦條件的完全齊一化。如此，則無法解釋荀子何以又說：「天地生君子，君子理天地」（《荀子·王制》）。更何況，荀子是孔子思想的忠實繼承者，他不可能不領會或者偏離孔子對人的資質「上智」與「下愚」的劃分。遺憾的是，荀子似乎並沒有留下專門的文字論及天賦高低問題。所以，使得對聖人何以具備制禮作樂的能力，缺乏足夠有力的說明，只是強調

聖人通過後天的努力，洞悉天地的大道，而成爲創制禮樂的特定人選而已：

> 今使塗之人者以其可以知之質，可以能之具，本夫仁義之可知之理，
> 可能之具，然則其可以爲禹明矣。今使塗之人伏術爲學，專心一志，
> 思索孰察，加日縣久，積善而不息，則通於神明，參於天地矣。故
> 聖人者，人之所積而致矣。(《荀子·性惡》)

再看第二種觀點。我們在前文「天人之合」的討論中，至少已經部分地給出了支持這種立場的合理闡述。需要補充的是，荀子固然消解了「天」在孔、孟那裏的道德化，甚至宗教化的特徵。不過，荀子更主要的目標是消解世俗社會將「天」完全神秘化、人格化，淪爲迷信與愚昧的「淵藪」。荀子實際上還是保留了人類知識對於「天」的不可及性，而這一點並未完全取消對天的尊崇與敬畏，因爲「尊崇的主要對象是某種提醒我們意識到人類自身局限的東西。」〔註25〕

相對於「天」，人永遠是一個有限存在者。儘管聖人是人類世界中最完美的人格。它的完美性，是取法於天的，是通過與天地的「參」、「合」而實現的。而且，天地秩序是一種自生自發的良性秩序。在荀子看來，這種秩序理應成爲人類社會效法的對象。正如有學者的觀點：

> 隨著人們社會化生活程度的提高，人與人之間的關係構成有序的社
> 會秩序，人們認定社會秩序是自然秩序的摹本，社會存在體現神的
> 意旨。這時候，人們開始自覺地遵從這種天然的秩序，於是形成了
> 人們的道德理性。人們以自律和良知來規範和約束自身的各種行
> 爲，無論是個體的還是集團的行爲。至此，社會秩序表現爲道德化
> 秩序，人們的精神生活也表現爲道德化生活。與此同時，人們根據
> 自然法則來確立社會法則，即人爲法（或成文法），並作爲一種外在
> 的、他律的精神原則。而作爲禮的精神體現的宗教、道德和法的原
> 則集中反映在政治方面，則表現爲一種政治訴求和政治理想。於是，
> 各種思想最終都歸結到理想化、禮制化的政治制度的規劃和設計之
> 中。〔註26〕

因此說，聖人「制禮作樂」，只是說明聖人是「製作禮樂」的主體，非爲禮制

〔註25〕〔美〕伍德拉夫：《尊崇：一種被遺忘的美德》，林斌、馬紅旗譯，北京：商務印書館，2007 年版，第 76 頁。

〔註26〕王啓發：《禮學思想體系探源》，鄭州：中州古籍出版社，2005 年，第 6 頁。

政治的價值根源。只有繼續追問，聖人何以能夠制禮作樂，通過什麼原則來「制禮作樂」，我們才能夠眞正發現「禮」的正當性基礎是——天（地）。

2.2　性僞關係論：荀子政治哲學的人性基礎

　　不同的人性論，決定了不同的政治哲學的範型。以孟、荀爲例，孟子主張性善論，所以，孟子主張向內用力，開掘人的內在善性。他的「仁政」無非是「發起本心」、「推己及人」，希望統治階層能夠「與民同樂」。而荀子卻不同，他因爲遭遇戰國末期的社會動亂，對人類的「幽暗意識」（張灝語）有了更多的體認。所以，他主張依靠外在的力量，來對人性進行改造和遷化。而這種外在力量，主要是指制度規範、風俗習慣，乃至其他的社會性教化。所以，陳飛龍先生說：「荀子之所以倡禮治，實基於性惡之說，此或因世逢喪亂，邪說異行，同時並起，故激而出此，以勉人爲善耳。」〔註27〕而就政治的本質而言，正如孫中山先生所說：「政治是管理眾人之事」。在孟子那裏，他實際上是以道德取代政治，政治制度、行政管理、政治策略並沒有獨立存在的價值。荀子卻不同，因爲他主要是向外用力，對於政治制度、行政管理和政治策略則多有發明。雖然他所主張的政治實際上還是一種倫理型政治，但是，政治理論本身具有了獨立性，只不過，它與倫理道德還是緊緊地聯繫在一起。

　　人們習慣上將荀子的人性論，稱之爲「性惡論」〔註28〕。不過，人性之「惡」並非荀子人性論的全部內容。在此，我們可以發現孟荀遭遇了相似的理論困境。孟子認爲仁、義、禮、智是人先天所具有的內在德性。那麼，人的感性欲望算不算人性呢？對此，孟子只能給出一種至少在邏輯上很讓人費解的回答：「口之味也，目之於色也，耳之於聲也，鼻之於臭也，四肢之於安佚也，性也，有命焉，君子不謂性也。仁之於父子也，義之於君臣也，禮之於賓主也，知之於賢者也，聖人之於天道也，命也，有性焉，君子不謂命焉。」

〔註27〕陳飛龍：《荀子禮學之研究》，臺北：文史哲出版社，1979 年版，第 151 頁。
〔註28〕從現有的研究資料來看，雖然不否認荀子的人性論是「性惡論」代表著主流的觀點，但並非所有學者都贊同此說。如民國學者姜忠奎先生專門撰有《荀子性善證》一書，主張荀子的人性論是性善論，與孟子並無分別。（參見姜忠奎：《荀子性善證》，出版地及單位不詳，1926 年版。）當代學者周熾成先生則認爲荀子的人性論是「性樸論」。（參見周熾成：《荀子韓非的歷史哲學》，廣州：中山大學出版社，2002 年版。）

（《孟子・盡心下》）如果說人性是善的，那麼社會環境作爲侵蝕人性的惡源，它的「惡」又是來自何處呢？同樣，荀子認爲「人性惡」，那麼，他何以又將「義」作爲區分人與萬物的根據呢？如果人性是全然惡的，那麼，後天的「僞」又如何「起」呢？社會環境（諸如習俗等）可以作爲道德教化之資，那麼它何以可以作爲「善」源呢？按照荀子的人性論，簡簡單單地通過後天的「僞」，就能消解先天的「惡」嗎？對於孟、荀的人性論問題，由於孟子長期以來代表儒學正宗的緣故，他的理論困境常常由於儒學衛道者辯護的立場而被隱匿。而荀子卻因爲性惡論本身與儒學正統立場相左的緣故，其間的問題卻屢屢成爲眾矢之的。即使如此，我們卻依然可以發現後世諸多學者在荀子人性論問題上的解讀存在著明顯的認識偏差。

從政治哲學的理論前提出發，單純說荀子的人性論是性惡論是不夠的。誠然，我們可以發現荀子的性惡論立場與西方的法治傳統之下的人性惡的預設立場有某種一致之處。但是，荀子的政治哲學範型與西方政治哲學中的法治傳統還是有很大的差別。荀子政治哲學終究還是儒家政治哲學的一種類型，本質上依然是一種倫理型政治。故而，我們在探討荀子人性問題的時候，目光不能僅僅局限於「性惡」，如若採用荀子關於「性」、「僞」的分合關係去理解荀子的人性論，則會更加全面。

如前所述，荀子的人性論，實際上是其天人觀的延伸。荀子在天人關係的討論中，不僅主張天人之分，突出天的自然義，旨在開掘人的主觀能動性；而且主張天人之合，從宇宙論上建立政治哲學之價值源頭。相應地，在人性論問題上，也出現了兩個相互對立、相互依存的環節：「荀子提出了富有特色的人性論，他的人性論包括兩個方面，一個方面是『性僞分』，另一方面是『性僞合』。前者是就其『性惡說』而言，後者是指『化性起僞』而言。」〔註29〕他主張性僞之分，突出人性的自然義，旨在挖掘心的作用和功能；主張性僞之合，實質是肯定道德教化之正面價值，從人性論上建立政治哲學之價值基礎。

2.2.1　性僞之分

一般而言，在哲學史上，某一理論的存在往往具有雙重的原因。一方面是緣於現實問題。荀子之所以主張人性之惡，與他處於戰國末期的特定社會年代

〔註29〕吳樹勤：《禮學視野中的荀子人學——以「知通統類」爲核心》，濟南：齊魯書社，2007 年版，第 86～87 頁。

有著密切的關聯。正如王先謙對荀子性惡論所給出的評議那樣：「余因以悲荀子遭世之大亂，民胥泯棼，感激而出此也。」〔註30〕另一方面，則往往是爲了糾正前人理論的不足，或者是解決前人不能解決的問題。荀子的性惡論應該是主要針對孟子而發的。他反駁孟子，其邏輯起點，就在於「性僞之分」。

荀子的「性惡論」是對孟子「性善論」的直接挑戰。在荀子看來，如果主張「性善論」，那麼聖王、禮義就失去了存在的根基。而只有立足於這一理論，禮義和聖王的存在才能夠得到一種合法性的證明。荀子對孟子的性善論進行了批判，提出了與孟子相對立的人性論命題：「人之性惡明矣，其善者僞也。」（《荀子・性惡》）荀子認爲孟子的性善論的基本錯誤在於「不察乎人之性、僞之分」（《荀子・性惡》），即沒有認識到人的自然本性與後天人爲因素之間的區別。荀子實際上主張，善是後天習得和教化的結果，要成就善還必須用禮義規範去節制和改造，強調禮義在爲善過程中的作用。因此，孟荀並非在同一層面討論人性，前者關注的是人的特質和本性，後者把握的是人的本能和自然欲望，並不構成對孟子的人性結論、價值取向的顚覆與逆轉。同時，荀子對孟子的批評，對性惡善僞的劃分，也不構成對人之爲人的本質在於善的否定，倒是更加強化了人之爲人在於道德的論證。

從文字學上看，「生」、「性」本來是同源詞。甲骨文、金文等古文字資料中，只有「生」字，而沒有「性」字。「性」字是從「生」字派生出來的。長沙馬王堆出土的漢墓帛書中，「性」字皆寫作「生」字。徐復觀認爲「性」與「生」兩者之間既存在聯繫，也存在區別：「性字乃由生字孳乳出來，因之，性字較生字爲後出，與姓字皆由生字孳乳而來的情形無異。性字之含義，若無密切之關聯，則性字不會以生字爲母字。但性字之含義，若與生字之本義沒有區別，則生字亦不會孳乳出性字。」〔註31〕告子提出「生之謂性」的命題，從自然性的一面對人性做出界定，這似可與文字學上形成一定的印證。

在孟子與告子的辯論之中，對「性」的性質理解差異是其辯論的主題。在告子看來，人性是天生就是那個樣子。所以，自然欲望，如食、色具有天然的合理性。不過，後天的環境確實會對人性產生重大的影響，所謂：「性猶

〔註30〕 王先謙：《荀子集解》，沈嘯寰、王星賢點校，北京：中華書局，1988 年版，序言，第 1 頁。

〔註31〕 徐復觀：《中國人性論史（先秦篇）》，上海：上海三聯書店，2001 年版，第 5 頁。

湍水也，決諸東方則東流，決諸西方則西流，人之性無分於善不善也，猶水之無分東西也。」（《孟子·告子上》）孟子否定了告子「生之謂性」的觀點。按照孟子的觀點，人生來就有惻隱、羞惡、辭讓、是非之心。這說明人天生就具有道德性。在他看來，感性欲望不能構成人性的內在規定。物欲與人性是對立的，只有克服物欲才能夠從根本上保全人的本性。荀子雖然在價值立場上不是告子路線的繼承者，卻顯然接受了告子「生之謂性」的基本觀點，從自然性出發去理解人性；荀子雖然是儒家路線的繼承者，但是他卻提出了與孟子「性善論」針鋒相對的「性惡論」。這種「性惡論」的提出，至少在荀子本人看來，是儒家理論的糾偏，是對孔子學說的繼承與捍衛。

荀子對於性有明確的界定。如：「性者，本始材樸也」（《荀子·禮論》）、「生之所以然者謂之性。性之和所生，精合感應，不事而自然謂之性。」（《荀子·正名》）、「凡人之性者，堯舜與桀跖，其性一也；君子與小人，其性一也。」（《荀子·性惡》）從中，我們不難發現，荀子對人性的界定具有以下特徵：（1）荀子認為人性是以人的生物組織和肉體組織作為物質基礎的。荀子的人性論，並非是抽象的人性論，而是建立在經驗世界的基礎之上的。並且，荀子認識到人性並非是身體某一器官的產物，而是人的生理組織綜合性作用的結果。（2）荀子認為人性的形成無法離開外部事物，人性不但由「形」而生，而且必須感應於物而後生。所謂「精合感應」，指的是人的感官本能與外部事物相互接觸而產生反應。這種反應，通過「心」，發顯為人的喜、怒、哀、樂之情。（3）荀子認為人性是一種先天性的東西，是不需要經過後天人為即可表現出來的一種特徵。人性是人的自然屬性，是人的生理本能，與後天的「偽」正好完全對立。（4）「人性惡」具有普適性的人性界定。這個人性的起點，對於任何人都是沒有區別的，即使在聖人與凡人之間也是無差別的。（5）儘管人性是天然的，是「不可事」、「不可學」、「無待而然」，但是，人們卻可以通過自己的努力對自身的人性進行改造和遷化。荀子所說的人性，具有可塑化的特徵。

荀子在論述「性」的時候，又多與「情」、「欲」相聯繫，如《解蔽》篇說「聖人縱其欲兼其情」，《正名》篇說「養其欲而縱其情」，「欲者，情之應也」。可知情、欲為「性」的一種表現。荀子講：「若夫目好色，耳好聲，口好味，心好利，骨體膚理好愉佚，是皆生於人之情性者也。」（《荀子·性惡》）又說：「饑而欲食，寒而欲暖，勞而欲息，好利而惡害，是人之所以生而有也，是無待而然者也。」（《荀子·榮辱》）值得重視的一段是：

堯問於舜曰：「人情何如？」舜對曰：「人情甚不美，又何問焉？妻
子具而孝衰於親，嗜欲得而信衰於友，爵祿盈而忠衰於君。人之情
乎！人之情乎！人之情乎！甚不美，又何問焉？」（《荀子·性惡》）

蔡仁厚先生認為：「荀子分別界定性、情、欲，卻正好說明三者並無實質的差
異。而『以欲為性』，亦遂成為荀子論性的最大特點。既然以欲為性，所以性
是惡的。」〔註32〕（蔡仁厚，1984）[390] 不過，我們可以發現，性、情、欲還
是有區別的。「性」是指人的自然性，「情」則主要包括好、惡、喜、怒、哀、
樂，它是「性」發顯於外所呈現的內容。「欲」則是性與外界事物發生交感之
後而產生的心理傾向或者追求。從價值判斷上看，性一定是「惡」的，情則
有「當理」與「不當理」之說，欲則本身無所謂「惡」與「不惡」。應該說，
荀子的「性惡」與此處的「人情甚不美」大抵表達相同的意思，都是一種負
的價值判斷。不過，荀子並沒有說「欲」是「惡」的，只是說人生而就具有
感性欲望，這是人性的特點之一。「惡」只是人縱容自己的欲望而不知節制所
造成的後果。按照 Andrew Chih-yi Cheng 的觀點：「他（荀子）說人性是惡的
並非是指其完全是墮落和無望的，而僅僅是指人無力以適應社會環境。他所
說的惡是作為道德上的失敗而非作為內在的邪惡。在西方通常意義上的觀念
就是『犯錯乃人之常情』。」〔註33〕

實際上，荀子之所以強調人性的「惡」，無非是凸顯道德教化，彰顯禮義
制度的重要性，這也是荀子整個哲學思想的主導傾向。該道德主義立場恰恰
是通過「人性惡」作為理論前提發揮功能和作用的。故而，儘管荀子持「性
惡論」，與孟子的「性善論」相對立，但是他與孟子一個是從流弊上說性惡，
一個是從源頭上說性善〔註34〕。兩者殊途同歸，都是教化人們發心向善，塑
造理想的道德人格。

因為，如果聽任人的自然物質欲望無限度地發展，從而引起社會動蕩與
混亂，所以必須通過某種制度的建構乃至其他的後天的努力來避免這種情況

〔註32〕 蔡仁厚：《孔孟荀哲學》，臺北：臺灣學生書局，1984 年版，第 300 頁。
〔註33〕 Cheng，Andrew Chih-yi Xüntszu'Theory of Human Nature and its Influence on
　　　　Chinese Thought Columbia University Thesis（Ph.D.）1928，pp.42.
〔註34〕 此說源自王陽明。他在《傳習錄》中云：「孟子說性，直從源頭上說來，亦是
　　　　說個大概如此。荀子性惡之說，是從流弊上說來，也未可盡說他不是，只是
　　　　見得為精也。」（王陽明：《傳習錄》，閻韜注評，南京：江蘇古籍出版社，2001
　　　　年版，第 315 頁。）

的出現：

> 今人之性惡，必將待師法然後正，得禮義然後治。今人無師法則偏
> 險而不正，悖亂而不治，是以為之起禮義，製法度，以矯飾人之情
> 性而正之，以擾化人之情性而導之也。始皆出於治，合於道者也。(《荀
> 子・性惡》)

有了禮義法度，人的欲望才能夠得到節制，情性才能夠得到矯飾，社會才能夠實現和諧有序地運轉。這種通過禮義對人性的矯飾，荀子稱之為「偽」，它是與「性」相對立的一個概念，即「人為」的「為」，指人的社會化活動及其結果。荀子說：「夫感而不能然，必且待事而後然者，謂之偽。」(《荀子・性惡》)「慮積焉，能習焉，而後成謂之偽。」(《荀子・正名》)它廣義上包括人的一切活動及活動方式和人在活動過程中所創造的全部精神產品和物質產品。狹義上主要是指與道德有關的實踐、觀念和規範及其物化形態，如「禮義辭讓」、「文理隆盛」，這些內容是聖人創造出來的，不能從人的本性中自然而然地發展起來，只有通過後天的學習才能夠掌握。

荀子區分「性」與「偽」主要是說明人並非先天就具有善性，善性是後天養成的。所以他說：「可以為堯禹，可以為桀跖，可以為工匠，可以為農賈，在執注錯習俗之所積耳。是又人之生而有也，是無待而然者也，是禹、桀之所同也。」(《荀子・榮辱》) 不同的道德人格，乃至不同的行為選擇，都是由於不同的生活環境習俗造成的。在荀子看來，人們可以利用外在的條件為自身的發展創造條件。這實際上就依靠後天之「偽」了。

綜言之，荀子「性偽之分」，最終意圖不是突出人性之「惡」，而是通過人性之「惡」，來反襯後天之「偽」的緊迫性和重要性。荀子並不否認人作為一個感性存在物的事實，並且承認感性欲望存在的合理性。但是，他看到感性欲望如果缺乏限制條件所帶來的危險性。如何克服這種危險性，這實際上構成荀子政治哲學關注的焦點所在。

當然，荀子與其他儒家人物一樣，都肯定人的存在本質在於道德性。人首先是一個感性存在物，但是人之所以成為人，卻必須超越這一層面，而上升為道德性。所以，荀子在人禽之辨問題的態度上幾乎與孟子完全相同。荀子之所以創立「性惡論」，不是為作「惡」的行為提供辯護，而是希望人們接受禮義文理，通過道德的教化，最終實現人作為人的內涵的提升。所以，對於荀子的「性惡論」，關鍵是理解「性」與「偽」這兩個範疇，理解其內在

聯繫。用荀子本人的話來說，就是：「無性則僞之無所加，無僞則性之不能自美。」（《荀子・禮論》）

2.2.2　性僞之合

「人之性惡，其善者僞也。」（《荀子・性惡》）——這是荀子解說和詮釋人類由惡轉向善的人性總結，它揭櫫了人類道德實踐和道德行爲的可能性。這種可能性，在荀子看來，就是「僞」。「僞」在此與現代漢語的「虛僞」有著本質的差別。絕大多數荀學研究者，將「僞」解釋爲「人爲」，這是沒有問題的。但是，筆者認爲，古代漢語的很多文字具有意義的發散性。「僞」還有另外一個意思，那就是「文飾」。

《禮論》篇云：「性者，本始材樸也；僞者，文理隆盛也。」這裏的「僞」大抵可以作這樣的理解。文飾，文明，文化這三者之間實際上存在著極其密切的關聯。在西方基督教的故事中，亞當和夏娃偷吃了智慧果，當他們知道用樹葉遮蓋自己羞處的時候，至少說，這個時候文明誕生了。按照芬格萊特的說法——人是一個禮儀性的存在（a ceremonial being）。人是以禮儀作爲一種價值符號，去呈現自身：

> 作爲人類存在的一種比喻（metaphor），神聖禮儀的意象首先引起我
> 們關注人類存在的神聖維度。神聖禮儀有多種維度，最高境界在於
> 它的神聖性。禮儀有力地顯發出來的東西，不僅僅是社會形式的和
> 諧與完美、人際交往的內在的與終極的尊嚴；它所顯發出來的還有
> 道德的完善，那種道德的完善蘊涵在自我目標的獲得之中，而自我
> 目標的獲得，則是通過將他人視爲具有同樣尊嚴的存在和禮儀活動
> 中自由的合作參與者來實現的。此外，依「禮」而行就是完全向他
> 人開放：因爲禮僅是公共的、共享的和透明度；不依「禮」而行則
> 是隱蔽的、曖昧的和邪惡的，或純粹是專橫的壓迫。〔註35〕

《禮論》篇又載：

> 禮者，以財物爲用，以貴賤爲文，以多少爲異，以隆殺爲要。文理
> 繁，情用省，是禮之隆也。文理省，情用繁，是禮之殺也。文理情
> 用相爲內外表裏，並行不悖，是禮之中流也。

〔註35〕芬格萊特：《孔子：即凡而聖》，彭國翔譯，南京：江蘇人民出版社，2002 年版，第 15 頁。

結合孔子對於「質」與「文」的關係，我們可以更好地加以理解。《論語·雍也》：「質勝文則野，文勝質則史。文質彬彬，然後君子。」意思是說，質樸勝過文飾，就會顯得粗野；文飾超過了質樸，就會顯得虛浮。質樸與文飾比例得當才有助於成就君子人格。荀子以「情用」與「文理」的對舉深化了孔子對於「文」、「質」問題的探討。「情用」與「文理」之間的彈性關係，決定了禮所呈現的面貌。無「文理」的野蠻狀態與無「情用」的虛浮狀態都是力求避免的。尤其是對於後者而言，似乎已經成為荀子所處的時代症候：當禮在不停地遭受僭越與踐踏之後，禮的儀式化卻走向了誇張化的表達。並且，「禮」之所以遭致道家的批評，也恰恰緣於這個事實：禮在失去人們對其的尊崇之後，其內在的價值也隨之遭到忽視：「當儀典缺乏尊崇的時候，它就失去其主旨，而成為一種單純的形式而已。」〔註36〕

如果我們從「文飾」的層面理解「偽」，並與「性」結合起來討論的時候，就會發現：「性」是一種原初的自然狀態，「偽」（文飾）是對之的否定。但是，這種否定並非邏輯的否定，否則就變成現代漢語意義上的「虛偽」了，而是辯證的否定，所謂達到「文理情用」、「相為表裏」的自然合宜的「中流」狀態。這實際上構成了我們所探討的「性偽之合」的第一層涵義。

我們再從「偽」作為「人為」的涵義出發，重點探討「性偽之合」的第二層涵義。「性」是先天自然，「偽」是後天人為，它們是對立的。那麼，它們之間又如何是統一的呢？關鍵在於，荀子承認「性」儘管是「惡」的，但是「性」卻是可化的：「性也者，吾所不能為也，然而可化也。」（《荀子·儒效》）至於依賴什麼「化」，這就要靠「偽」了。

荀子一開始就從人的所特有的生理構造的角度，為「偽」的可能性提供了理論預設。《天論》篇云：

> 好惡、喜怒、哀樂臧焉，夫是之謂天情。耳目鼻口形能，各有接而不相能也，夫是之謂天官。心居中虛以治五官，夫是之謂天君。財非其類，以養其類，夫是之謂天養。順其類者謂之福，逆其類者謂之禍，夫是之謂天政。暗其天君，亂其天官，棄其天養，逆其天政，背其天情，以喪天功，夫是謂之大凶。聖人清其天君，正其天官，備其天養，順其天政，養其天情，以全其天功。

〔註36〕 〔美〕伍德拉夫：《尊崇：一種被遺忘的美德》，林斌、馬紅旗譯，北京：商務印書館，2007 年版，第 74 頁。

「天君」統攝「天官」，也就是以「心」治「性」，這是「僞」所以可能的最根本的條件。聖人實際上就是「性僞之合」的典範，「天君」之「清」，「天官」之「正」、「天養」之「備」實質上，意味著「心」與「性」處於一種極其合宜的狀態。

在人性「惡」這一點上，聖人與普通人沒有差別的，但是爲什麼禮義只能是聖人，而不能是普通人創造出來的呢？荀子說：

> 故聖人化性而起僞，僞起而生禮義，禮義生而製法度；然則禮義法
> 度者，是聖人之所生也。（《荀子‧性惡》）

問題的關鍵也在於「僞」：「故聖人之所以同於眾，其不異於眾者，僞也，所以異而過眾者，僞也。」（《荀子‧性惡》）在荀子看來，普通人只要通過自己的主觀努力，就具有成爲聖人的可能性：所謂「塗之人可以爲禹」。但是，爲什麼現實社會中聖人少之又少呢？荀子對之進行了解答：

> 曰：「聖可積而致，然而皆不可積，何也？」曰：「可以而不可使也。
> 故小人可以爲君子而不肯爲君子，君子可以爲小人而不肯爲小人。
> 小人、君子者，未嘗不可以相爲也，然而不相爲者，可以而不可使
> 也。故塗之人可以爲禹則然，塗之人能爲禹，未必然也。……用此
> 觀之，然則可以爲，未必能也；雖不能，無害可以爲。然則能不能
> 之與可不可，其不同遠矣，其不可以相爲明矣。（《荀子‧性惡》）

他強調的是，成爲聖人的可能性是客觀存在的，之所以無法轉化爲現實性，還在於主體的能動性問題。更重要的是，「聖人」只是一種名稱，沒有必要糾纏於此。雖然成不了聖人，但是卻不影響做一些聖人所做的事情，即行善積德。

誠然，聖人在儒家的話語譜系中，是有具體的所指。但是，聖人更重要的是作爲一種完美的道德典範，作爲一種勉勵和促進普通人獲得人格提升的價值符號。聖人的身上體現了「性僞之合」，因爲，聖人也有情欲，但是他們不會因爲情欲而走向惡的結果。聖人有明確的道德目標，同時他們積極肯定自然情欲對自己道德人格而形成的正面價值。故而，聖人對任何自然的東西都不會刻意地扭曲，而是因任事物的自然條理而加以積極地引導，使之趨向於完善。聖人是道德人格成就的楷模，他們實現了自然情感表現與禮義規定性的圓潤統一。他們對問題的思考，對事物的處理，能夠順應自然而又恰如其分，所以說聖人擁有輕鬆愉快的自由心靈境界。

那麼對於普通人而言，只有通過自己的努力，矢志於「學」，通過時間的累積，達到一種人格與氣質的變化：「濟而材盡，長遷於善而不反其初，則化矣。」（《荀子‧不苟》）自然，「性」與「偽」也就實現了統合。「學」是達到「偽」，進行人性改造的最佳手段。荀子對「偽」的定義也透露了「學」的分量：「可學而能，可事而成之在人者，謂之偽。」（《荀子‧性惡》）同時，能不能「學」，實際上也是「君子」與「小人」的分壤所在：「縱性情，而不足問學，則爲小人矣。」（《荀子‧儒效》）

《勸學》篇云：

> 學惡乎始？惡乎終？曰：其數則始乎誦經，終乎讀禮；其義則始乎爲士，終乎爲聖人。眞積力久則入，學至乎沒而後止也。故學數有終，若其義則不可須臾舍也。爲之，人也；舍之，禽獸也。

學，其本質就是學做人，通過道德的踐履，塑造形成健全的道德人格。在這種人格狀態之下，身與心才能夠處於一種合宜的調控狀態。那麼，具體怎麼「學」呢？

首先，以「師」爲學，選擇一種道德人格作爲學習的榜樣：「除了學習和實踐的維度，以及需要學習的規範性形式的維度之外，這種生命活動還有第三個維度——爲人師表的典範（teacher-model），他的生命體現著人的價值，激勵著學者或那些不太勤勉的人。這種人師典範必須在兩方面起作用：第一，人師典範的生存方式必須有內在的吸引力，能夠激起學生自發的努力參與到人師的世界之中。第二，人師典範的生存方式必須是正當的，這種生存方式，從而爲學生樹立了學道的榜樣。」〔註37〕這種典範可以泛指一切在道德上可資借鑒之人，尤其是聖人。聖人不僅是完美的道德典範，而且聖人是禮義制度的製作者。聖人是「以善先人」，毫無疑問可以作爲學習的老師。當然，在道德上勝過自己的一般人，也可以作爲自己的老師。對於具體的人而言，身邊的人所產生的影響力量可能更爲現實，故而，荀子也強調選擇道德高尚的人作爲朋友的意義：「取友善人，不可不愼，是德之基也。」（《荀子‧大略》）

其次，以「法」爲學。主要是通過一些典章儀式的學習，認識和遵循社會所規定的基本社會規範，塑造和促進良好的價值觀的形成。這裡的經典主要指《六經》，即《詩》、《書》、《禮》、《易》、《樂》、《春秋》。相對而言，孟

〔註37〕芬格萊特：《孔子：即凡而聖》，彭國翔譯，南京：江蘇人民出版社，2002 年版，第 109 頁。

子繼承了魯學的傳統，偏重治《詩》、《書》，而荀子則代表了齊學的方向，推崇《禮》、《樂》。並且，荀子將「禮」視爲「法之大分」、「類之綱統」，以此奠定《詩》、《書》的道德價值。因此，在荀子那，經典的學習，不單單是文化學術事業的延續，更重要的是傳統價值觀的繼承和接受。這對於一個群體本位特徵比較明顯的國度而言，無疑是至關重要的。

最後，「注錯習俗」。選擇適當的環境和習俗也是一條重要的改造性惡的途徑。風俗的作用，正如美國社會學家愛德華·羅斯所說：「風俗的束縛力所產生的後果不只是約束。它產生出某種調節作用。每一種管理的制度都向風俗的絕對統治表示敬意；社會調整風俗的方針，在很大程度上是爲了它能夠提供社會的效用並得到充分的發揮。」〔註 38〕（羅斯，1989）[146] 荀子指出，不同的文化環境會使人形成不同的習俗和文化特質。《勸學》篇說：

> 蓬生麻中，不扶而直。蘭槐之根是爲芷。其漸之滫，君子不近，庶
> 人不服。其質非不美也，所漸者然也。故君子居必擇鄉，遊必就士，
> 所以防邪僻而近中正也。

另外，荀子所強調的學習，不是僅僅停留在模仿、效法階段。應該說，他倡導對禮的學習，固然有遵循既有的社會規範意味。但是，他更強調把握和理解內在的價值精神。所以，荀子也借鑒了思孟學派對於「誠」的強調。他要求人們在學習的同時，能夠「誠信守仁」、「誠心行義」。「誠」作爲荀子思想中的一個德目，它意味著對「禮」的內在本質的堅守與捍衛。如果說，「學」本身就具有「僞（人爲）」的一面，那麼，它還包含有「著誠去僞（僞裝、造作、表面化）」的一面。「誠」的高度，也體現了「性」、「僞」之間的黏合度。

從荀子對「性僞之合」的論述來看，他試圖建構一個自上而下的輻射式政治治理模式。在以聖人爲中心的道德人格力量的輻射之下，由「士」而及「庶人」，以禮義爲階梯，逐級推進道德教化，最終達到所實現的是：「性僞合，然後聖人之名一，天下之功於是就也。故曰：天地合而萬物生，陰陽接而變化起，性僞合而天下治。」（《荀子·禮論》）由此也可以發現「性」、「僞」之間的辯證關係：人性爲禮義提供了發揮作用的基礎，禮義是人性由惡轉爲善的必由途徑，而性僞之合，以禮義對原始質樸之性進行改造，從而達到天下大治，形成良好的社會秩序，使得人的社會價值的最終得以實現。可以說，「性僞合」是荀子人性論的一個極其重要的立足點，直接影響了以「禮」爲

〔註38〕羅斯：《社會控制》，秦志勇等譯，北京：華夏出版社，1989 年版，第 146 頁。

核心的政治哲學是建立在人類的基本需求的基礎之上，是對人之為人的本質性的保護與捍衛。它有效地克服了人性的內在衝突，實現了人的自然屬性與社會屬性的統一。

Dubs 在《荀子：古代儒學的塑造者》一書中說：「荀子對待人性和生命的態度，表明了其哲學的理論傾向。它最突出的特點就是實踐哲學。就這一點而言，諸如知識論和形而上學等理論問題，都是作為其理論的背景。政治哲學則成為這個哲學的頂點和目標。」〔註 39〕的確如此，中國的古典哲學家缺乏純粹的思辨樂趣，他們更多是緣於現實問題的關照，而引發理論的思考。不論是孔孟，抑或荀子，他們都不是職業的哲學家，對於諸如「性與天道」這樣的形上問題乏有著天然的興趣。問題的關鍵在於，他們對現實的問題的思考，需要追溯終極根源問題。故而，「性與天道」就不可避免地進入他們的理論視野。

對於荀子而言，他對「性與天道」的創造性闡釋與其「外王」的進路有著緊密的聯繫，這與孟子的內聖的進路顯然是不同的。分別言之，在人性問題上，把人性想像得再怎麼善對於個人之修身而言也並不為過，如此可以煥發人性的光芒。而社會卻不同於一個人，社會更可能呈現人性的多面。而制度的建構只有深刻考慮到人性的惡，才能完善制度本身，由此我們可以理解荀子為什麼對人性不抱積極的態度；在天道問題上，天命所賦，可以將人的尊嚴奠基於牢不可破的位置，道德的崇高性由此生發。但是，對於一個社會而言，道德水準的參差不齊是一種常態。社會問題最首要的永遠是民生問題，由此我們就可以理解為什麼荀子之所以轉向天人之分，轉向「制天命而用之」。

不過，荀子顯然沒有否定孟子對待道德的態度和立場。他批評孟子的只是立基於「道德的人」，而不是的「道德的社會」。他也並不是要否定「道德的人」，相反，在他看來，「道德的社會」不僅有利於「道德的人」的生存，而且可以塑造更多的「道德的人」。如此，反映到「性與天道」問題上，荀子在「天人之分」的基礎之上，走向了「天人之合」；在「性偽之分」的基礎之上又走向了「性偽之合」。

〔註 39〕Dubs，Homer. Hüntsze：The Moulder of Ancient Confucianism. London：Arthur Probsthain，1927，pp.51.

第三章 「知通統類」：荀子政治哲學的建構方法

　　在上一章中，我們通過「性與天道」的論述，對荀子的政治哲學進行了邏輯起點的梳理。下面，我們將探討的是荀子政治哲學通過什麼樣的方法加以建構的？顧名思義，作爲荀子政治哲學的核心理念——「禮義之統」，即透露出了相關的訊息。「禮義之統」不僅暗含著將禮義貫徹到底，落實到生活的方方面面的意思，而且，「禮義」是一種價值理念的提煉，其提煉的過程就是「統」。社會所依賴的政治制度的制定，顯然是依據這種根本性的價值理念。所以荀子說：「禮義生而製法度」（《荀子·性惡》）。

　　英國學者哈耶克曾經區分政治制度的設計上的兩種不同方法論立場〔註1〕：一種建構理性模式，認爲人類可完全借助於理性能力去把握事物發展的本質與規律，預測社會發展的方向和進程，從而建構出符合人類需要的社會制度，此所謂「設計的秩序」；另一種是演進理性模式，認爲各種現存秩序和制度，並非理性的預先設計的結果。制度往往是累積性的並且在經驗試錯的過程中不斷地加以完善和發展。正是在此過程之中，人的理性才得以發揮作用。演進理性所產生的則是「自生自發秩序」。哈耶克這兩種方法論的劃分，爲我們理解「禮」的起源提供了一個很好的角度。

〔註1〕 鄧正來將之稱爲「進化論的理性主義和建構論的唯理主義」。（參見〔英〕哈耶克：《自由秩序原理》（上冊），鄧正來譯，北京：三聯書店，1997年版，代譯序，第47頁。）宋清華在《經驗理性與制度演進》一書中使用「經驗理性與建構理性」。竊以爲，「經驗」與「理性」在西方哲學本是一組對立的範疇。兩者合在一起，作爲一個新範疇，並不妥當。（參見宋清華：《經驗理性與制度演進》，北京：中國社會科學出版社，2007年版。）

關於禮的起源，大體上有兩種觀點：一種是自生自發，經過經驗累積而形成。這是一種比較普遍的看法。如陳來先生認為：「從文化人類學所瞭解到資料來看，儀式並不是生產活動直接發源的，而是一定的宗教——文化觀念的產物。最早在巫術文化中開始發展出許多儀式。然而在祭祀文化中儀式得到了相當完備的發展。就中國文化來說，『禮』在殷代無疑是由祭祀文化所推動而發展的。」〔註2〕還有一種觀點認為，禮是聖人通過「化性起偽」製作而成的。這種觀點最富典型的代表就是荀子。對比而言，第一種觀點類似於哈耶克所說的演進理性模式；第二種觀點接近於建構理性模式。在禮的起源問題上，這兩種解釋模式與其說是排斥的，不如說是交疊的。畢竟，西方的哲學範疇與中國的哲學範疇並不存在一一對應關係。尤其是對於中國哲學的範疇而言，它具有語義的多重性和發散性，不似西方哲學範疇有著比較嚴格意義上的界定。

確實，荀子對「禮」的起源詮釋，即呈現了建構理性與演進理性交疊的局面。荀子雖然認為禮是聖人製作的，但他始終是將禮放在歷史和傳統之中加以理解的，不論是「法先王」，還是「法後王」都是為禮尋找一種經驗的根基。之所以突出禮起源的建構理性特徵，劉澤華先生對此給予了很好的解釋：「禮義是區分人與動物的標誌，那麼禮是怎樣產生的呢？一種看法是禮從天降，禮與天地並生。另一種看法是，禮是聖王創造的、制定的。其實這兩種說法並行不悖。天生禮也要通過聖人之手。所以作為創制禮的主體，大抵都歸結為聖人。」〔註3〕所以說荀子對禮的考察，具有建構理性與演進理性交融的特徵，只不過，對建構理性有所偏重而已。故而，這也決定了荀子哲學既具有理性的特徵又有經驗的品格。所以，我們需要重申以上觀點：不能將西方哲學範疇生搬硬套來分析中國哲學，很容易走向牽強附會。所以，在新儒家那，當徐復觀高度強調荀子的經驗主義時，牟宗三卻將荀子理解成為一個理性主義者。

如若以建構理性這條「禮」的產生路徑而言，荀子的理性品格為其產生奠定了一種方法論的基礎。就其建構理性的制度形成模式來看，制度與社會規範乃至法律等均具有一般性、普遍性的特徵，它需要通過對具體的事物、

〔註2〕 陳來：《古代思想文化的世界——春秋時代的宗教、倫理與社會思想》，北京：三聯書店，2002 年版，第 242 頁。

〔註3〕 劉澤華：《先秦士人與社會》，天津：天津人民出版社，2004 年版，第 197 頁。

現象當中加以抽象與提取，從個別性上升到一般性，從特殊性上升到普遍性。適如韋政通先生所言：「知通統類一義是爲發現禮義發展中之共理而提供者，共理者即禮義法則所共有或共同所依之理。止於常識心靈不能得此共理，共理乃由邏輯心靈出，易言之，發現禮義法制之共理，是要通過一抽象的過程。」〔註4〕徐復觀先生在解析《荀子‧勸學》篇「禮者，法之大分，類之綱紀也」一語時，亦點明：「上一句是說禮是政治制度的根據，下一句說禮爲組織知識所依歸。因之禮即是統類的內容。」〔註5〕荀子是先秦時期最具理性品格的儒家代表人物，他在廣泛吸收其他諸家名學思想的基礎上，形成了極其獨特的儒家名學思想，從而爲荀子以聖人爲依託的政治哲學構建奠定了方法論基礎。

3.1 「心有徵知」：「統類」之所出

　　牟宗三認爲荀子所說的「心」，是全然的「認知心」，是不準確的。一方面，這種「認知心」，更多地是偏重於道德認知，接近於古希臘哲學家亞里士多德所說的諸如智慧、理解和明智的「理智德性」。它雖然與習慣所薰陶而成的慷慨、節制之類的「道德德性」有所不同，但是顯然有助於後者的形成。不過，在辨明以上問題的基礎上，牟宗三所說的「以知識心」仍可有助於我們的理解。尤其是從政治哲學角度而言，「心」的知性品格對於制度建構而言，是非常重要的。所以，唐君毅先生說：「荀子言聖王，則重在盡倫盡制，以成客觀人文之統類，則非重在一一具體之事，亦非只重在心，重心之知通統類，行成統類，使世由偏險悖亂，而致正理平治，以成就人文世界之一一具體事，使皆合於禮義，而後人得最爲天下貴。」〔註6〕既然荀子重視「心之知通統類」，那麼下面就不能不把理論視點轉移到「心」上，探析「心」何以轉出「統類」。

　　首先，荀子承認人類對客觀事物的可認知性。他不僅肯定人的主觀之「知」與客觀對象之理的同一性，而且也肯定人的認識能力和外界事物的可知性。他說：「凡以知，人之性也；可以知，物之理也。」（《荀子‧解蔽》）這種思想在另一句話裏表達得更爲清晰：「所以知之在人者謂之知，知有所合謂之

〔註4〕韋政通：《荀子與古代哲學》，臺北：臺灣商務印書館，1997年版，第21頁。
〔註5〕徐復觀：《中國人性論史（先秦篇）》，上海：上海三聯書店，2001年版，第224頁。
〔註6〕唐君毅：《中國哲學原論原道篇》（上冊），北京：中國社會科學出版社，2006年版，第243頁。

智。智所以能之在人者謂之能，能有所合謂之能。」(《荀子·正名》) 這裏的「知」是指人的認識事物的基本能力，此「能」即人的感覺和行為的基本能力。這一點與孟子是有所區別的，孟子也講「知」與「能」。孟子的「良知」與「良能」是具有先驗色彩的道德屬性，而荀子那裏，「知」與「能」並不帶有積極、正面的價值評價的意味。荀子那裏的「知」與「能」在價值上是中立的。不過，「知」與「能」卻是作為一種潛在的「善」能力，這也是理解荀子論證「善」從何處來的關鍵之所在。

《榮辱》篇說：「材性知能，君子小人一也。」即是指「知」與「能」，是一種先天性的素質。至於《正名》所說「知有所合謂之智」的「智」，「能有所合謂之能」之「能」，這就不是「性」而是「偽」了。換言之，「知」、「能」是天賦的，是不依賴於外在條件而存在的。而「智」與「能」恰恰需要依賴外在條件，尤其是實踐性行為 (與外在世界打交道) 而體現出來的素質。

作為二者的橋梁，除了實踐性的原因之外，從認識論的角度，在於「心有徵知」，即人有認識感知事物的能力。《正名》篇所說的「情然而心為之擇謂之慮。心慮而能為之動謂之偽。」，就是說「偽」產生於「性」的認識過程。如果說「性偽之分」所突出的是後天道德教化的緊迫性與重要性，突出社會制度、社會規範存在的合理性。那麼，「性偽之合」彰顯的則是如何通過禮義法度對人性的消極面進行規避，最終達到的是所謂「性偽合而天下治」(《荀子·禮論》) 的局面。

前所述及，荀子所說的「性惡」是指人生而具有各種感性欲望，如果不對這些感性欲望進行引導和改造，那麼其結果必然是「惡」的。只有通過禮義法度，通過後天之「偽」，才能夠臻至「至善」之境。然而，通過禮義法度去「化性起偽」，荀子就必須承認人有認知「禮義法度」的能力。他當然沒有忽略這個理論環節。《性惡》篇：

> 「塗之人可以為禹」，曷謂也？曰：凡禹之所以為禹者，以其為仁義法正也。然則仁義法正有可知可能之理。然而塗之人也，皆有可以知仁義法正之質，皆有可以能仁義法正之具，然則其可以為禹明矣。

事實上，荀子在承認人生而具有各種物質欲望的同時，也承認人有「知」的能力。荀子多處講「辨」，認為人與動物的根本區別就在於「辨」。人的眼睛喜歡看美色，耳朵喜歡聽美聲，嘴巴喜歡吃美食，鼻子喜歡聞美味，身體喜歡安佚。這些是「無待而然」的。同樣，「目辨白黑美惡，耳辨聲音清濁，口

辨酸鹹甘苦，鼻辨芬芳腥臊，骨體膚理辨寒暑疾養，是又人之所常生而有也，是無待而然者也。」（《荀子‧榮辱》）回到荀子對天人關係的探討，他將耳、目、鼻、口、形視為「天官」，具有感知能力的器官。心則是作為一種具有思維能力的器官，可以統攝天官，所以荀子將之擬人化表達為「天君」。

按照荀子對人性的表達，人生而就具有感性欲望，這是人性之惡的根本源頭。同樣，「人生而有知」（《荀子‧解蔽》）「知」是一種認識「道」的本能，是天賦的。換句話說，它也是人生來就具有的一種自然屬性。所以，荀子才將「凡以知」，歸之為「人之性」，卻沒有說這種「知」性是惡的。這樣顯然就出現了荀子所談論的「性」實際上包括兩個部分：一部分是由天官所衍生的感性，它是荀子所說的人性之惡的源頭。一部分是由天君所帶來的「知」性，它卻是「化性起偽」的關鍵之所在。適如廖名春先生所言：「單有天官的作用，產生不出人性，單有天君的作用表現不出人性。所以，人性是天官和天君的綜合作用而產生的。這就是荀子『性之和所生……謂之性』的正論。從天君和天官的對立統一關係來認識人性，構成了荀子人性論的基本內容。」〔註7〕這也說明，《性惡》篇強調人的「惡性」是不爭的事實，荀子主張「性惡論」是沒有問題的。問題的關鍵在於，我們不能把「人性惡」理解成荀子人性論的全部內涵。荀子在強調「性惡」的同時，也非常肯定人性當中還有「非惡」一面的存在。而這「非惡」的一面，作為一種先天的素質（「知」和「能」）與後天努力加以結合，就走向了一種導向善的源頭與基礎，所以有學者明確說：「我認為荀子哲學最關鍵的概念是他關於心的『自主性』。」〔註8〕

如荀子所言，「辨」是人生而具有的知性能力。這種能力就是來源於「心」。故而，他提出了「心有徵知」的命題：

> 心有徵知，徵知則緣耳而知聲可也，緣目而知形可也，然而徵知必
> 將待天官之當薄其類然後可也。五官薄之而不知，心徵之而無說，
> 則人莫不然謂之不知，此所緣而以同異也。（《荀子‧正名》）

「徵知」可以簡單地理解為「證知」。通過耳、目、鼻、口、形與外物的交接所形成的感性認識，雖然具體生動，但是卻具有不可靠性。不過，人有「心」，這種「心」具有天然的認知能力，可以通過它對感性認識進行進一步地加工

〔註7〕 廖名春：《荀子新探》，臺北：文津出版社，1994年版，第104頁。

〔註8〕 Lee，Janghee Xunzi and Early Chinese Naturalism. Albany：University of New York Press，2005，pp.11.

與提煉，從而獲得較爲可靠的認識。

　　荀子重視理性認知，這在先秦儒家中顯得格外的突出。「心有徵知」似乎強調的是「心」具有理性認知的能力。通過「心」的作用，可以將感性認識提升爲理性認識。然而，荀子講的「心有徵知」其對象顯然主要不是自然之物，而是針對社會的禮法制度而言的。他說：「故學至乎禮而止矣，夫是之謂道德之極。」（《荀子・勸學》）荀子強調「知」和「學」，其根本意圖在於學習禮法。通過學習來提高人們的道德認知水平，讓人們知道「禮法」，從而實現天下「平治」，這才是荀子重視理性認知最爲根本的目的。

　　唐君毅先生注意到，在孟子那裏「心」與「性」是合一的，都具有先驗的道德屬性。然而在荀子那裏，「心」與「性」出現了分離〔註9〕。不過，荀子的「心」雖然不具有道德性，但是卻提供了產生道德的可能性。比較而言，「孟子與荀子的不同在於：孟子相信道德的基礎完全在於自我；荀子認爲道德必定需要在自我之外獲得。對於孟子，心靈是道德的底座；對於荀子，心靈是激發我們獲得道德的力量。」〔註10〕

　　《解蔽》篇云：

　　　人何以知道？曰：心。心何以知？曰：虛壹而靜。心未嘗不臧也，然而有所謂虛；心未嘗不滿也，而有所謂一；心未嘗不動也，然而有所謂靜。人生而有知，知而有志。志也者，臧也。然而有所謂虛，不以所已臧害所將受謂之虛。心生而有知，知而有異。異也者，同時兼知之；同時兼之，兩也。然而有所謂一，不以夫一害此一謂之壹。心，臥則夢；偷則自行；使之則謀。故心未嘗不動也，然而有所謂靜，不以夢劇亂知謂之靜。未得道而求道者，謂之虛壹而靜。作之，則將須道者之虛則人；將事道者之壹則盡，盡將思道者靜則察。知道察；知道行，體道者也。虛壹而靜，謂之大清明。

荀子所說的「虛壹而靜」側重的是如何達到最佳的認知狀態：「不以所已臧害所將受，謂之虛」，即是「虛心」──發揮心的開放作用。心靈如果不開放，

〔註9〕　唐先生說：「至於荀子之言心與孟子之不同，則要在孟子之言心，乃在與性合言；而荀子之言性，則與性分言。故孟子言性善，而在荀子則以人之性有耳目之欲，好利聲樂與疾惡諸方面，而言性惡。」（唐君毅：《中國哲學原論導論篇》，北京：中國社會科學出版社，2005年版，第78頁。）

〔註10〕　Goldin，Paul Rakita.1999. Rituals of the way：the philosophy of Xunzi. Chicago：Open Court，pp.36.

滿足於既有的經驗，就會固步自封；「不以彼一害此一，謂之壹」，即是「專心」——發揮心靈的凝聚性力量。不以已有的知識這一種去妨礙接受另一種知識，並非三心二意，而是全身心地做好一件事情，往往更能收到良好的效果；「不以夢劇亂知，謂之靜」，即是「靜心」——讓心靈處於一種安定的狀態。對此，《大學》有比較好的解釋：「定而後能靜，靜而後能安，安而後能慮，慮而後能得。」如果心靈不能夠安定，就無法排除各種干擾，導致因情感作用而擾亂了理智，如此就不能夠達到正確而有效的認識活動。做到這三點，也就能夠達到「大清明」的一種精神境界。「大清明」，並不是擁有了天下萬物無所不知的能力，而是說達到了排除一切「蔽」的自由心靈狀態。沒有障礙，沒有蒙蔽，也就是心靈所能達到的通達自由狀態。

在現實社會中，人們受各種「蔽」的影響，卻常常「蔽於一曲」、「暗於大理」。人的「蔽塞」有很多種：「欲爲蔽，惡爲蔽，始爲蔽，終爲蔽，遠爲蔽，近爲蔽，博爲蔽，淺爲蔽，古爲蔽，今爲蔽。」（《荀子‧解蔽》）凡對事物的任何差異的認識，都可能成爲「蔽」。因爲對事物的任何一個差異方面認識，都會產生認識上的片面或局限，出現「一葉障目，不見泰山」的認識偏差。在荀子看來，若獲得全面的正確的認識，就需要「解蔽」。「解蔽」實際上是人格修養的過程，袪除心靈的狹隘和偏私，突破心靈的封閉性，而獲得開放和融通。所以說，它對於成德是極其關鍵的。

爲此，荀子提出了「兼陳萬物而中縣衡」的方法論，即把不同的事物都陳列起來，建立一個標準，去進行分析比較，然後作出判斷，這樣就不會使對事物的某一個方面的認識，而造成片面和局限，搞亂事物的本來面貌。荀子認爲，對事物進行正確判斷的標準是「道」：「何謂衡？曰：道。故心不可以不知道。心不知道，則不可道而可非道。」（《荀子‧解蔽》）真正認識了「道」，就不會否定「正道」而肯定「邪道」，即不會顛倒是非。對此，唐君毅先生說：「由荀子之有一客觀統類之道爲標準，而荀子之學即在使人知此統類之道，而心與道合，以行此道，以守此道。」〔註11〕

不過，荀子並沒有更進一步，去建立一個獨立的認識論系統，他思想系統的重心並不在此。如何成就人文統類之道，這才是他傾力思考的大問題。要在自然世界的基礎之上，藉心靈世界，開闢出一個人文世界，就必須知其

類、明其統，因此，韋政通先生說：「荀子對認識心的探討，是為了知類明統的需要，『虛壹而靜』大清明的心，才能使知類明統為可能。具有這種認知能力的，荀子尊之為聖人。荀子常常說『知之為聖人』或『明之為聖人』，必須通過這裏來瞭解，才能知道它的意旨。」〔註12〕

因為，聖人具有卓越的道德境界，其「心」能夠知「道」，其「行」也就能夠自覺地符合禮儀規範。他們不僅能夠通曉禮之義，還能夠諳熟禮之外在規範（法），從而獲得「禮（義）」與法的合一。而庶民的道德水平相對低下，其行為活動總是與道德相違背，不能夠恪守禮義原則。聖人能夠很容易做到的事情，庶民卻很難做到；聖人能夠舉措應對自然合符禮義，而庶民卻視為畏途。聖人能自覺到禮義規範的重要性，並且把它看做人之為人的前提，是作為區別於禽獸的人所應該努力自覺做到的；庶民則把禮義規範看做是對自己行為的外在的客觀規範，這無疑含有強制性的意味在內，因為他們內心中沒有人之為人的自覺，是人心不知道。故而，只有聖人能夠獨擋一面，承擔起「制禮作樂」的文化慧命。

3.2　聖人與「知通統類」

「聖」和「聖人」在先秦儒家將其提升為政治哲學的範疇以前，就已經被廣泛使用，其意義多與「智慧」、「聰明」相關。譬如《詩經》有：「維此聖人，瞻言千里。維彼愚人，覆狂以喜。」，「召彼故老，訊之占夢。具曰予聖，誰鳥知之雌雄？」，「人之有技，若己有之。人之彥聖，其心好之。」《尚書》曰：「聰作謀，睿作聖」、「聞其末而達其本，聖也。」後世的許慎和應劭分別從文字學上，對「聖」作出解釋。許慎《說文解字》云：「聖（聖），通也，從耳，呈聲。」應劭《風俗通義》云：「聖者，聲也，言聞聲知情，故曰聖。」可見，「聖」主要是指一種精湛的才能，卓越的智慧。

從發生學而言，聖人最初具有巫、覡的神秘主義品格，並且往往是部族的首領，他們具有溝通天人，影響禍福的特殊才能：

> 古者民神不雜，民之精爽不攜貳者，而又能齊肅衷正，其智能上下比義，其聖能光遠宣朗，其明能光照之，其聰能月徹之，如是則明神降之，在男曰覡，在女曰巫。（《國語‧楚語下》）

〔註12〕韋政通：《中國思想史》，上海：上海書店出版社，2004年版，第229頁。

　　大雨雹。季武子問於申豐曰：「雹可禦乎？」對曰：「聖人在上，無
雹，雖有，不爲災」。（《春秋左傳》昭公四年）

到了周代以後，伴隨著人文精神的興起，「聖人」開始從一種神秘化的特殊身份，被儒家轉變爲一種融合高貴的品質與超越的智慧爲一體的完美道德人格。根據《孟子‧公孫丑上》記載：「昔者子貢問於孔子曰：『夫子聖矣乎？』孔子曰：『聖則吾不能，我學不厭而教不倦也。』子貢曰：『學不厭，智也；教不倦，仁也。仁且智，夫子既聖矣！』」聖人，作爲儒家理想的道德人格，是隸屬於君子人格，只不過是君子人格中最爲豐滿，最爲光輝的人格。相對於君子而言，聖人不僅是數量上相當之少，而且，一般而言，「聖人」只是許於曾經存在過的道德境界至高者，卻很少輕易許之於當世之人的。所以，當孔子的門人以聖人贊許他的時候，孔子始終不予以承認：「子曰：『若聖與仁，則吾豈敢？抑爲之不厭，誨人不倦，則可謂云爾已矣。』公西華曰：『正唯弟子不能學也』。」《論語‧述而》「子曰：『聖人，吾不得而見之矣，得見君子者，斯可矣。』」《論語‧述而》

　　另外，「仁」可謂是體現人之爲人的本質性特徵，而「聖」則在人的類本質基礎上，又超越了類本質，用孟子的話說是：「出於其類，拔乎其萃」《孟子‧公孫丑上》「聖」是一種比「仁」更爲超越的道德境界。「仁」是基於血緣關係（孝悌——「爲人之本」）又超越血緣關係的一種美德（推愛）。更爲重要的是，「聖」則將推愛上升到普泛性的高度，並與外在的事功（「外王」）不可分割地聯繫在一起。所以，劉澤華先生說：「在先秦諸子以及其後的整個思想界，凡是提到聖人和論及聖人的社會功能的，沒有不同政治聯繫在一起的，沒有不同治理天下聯繫在一起的，沒有不和王聯繫在一起的。」〔註13〕不過，在孔孟的理論視閾中，對「仁」的重視遠遠地超過了對「聖」的強調。

　　孟子比孔子要更多地談及「聖」與「聖人」。他按照不同的分類對聖人的譜系進行了清理，甚至他將更多的人囊括到聖人的行列。孟子更加強化了聖人的道德性，在他那裏，聖人是完美地體現了人之爲人的價值，是人性發展的極致——「人倫之至」，而且也是後世應當效法的道德典範——「百世之師」。儘管，孟子也將「仁」與「智」作爲聖人的兩個核心美德。不過「智」作爲「四端」之一，側重的是道德理性。並且，根據龐樸的考證，荀子批評孟子「造五行」並非臆測，「五行」就是「四端」（仁、義、禮、智）加上「聖」。

<hr>

〔註13〕劉澤華：《中國的王權主義》，上海：上海人民出版社，2000年版，第441頁。

由此也可以看出，「聖」在孟子那裏偏重於內在的道德性。

荀子也認為「仁」與「智」是聖人的主要德性。與孔孟的聖人觀有所不同的是，荀子從恢復聖人的原初意義上，進一步凸顯了聖人之「智（知）」的地位：

> 我欲賤而貴，愚而智，貧而富，可乎？曰：其唯學乎。彼學者，行之，曰士也；敦慕之，君子也；知之，聖人也。（《荀子·儒效》）

> 有聖人之知者，有士君子之知者，有小人之知者，有役夫之知者：多言則文而類，終日議其所以，言之千舉萬變，其統類一也，是聖人之知也。少言則徑而省，論而法，若佚之以繩，是士君子之知也。其言也諂，其行而悖，其舉事也多悔，是小人之知也。齊給、便敏而無類，雜能、旁魄而無用，析速、粹孰而不急，不恤是非，不論曲直，以期勝人爲意，是役夫之知也。（《荀子·性惡》）

儘管，聖人、士君子、乃至小人都具有「知」的能力，不過其間的差異在於聖人之「知」是「一以貫之」的，是有「統類」的，並且深契於自我意識。士君子則遜色些許，並且缺乏足夠的自我反省。至於小人、役夫之知，則完全游離於一種任性與蒙昧，更多地呈現本能性的反應。從役夫之知、小人之知，士君子之知到聖人之知，代表了認知水平的差異。「聖人之知」，不僅代表了極高的認知水平，而且，這種認知更多體現爲一種宏觀的整體性思維：「所謂大聖者，知通乎大道：應變而不窮，辨乎萬物之情性者也。」（《荀子·哀公》）在《儒效》篇中，荀子說：「志安公，行安修，知通統類，如是則可謂大儒矣。」顯然，這裏的「大儒」與「大聖」的特質是一致的，甚至可以說是重合的。將兩者結合來看，「道」顯然就是「統類之道」。唐君毅先生謂：「荀子之道或聖王之道，則是具此四度向之一『通主觀與客觀，通當然之行與實然之知，通差別特殊與平等普遍，通恒常與變化』之主體之道。」〔註14〕從聖人建構禮制文明來看，「禮義」是「道」的實在化與顯性化。這一過程，顯然與聖人的「知通統類」有著密切的關聯。按照余英時先生的觀點：「知識必須到了能推類、分類的階段才是系統的知識（按：「類」在儒、墨兩家的知識論中都是最重要的概念。）。而荀子的『大儒』特徵之一便是『知通統類』。照荀子的意思，惟有這樣『知通統類』的『大儒』才能負最高的政治責任。……

〔註14〕唐君毅：《中國哲學原論原道篇》（上冊），北京：中國社會科學出版社，2006年版，第64～265頁。

儒家主智論的政治觀至荀子而發展到最高峰。」〔註15〕

　　荀子並非是最早言「類」的先秦學者。在孔、孟那裏就有關於「類」的論述。如《論語・衛靈公》中的：「有教無類」和《孟子・公孫丑上》的「出於其類，拔乎其萃」等。《荀子》中則出現了相當多的「類」字。在儒家之外，墨辯名學對「類」的論述提升到了認識論的高度。「類名」與「達名」作為一個名學範疇，接近西方邏輯學的普遍概念，與作為特定個體名稱的「私名」相對應。從荀子對墨子的頻繁批評以及荀子在「名」問題的「共名」、「別名」的劃分與之的相似性，很能說明前者受到了後者的影響。只不過，儒家以倫理道德為用的考慮，讓荀子名學只是成為儒學羽翼之下的依附性產物。故而荀子批評墨子：「蔽於用而不知文」（《荀子・解蔽》），只因其以囿於功利主義的立場，認識不到倫理道德、人文教化的作用。

　　「統」字在《荀子》之前的文獻中，並不多見。不過，與「統」意思接近的「一」字，倒是出現頻率很高，它更多地出現道家以及法家的典籍文獻之中，並且在他們那裏，「一」與「道」是緊密聯繫的，甚至「道」就是「一」。在《荀子》中也出現類似的情況，不僅出現了很多「一（壹）」，而且，「一」多與「道」相聯繫。在《荀子》中，禮義之道本質上就是「群居和一之道」。綜合春秋戰國時期的先秦典籍中所出現的「類」、「統（一）」，就會發現一個有趣的現象，那就是「類」與「一（壹）」出現的頻率是越來越高。其中的原因在於：一方面，春秋戰國的長期動蕩不安，使得籲求統一的秩序情結愈發加劇，觀念世界是現實世界的反映，自然會在語言世界留下烙印；另一方面，人們的理性認知水平愈來愈得到提高與改善。名學的發展與繁榮，即是其顯著的標誌。

　　《荀子》中出現了很多「統」、「類」的字樣，那麼它們各自表達什麼意思？韋政通先生曾根據文本中出現的「統」、「類」進行了字義的歸納：

（一）「統」有四義：

（1）統作綱紀解。如《非十二子》篇：「若夫總方略，齊言行，壹統類。」

（2）統作本字解。如《臣道》篇：「忠信以為質，端愨以為統。」

（3）統作領字解。如《議兵》篇：「恭敬以先之，忠信以統之。」

（4）統作治字解。如《強國》篇：「今君人者，闢稱比方，則欲自並乎湯武，若其所以統之，則無異於桀紂。」

〔註15〕余英時：《中國思想傳統的現代詮釋》，南京：江蘇人民出版社，2004 年版，第 49 頁。

（二）「類」也有四義：

（1）類作綱紀解，「統」與「類」同義：如《儒效》篇：「修修兮其用，統類之行也。」

（2）類作種類解：如《正名》篇：「有欲無欲，異類也。」

（3）類作比類解：如「若夫總方略，齊言行，壹統類。」

（4）類做法字解：如《富國》篇：「誅賞而不類，則下疑俗儉，則百姓不一。」〔註16〕

從上述所列可以發現，「統」、「類」雖然有著一定的分別，但卻都具有突出一般性的共同特徵。如果兩者合而言之，「統類」之重點在「統」，突出同一性。但是，「類」的形成卻是建立在對事物的區分的基礎之上的。故而，「統類」的前提是「分類」，正如韋氏所說：「統由理成，亦由類成；不知類，不足以識統。禮義之所以能說統，關鍵是在先知類。」〔註17〕

我們可以根據認識論中的「一」與「多」的辯證關係，深化理解對「統」、「類」的理解。所謂「一」就是事物的不可分性，它所表現的是有聯繫的整體的存在；所謂「多」，就是事物的可分性，它所表現的是相互區別，相互獨立的存在。「一」和「多」還衍生出新的一組關係，即同、異關係。所謂同，也就是許多相異對象中的共性，統一性或者不可分性，即多中之一。所謂異，就是具有統一性的各個不同對象之中的差異性與可分性，即一中之多。荀子《正名》篇的重點即辨「同異」，尤其是落實到社會倫理維度的「同異」——「貴賤」：「荀子以為制名之目的有二：一是『明貴賤』；一是『辨同異』。『明貴賤』即是要釐清社會上貴賤尊卑之等級，此即說明荀子所強調的正名之倫理政治作用。至於『辨同異』則在於區別事物或認識對象之同異，乃是出自知識論之需求，具有知識論和邏輯之意義。而荀子又依價值之觀點，分別二者之輕重，以『明貴賤』為較重要，而以『辨同異』為次要。可知，荀子仍堅守孔子正名之原則，倫理政治之訴求始終是具有優位，而邏輯之訴求至多僅具有工具和手段之意義。然而，名實問題原具有邏輯之含義，因之，荀子探究名實問題時，即具有極為鮮明之邏輯取向。」〔註18〕

〔註16〕 以上參見韋政通：《荀子與古代哲學》，臺北：臺灣商務印書館，1997年版，第18～19頁。

〔註17〕 韋政通：《荀子「禮義之統」的系統解析》，見《韋政通自選集》，濟南：山東教育出版社，2005年版，第196頁。

〔註18〕 李哲賢：《荀子之名學析論》，臺北：文津出版社，2005年版，第211頁。

　　從方法論的角度而言，從多中求一，就使人的認識從個別性中尋找一般性，從特殊性之中尋找普遍性，這就把人對世界的表層的直接性知識，引向對世界內部的間接性知識；從一中求多，就是把每一個具有確定性的事物都看作是包含其他事物的因素在內的有機整體，把人的認識從單純地認識事物的自身關係，引向認識事物之間的關係。借助這種方法論，可以發現「統類」實際上是「多中求一」，「統類之道」實際上也就是「一之之道」，所以，「道」有時亦直接被荀子稱爲「一」。聖人作爲「道」的人格化象徵，亦常以「一」顯示。並且，「統類」作爲一種「道」，其重點是在「統」，整合，統一，融合，它體現的特點就是同一性。「類」固然可以作爲「統」相近的涵義，因爲每一類的事物都是相同的。但是，「類」的形成卻是「一中求多」，它是通過對事物加以區分而形成的。所以，談「統類」與「分類」是辯證統一的關係。

　　荀子極其重視分類，「類」是荀子思想中極其重要的一個概念。在《荀子》中，「類」字出現的頻率達到約 60 次之多。「類」在荀子的哲學範疇中的涵義比較複雜，它既可以作爲形式邏輯上的概念使用，如「物類之起，必有所始」(《荀子・勸學》)；也可以從判斷來加以使用：「欲之多寡，異類也，情之數也，非治亂也。」(《荀子・正名》) 又可以作爲推理的意義上加以使用：「推類而不悖」(《荀子・正名》) 在形式邏輯中，概念、判斷、推理是形成理性認識的三個重要環節。首先通過命名 (下定義) 形成概念。推理則又是建立在對事物的判斷的基礎之上的。這三者是緊密聯繫，合而爲一的，因此在《荀子》中「類」的使用的涵義亦可以作多維的理解。

　　荀子的制名，實際上是通過「類」的確定而實現的：「凡同類、同情者，其天官之意物也同，故比方之疑似而通，是所以共其約名以相期也。」(《荀子・正名》) 也就是說，人類作爲同一個類，具有同樣的情，因此人類對客觀事物的反應也是相同的。故而，人們在接觸外界不同的事物，可以將類似的東西放到一起，約定一個名稱加以表達，從而方便人與人之間進行交流。

　　墨子曾通過事物的「類同」與「不類」將事物劃分成「達名」、「類名」、「私名」。荀子則通過對概念的限定 (「推而別之」) 和概括 (「推而共之」)，對名的類型進行了更爲詳盡的分類，主要包括大共名、大別名、無別之名等等。這些命名的不同類型，可以通過以下的示意圖 (圖 3.1) 加以呈現：

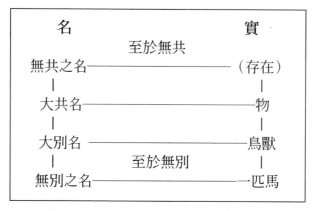

圖 3.1 「名」的劃分示意圖 [註19]

　　荀子指出了「別名」與「共名」，即種概念與屬概念只是相對的，兩者可以相互轉化。不過，荀子對於「名」的細化，卻非常有利於對事物內涵認識的深化。例如荀子對「人」的內涵的認識：

> 水火有氣而無生，草木有生而無知，禽獸有知而無義，人有氣有生有知亦且有義。(《荀子‧王制》)

　　荀子的這一分類方法，與西方古代邏輯學家樸爾斐利（Porphyry）的分類法頗為相似，如圖 3.2 所示：

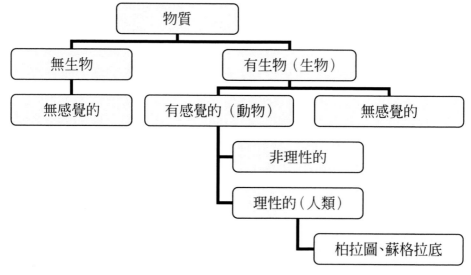

圖 3.2 樸爾斐利之樹

〔註19〕轉引自瞿錦程：《先秦名學研究》，天津：天津古籍出版社，2005 年版，第 60 頁。

此外，《荀子》中大量使用具體的分類方法，以此揭示概念的內涵與外延。如：

1、士的分類：通士，公士，直士，慤士以及小人之士等五類。其分類是以品格爲標準將士分爲五等。

2、儒的分類：俗儒、雅儒、大儒。荀子之分類是以大儒爲理想之標準而進行之分類。

3、勇的分類：狗彘之勇、賈盜之勇、小人之勇和士君子之勇。其分類是以「義利之辨」爲標準將之分爲四等，其不同在於狗彘勇於求食，賈盜勇於求財，小人勇於暴，君子勇於義。

4、臣的分類：態臣、篡臣、功臣、聖臣。其分別在於態臣和篡臣是營私牟利之徒，而功臣和聖臣是忠貞體國、勤政愛民的人。

「類」還可以作爲推理的方法加以使用。荀子提出「推類而不悖」的思想，其目的在於要求推論時要符合類的關係。根據西方邏輯學的原理，推論是表示類與類之包含還是排斥關係。荀子根據類去作出推論是正確的，因爲「類不悖，雖久同理。」（《荀子·非相》）同類必定同理，同類事物必定具有相同的性質或特性。所以，依據同一個類去推論，是不會產生悖謬的，反之，如果不依據「類」的關係進行推論，就會產生悖謬。作爲推理方法，荀子的「類」至少與形式邏輯中的演繹法、歸納法與類比法相接近：

（1）演繹法：由於概括的前提推出個別的結論或由普遍的原理推出特殊的事實。簡言之，是由概括（the general）推到特殊（the particular），或者由較概括的，推到較不概括的。如「以類行雜」、「以一持萬」、「以一知萬」等。荀子所言「類」與「一」相當於較爲普遍的原理；而「雜」與「萬」相當於特殊的事實。「以類行雜」即是以同類事物之共理推衍出個別性的事物。

（2）歸納法：是由個別事實推出概括的結論或者普遍的原理。簡言之，是由特殊推到概括，或由較不概括的推導出較爲概括性的，如「千人萬人之情，一人之情也。」（《荀子·不苟》）「欲知億萬，則審一二。」（《荀子·非相》）又如：「夫薄願厚，惡願美，狹願廣，貧願富，賤願貴，苟無之中者，必有求於外。故富而不願財，貴而不願勢，苟有之中者，必不及於外。」（《荀子·性惡》）在荀子看來，他認爲薄中無厚，故欲求厚；惡中無美，故欲求美；狹中無廣，故欲求廣；貧中無富，故欲求富；賤中無貴，故欲求貴。

（3）類比法：是以類比性作爲推論的基礎。是由一已知事物之具有某種

性質，而推知與之同類的另一事物亦具有此一性質。簡言之，類比法是由特殊事例推出特殊事例的推論方法。「以人度人，以情度情，以類度類……古今一也。」（《荀子‧非相》）荀子以為以今人之心可推知古人之心，以今人之情推知古人之情；以同類中之共理推知同類之事物，蓋古今之情形相同，故可以今度古。又如：「欲觀千歲，則數今日；……欲知上世，則審周道……；以近知遠，……以微知明。」（《荀子‧非相》）同時，荀子往往通過以物事去比附人事，以達到說理的目的。如：

> 君子曰：學不可以已。青，取之於藍，而青於藍。冰，水為之，而寒於水。木直中繩，輮以為輪，其曲中規，雖有槁暴，不復挺者，輮使之然也。故木受繩則直，金就礪則利。君子博學而日參省乎己，則知明而行無過矣。（《荀子‧勸學》）

由此不難發現，「類」不僅涉及到邏輯學中的概念、判斷，還發展到推理。作為一種內涵比較豐富的範疇，是理解荀子政治哲學建構方法論的一個重要的理論端點。

在詳細地探討「類」之後，為什麼荀子又非常強調「統」呢？因為，在荀子那裏，「類」與「道」是密切相關的。「道」是貫穿於事物的根本原則，具體的不同類的事物是道的不同方面的表現，荀子稱之為「道之一隅」。同樣，類又是與理密切相關的。牟宗三先生在《名家與荀子》中將「理」和「類」作了明白的辨析，即「每一類有其成類之理，理即成類之依據。據其理則可以通。」〔註20〕不過，包括對「類」很有研究的名家、墨家，雖然「持之有故，言之成理」，但是他們均立論存在偏頗：「在蔽於一曲，而暗於大理。」（《荀子‧解蔽》）

在儒家內部，荀子批評孟子最尖銳的除了人性論之外，就是其不知「壹統類」。《非十二子》篇：

> 略法先王而不知其統，猶然而材劇志大，聞見雜博。案往舊造說，謂之五行，甚僻違而無類，幽隱而無說，閉約而無解。案飾其辭而祇敬之曰：此真先君子之言也。子思唱之，孟軻和之。世俗之溝猶瞀儒，嚾嚾然不知其所非也。遂受而傳之，以為仲尼、子游為茲厚於後世。是則子思、孟軻之罪。（《荀子‧非十二子》）

〔註20〕牟宗三：《名家與荀子》，見牟宗三全集編委會：《牟宗三先生全集》（第二冊），臺北：聯經出版事業股份有限公司，2003 年版，第 171 頁。

在這裏，他認爲子思、孟子已經能夠認清本源，故而能夠做到「略法先王」，但是他們不知道先王形成「禮義」的根據。需要辨析的是，所謂「法先王」，依據子思、孟子的思路，就是要反省「先王有不忍人之心，斯有不忍人之政」的理念。但是，荀子卻走向了另外一個致思路徑，著眼於「禮義」的內在根據，對之加以提取與過濾，所謂「統」。所以，就其本原上必然也是認同先王之說的。但是，他雖然能承認子思、孟子亦是「法先王」，然而卻認爲他們僅僅是「材劇志大，聞見雜博，案往舊造說，謂之五行」或是「案飾其辭而祗敬之」，他們更多地只是膚淺地效法先王，以此通曉歷史所留存的禮的規定，但未必領悟禮義的眞精神，不知禮義的內在根據，所以認爲他們是「不知其統」。

荀子的「知通統類」旨在發現禮義發展過程中的「共理」，而「共理」就是制定和形成禮義法制的共同根據。停留於一般的常識心靈不可能得到對「共理」的認識，「共理」必然由「邏輯心靈」所開出。換句話說，發現禮義法制背後的「共理」，是需要通過一個理論抽象的過程。荀子『由智識心』，其心靈表現的是智的形態，所以能夠通過抽象過程而綜言禮義之統類。每一個類有其成類之理，理即成類之根據。故理由類而見，類由理而成。在荀子看來，只有達到最高成就的人，才能不拘囿於分門別類的知識的限制，做到任事物之變化，而各得其宜。荀子從「道之一隅」和「統貫之道」的關係角度理解「分類」和「統類」的關係，並以禮義而言統類之道。荀子認爲，作爲道德人格達到最高成就的聖人能夠做到「其言有類，其行有禮，其舉事無悔，其持險應變曲當，與時遷徙，與世偃仰，千變萬化，其道一也。」（《荀子・儒效》）即能夠做到「知通統類」。

總之，「統」、「類」不論是分而言之，還是合而言之，都體現了「一」與「多」的辯證關係。「類」必須由「分」而成，它本身卻是一個「合」集，不過，它需要上升到最高的、不可分的「合集」──「道」，由「道」來加以融攝與貫通。聖人實際上就是客觀化的「道」的人格化。而聖人的創造禮制，又是將客觀化的「道」實在化，其要點就在於「統類」，它是建構人倫秩序的方法論依據。正如徐復觀先生所說：「『分』是按著一種標準將各種人與事加以分類，於是因『分』而有『類』，『類』是『分』的結果，故荀子常稱『知類』、『度類』、『通類』。分類之後，各以類相『統』，故又稱『統類』。『分』、『類』、『統類』，這是荀子思想中最基本的三個概念。三個概念貼到人身上來

說，總謂之『倫』，所謂『禮以定倫』（《致士》），『聖也者，盡倫也者。』（《解蔽》）」〔註21〕

3.3 「禮義之統」：統類之為「道」

徐復觀先生說：「經學的精神、意義、規模，雖至於孔子已奠其基，但經學之為經學，亦必具備一種組織而具體化之形式，此形式至荀子而契其要。」〔註22〕荀子不僅精研「六經」（《詩》、《書》、《禮》、《易》、《樂》、《春秋》），而且他培養了眾多門人弟子，對兩漢經學的興盛有著極其重要的影響。《勸學》篇載：

> 《書》者，政事之紀也；《詩》者，中聲之所止也；《禮》者，法之大分，類之綱紀也，故學至乎《禮》而後止矣；夫是之謂道德之極。
> 《禮》之敬文也，《樂》之中和也，《詩》、《書》之博也，《春秋》之微也，在天地之間者畢矣。（《荀子·勸學》）

荀子不僅羅列了各類經典的特徵及其對於儒家文化的宏大意義，而且，他認為「經」與聖人有著密切的聯繫。聖人是道的化身，道的總匯，天下之道，百王之道都集中在聖人這裏，詩書禮樂文化也體現在聖人身上：《詩》是表達聖人志向的；《書》是記載聖人政治事跡的；《禮》是聖人製作的行為規範；《樂》是聖人欣賞的中和之音；《春秋》則是聖人用以「微言大義」的。

不過，他認為《禮》、《樂》具有道德上的規範性意義；《詩》、《書》記載前人的事情，不過很多已經不切合現在的實際；《春秋》雖然文字簡約，但是涵義太過隱晦。所以，這五部經典是各有短長，彼此卻可以互補。「隆禮義而殺《詩》《書》」，（《荀子·儒效》）固然是突出《禮》、《樂》的地位（《荀子》有專門的《禮論》篇和《樂論》篇），卻並不意味著要取消《詩》《書》的地位。實際上，為了強化儒家經典的道德內涵，以便更好地實施道德教化之用，此亦有繼承孔子「春秋筆法」的意思。荀子主張以「禮義之道」統攝《詩》《書》。換句話說，以「禮義」為本，《詩》、《書》為末。據王中江的考證，《詩》、《書》、《禮》、《樂》、《春秋》為先秦時期這五種經典一般的排

〔註21〕徐復觀：《中國思想史論集續編》，上海：上海書店出版社，2004年版，第295～296頁。

〔註22〕徐復觀：《徐復觀治經學史二種》，上海：上海書店出版社，2006年版，第36頁。

序方式，《荀子》原文中也有這樣的排列順序。不過，《荀子》中還有另外的排序方式，即：《禮》、《樂》、《詩》、《書》、《春秋》〔註23〕。這樣的排序方式的變化，顯然與荀子「隆禮義而殺《詩》、《書》」（《荀子‧儒效》）有著密切的關聯。

在荀子看來，《詩》、《書》散亂而無統，所以需要以禮樂貞定其價值。同樣，這種現狀幾乎是滲透當時的觀念世界之中的。不僅「百家異說」，而且即使是身為儒家代表人物的孟子也「聞見雜博」、「不知其統」。故而，荀子希望能夠在觀念世界建立一種統一的秩序，擺脫一種是非淆亂，顛倒乾坤的局面。他認為只有借助於作為「道德之極」的「禮」方可實現這一目標。

然而，擺在荀子面前的，沒有現成可以完全照搬的「禮」。史料已充分表明，夏禮、殷禮、周禮存在著很大的差別。而且，經歷了長期的社會動盪，禮樂文化已經成為一種歷史的碎片，或者殘存於記憶，或遺留於典籍，或保留於風俗之中。高明先生認為：「所謂『制度』和『儀文』，是根據道理制訂出來的。制度和儀文總是要隨著時代、地域、人物、環境而變遷的；而道理則是可以亙古不變，可以與人類社會生活相終始的，比較地不必受到那些時代、地域、人物、環境等等條件的束縛。這由於道理是原出於一切人所共同具有的理性，應是行之古今中外而皆通的。」〔註24〕荀子試圖對「禮」進行價值的貞定與歷史的還原，尋求禮樂文化背後不以時間、地域、人物、環境而改變的深層根據。從價值貞定的角度而言，針對不同時期，不同類型的禮加以抽象與提取，獲得其一般性與共通性，進行「禮義之統」，首先需要依賴於我們前所述及的借助聖人而進行一番「統類」。故而，更多呈現建構理性的精神，然而，這種建構絕非僅靠純粹的理性，而是以歷史為底色，通過對歷史的回溯，獲得經驗與材料，故而，亦可說體現了一定的演進理性的特徵。

荀子之「法先王」與「法後王」實質，即是為「知通統類」提供一個運作的舞臺。適如牟宗三先生所說：「由百王累積之法度，統而一之，連而貫之，成為禮義之統，然後方可言治道，此其構建精神為如何？其莊嚴穩定足為外王之極致，於中國文化史上，蓋亦無與倫匹也。」〔註25〕禮義，是「統」的

〔註23〕 參見王中江：《視域變化中的中國人文與思想世界》，鄭州：中州古籍出版社，2005年版，第81～82頁。

〔註24〕 高明：《禮學新探》，臺北：臺灣學生書局，1984年版，第22頁。

〔註25〕 牟宗三：《名家與荀子》，見牟宗三全集編委會：《牟宗三先生全集》（第二冊），臺北：聯經出版事業股份有限公司，2003年版，第172頁。

內容；「統」則表示禮需要經過歷史的陶鑄方可形成特定的規模。當其由「統」而貞定內在之價值，由歷史的回溯而必然獲得現實的參照，由此產生正理平治的功效的時候，這就可以稱之為「禮義之統」。概言之，「禮義之統」的鑄就，「知通統類」作為邏輯的依據，「法先王」與「法後王」是作為歷史的依據，兩者實際上體現了歷史與邏輯的辯證統一。

熊公哲先生認為：「他（荀子）與孟子同是遵先王的；他們不同的地方，只是荀子遵先王，是要觀先王於後王，這是因為荀子要以類行雜，要辨合符驗，言古節今；孟子卻沒有這等方法。」〔註26〕如若繼續深究原因，就會發現：孟子的理論重點是內在的道德性的鑄造，歷史的回溯意義在於確定「人同此心，心同此理」的一種價值認同，在這種價值認同的基礎之上，掘發道德主體性。荀子理論重點在於治道的成就，固然需要吸收以往的一切優秀文明成果，但是亦需要距離自己時代最近而又最為成功的經驗提供現實的參照。

荀子並沒有否定先王之道。相反，而是認為先王之道足堪效法。先王之所以值得效法的原因在於，先王「審禮」、「明禮義」、能「立文」。但是先王之道，由於距今太遠，所以難以準確而詳細地得知。後人所聽說的，只不過是知道個大概，未必可信，更未必可行。雖然荀子也承認周代的聖王政治未必就超過前代，但是從歷史譜系來看，歷史的清晰度降低，則會影響到具體的典範意義：

> 五帝之外無傳人，非無賢人也，久故也。五帝之中無傳政，非無善政也，久故也。禹、湯有傳政而不若周之察也，非無善政也，久故也。傳者久則論略，近則論詳，略則舉大，詳則舉小。愚者聞其略而不知其詳，聞其詳而不知其大也，是以文久而滅，節族久而絕。（《荀子·非相》）

因此，荀子轉向了「法後王」：

> 人道莫不有辨，辨莫大於分，分莫大於禮，禮大於聖王。聖王有百，吾孰法焉？故曰：文久而息，節族久而絕，守法數之有司極禮而褫。故曰：欲觀聖王之迹，則於其粲然者矣，後王是也。彼後王者，天下之君也。舍後王而道上古，譬之猶是舍己之君而事人之君也。故曰：欲觀千歲則數今日，欲知億萬則數一二，欲知上世則審周道，欲知周道則審其人所貴君子。故曰：以近知遠，以一知萬，以微知

〔註26〕熊公哲：《荀卿學案》，上海：商務印書館，1934年版，第12頁。

明，此之謂也。(《荀子·非相》)

這裏的「後王」實際上是相對於「先王」而言的。荀子視「周道」爲「當世
（今日）」之事，直接說：「彼後王者，天下之君也，舍後王而道上古，譬之
猶是舍己之君而事人之君。」只不過，相對於三代時期，時間更爲切近。周
道粲然明備，又適在當世，以荀子重視經驗積習的心態來說，是最好不過的
效法的素材。所以，有研究者認爲：「荀子法後王之主張，在於承自孔子從周
之精神，其目的，主要在於賦禮義以歷史之依據，並爲預立『禮義之統』思
想而來。蓋荀子隆禮之主要目的在於成就治道，而『禮義之統』即荀子成就
治道之所本。而知統之依據則在於粲然明備之後王的法度，故荀子法後王之
主張，實爲建立『禮義之統』思想所不可或缺的。」〔註27〕

　　儘管荀子主張「法後王」，推崇周代初期的人文之治。不過，它與孔子的
推崇周文還是略有區別。孔子推崇周文，是重視它維繫社會秩序的價值。禮
崩樂壞，社會失序，使孔子感到很悲傷，拯救之道，是要從人性中建立起禮
的根據，然後達到重振社會秩序的目的。荀子的目的與孔子相同，而手段有
異，他以其理性的品格，希望發現周文之理，禮的內容已經很難適應多變的
現實。而禮的理卻是不變的。戰國時代，社會的變遷很大，封建社會的禮，
自不足以應付社會政治的需要，「法教之所不及，聞見之所未至」(《荀子·儒
效》)的現象也愈來愈嚴重，面對這種情形，該怎麼辦呢？荀子提出的新的主
張是：「其有法者以法行，無法者以類舉。」(《荀子·王制》)「以類舉」，就
是以理相推，根據在於「類不悖，雖久同理」。這樣，禮的舊傳統，經過理性
化，可以再度產生新的功效。所以，荀子說：「推禮義之統，分是非之分，總
天下之要，治海內之眾，若使一人。」(《荀子·不苟》)換言之，根據禮義之
統，如能以類推，以理推，就可以產生以簡馭繁，由近及遠，以類行雜的功
能。最終，「法後王」與「法先王」也可以通過統類，而實現統一與協調：「後
王與先王是同統同類的，由後王——周道的粲然者的統類推了上去，即可以
知道周以前的先王。」〔註28〕

　　荀子具有理性品格的「統類」思想，實際上是繼承孔子「因革損益」
的思想而產生的一個具體的方法論原則。荀子言「統類」，言「禮義之統」

〔註27〕李哲賢：《荀子之名學析論》，臺北：文津出版社，2005年版，第193頁。

〔註28〕徐復觀：《中國思想史論集續編》，上海：上海書店出版社，2004年版，第294
　　　　頁。

實際上也是爲儒家之道尋找一個立足的根基。在「古今異情」、「治亂異道」思維橫行的時代，何以「以近知遠」、「以一知萬」。蔡仁厚先生說：「蓋歷史的演進，治道的遞嬗，雖然事象紛繁，但總有它依據的共理；從禮義法度的演進中，發現其不變的共理，此即荀子所謂的統類，此即所謂禮義之統。」〔註29〕

《荀子》中不僅出現了「禮義之統」，而且還有「禮樂之統」、「仁義之統」。「禮」、「樂」同源，所謂禮以祭神，樂以娛神。它既可以作爲並列關係出現，也可以作爲隸屬關係。一般而言，言「禮」實際上是涵蓋「樂」的。所以，「禮樂之統」本質就是「禮義之統」。至於「仁義之統」，問題稍微複雜一點，因爲荀子談「仁義」的內容並不是很多。對此，周紹賢先生是這樣解釋的：「荀子以義與禮並稱，又作禮之專論，而未作仁義之專論，何也？以禮爲仁義之實現，能實行禮，即足矣。謂『將原先王，本仁義，則禮正其經緯蹊徑也』（《勸學》）；謂禮者『滋成行義之美者也』（《禮論》）；謂禮『成乎文，終乎悅校』（《禮論》）。禮爲仁義之經緯道路，禮能益成義行之美，禮不但實現仁義而已，而且一事有一事之儀文，使人心感到圓滿怡快，如此者，人爲諸德之源，而禮爲諸德之果，故荀子以禮總括仁義。」〔註30〕如此，「禮義之統」也必然涵蓋「仁義之統」。孟子常以「仁「、「義」連言，在他那「仁」、「義」皆爲內在。到了荀子，則以「禮」「義」連言。「義」通「宜」，爲處事得體、合宜、合理，故荀子說：「義，理也」（《荀子·大略》）。「禮」是由合理原則（「義」）出發而制定出來一切事物的規範。「義」則是外在的禮儀規範的一般規定和內在根據而已，具有客觀性。故而，「禮義之統」，亦可以理解爲「以義統禮」。另外，在《荀子》中，不難發現，「義」多可代「禮」。如《王霸》篇的「以國齊義」、「義立而王」，《強國》篇的：「義者，所以限禁人之爲惡與奸者也。」、「義者，內節於人而外節於萬物者也。」等等。

毋庸置疑，荀子講統類，講「禮義之統」的目的在於經國定分，化成天下，以實現外王之治。「禮義之統」是抽象的原則，是儒家治道的根本體現。它落實於現實的社會政治，就呈現辨、分、群的作用與功能——「荀子的基本論點是，人類之所以能成爲萬物的主宰，是因爲有社會區分，使人得以依照不同的身份與角色組織起來，建立秩序，克制環境。社會區分要能順暢運作，必須以

〔註29〕蔡仁厚：《孔孟荀哲學》，臺北：臺灣學生書局，1984 年版，第 460 頁。
〔註30〕周紹賢：《荀子要義》，臺北：臺灣中華書局，1977 年版，第 66 頁。

『義』爲基礎，反過來說，『義』的精義就是區分的原理。」〔註31〕

應該說，「分」是貫穿荀子整個思想的。首先是分天、人，爲立人文世界而奠基，其次是分性、僞，爲興人文之教化立根。然後，關注的重心立即聚焦於後天之人文世界的建構。「分」則以「禮義」爲價值負載：

> 分何以能行？曰：義。故義以分則和，和則一，一則多力，多力則彊，彊則勝物，故宮室可得而居也。故序四時，裁萬物，兼利天下，無它故焉，得之分義也。故人生不能無群，群而無分則爭，爭則亂，亂則離，離則弱，弱則不能勝物。（《荀子・王制》）

在荀子那裏，「分」主要是指以「禮義」爲核心和標準，確定了人與人之間有上下、尊卑、貴賤、長幼、親疏之別。具體而言，大體包括四個層面：

（1）作爲國家管理職能與社會組織手段的使用。荀子說：「有分義，則容天下而治；無分義，則一妻一妾而亂。」（《荀子・大略》）「分」是以「禮義」爲內在的價值依據的。對於一個社會而言，如果組織得當，管理到位，那麼必然保持一種良性發展。否則，則導致社會動亂。正是因爲如此，所以荀子在《王制》篇不厭其煩地列舉了國家機構的構成及其具體職能，勾勒了王道社會理想的管理和運作模式。

（2）作爲社會分工和職業分工意義上的使用。社會的組成，需要各種形式的分工。社會分工的水平體現著社會的運作效率。荀子劃分了士、農、工、商（與孟子「勞心」與「勞力」的劃分本質上是一致的）四個不同的社會職業群體，並明確了各自的職能：「農分田而耕，賈分貨而販，百工分事而勸，士大夫分職而聽，建國諸侯之君分土而守，三公總方而議，則天子共己而已矣。」（《荀子・王霸》）

（3）作爲社會倫理關係的確定與劃分：荀子所構建的世界實際上是一個人倫世界，因此人倫關係的確定和捍衛始終是荀子政治哲學關注的焦點。在荀子那，君臣、父子、兄弟、夫婦之間具有確定不移的人倫秩序。大體上，荀子以四個標準來確定社會的等級貴賤：一是以性別確定尊卑，如男女；一是以年齡確定尊卑，如長幼；一是以人爵確定尊卑，如君臣；一是以道德、智慧確定尊卑，如賢愚。在尊卑等級秩序確定的基礎上，各個人倫鏈條上的具體個人，如果做到恪守特定的角色道德，那麼必然有助於社會的穩定與和諧。

（4）作爲社會資源與財富分配，或者說公平、正義意義上的「分」：荀子

〔註31〕陳弱水：《公共意識與中國文化》，北京：新星出版社，2006 年版，第 177 頁。

認為社會財富是有限的，但是人的欲望卻是無限的，所以，一方面需要通過發揮人的能動性，創造更多的社會財富，以滿足人們的物質需求，所以，他主張「節用裕民」，另一方面，則要保證社會財富與資源做到合理與公平的分配，根據對社會作出的貢獻，獲得相應的報酬，同時還需要對於老、弱、病、殘的社會弱勢群體給予撫恤。楊筠如甚至說：「荀子雖然主張禮治，但是他政治上的目標是要『明分使群』。實際上他所謂禮，只是一個權利的分配標準。」〔註32〕

一言蔽之，「禮義」的目的就是要通過「分」形成一定的等級差別和度量分界，從而達到社會結構的內部和諧。所以他說：「故先王案為之制禮義以分之，使有貴賤之等，長幼之差，知愚能不能之分，皆使人載其事而各得其宜，然後使穀祿多少厚薄之稱，是夫群居和一之道也。」（《荀子・榮辱》）

綜上所述，我們可以根據「統」的不同涵義，對「禮義之統」進行不同層面的分解。首先，從禮義之生成來看，它需要具有理性特徵的「統類」作為特定的方法論發生作用，故而，它是統類之道，人文之道。「禮義之統」從本質上滲透著從具體到一般，從特殊到普遍的理性精神，顯豁著牟宗三先生所說的「客觀精神」。其次，禮與義既有不同的涵義，又有相同的內涵。禮側重外在規範，義側重於價值根據。「禮義之統」，可理解為統合「禮」、「義」，尤其是針對當時「禮崩樂壞」的失範社會，「以義統禮」，以捍衛禮的價值根據，最後，「禮義之統」可從抽象之一般原則，轉捩為以「禮義」為手段的政治統治，亦即上升到治道的高度。值得一提的是，「禮義之統」的內核卻是「禮義之分」。「禮義之分」是「禮義之統」的前提和條件。分之得體，分之合宜，方可起到良好的社會整合效果，亦即禮義之統治可以實現最佳之效果。如韓德民所言：「『禮』的直接特徵是『分』，分的結果是『類』，由『類』而『統』，自『統』而『一』，所以『禮』之『分』與『禮』之『一』乃是互為表裏的。」〔註33〕故而，言「禮義之統」暗含「禮義之分」，兩者亦存在著辯證統一的關係。

〔註32〕 楊筠如：《荀子研究》，上海：商務印書館，1933年版，第151頁。
〔註33〕 韓德民：《荀子與儒家社會》，濟南：齊魯書社，2001年版，第184頁。

第4章 「禮法一體」：荀子政治哲學的結構呈現

　　如前所述，Dubs 業已指出，儒家哲學本質上是實踐哲學。因此，荀子的政治哲學不可避免地帶有著強烈的經世致用色彩。尤其是，當儒家政治哲學在戰國末期遭遇法家政治哲學的現實挑戰的情況下，使得必然需要做出切合時宜的調整。故而，荀子對儒家傳統政治模式，尤其是孟子政治哲學進行了激烈的批評，認為其迂闊而不可用。在恪守儒家價值立場的前提之下，他轉向了對已經取得成功的法家政治哲學的經驗借鑒。荀子之所以提出「隆禮重法」的思想，顯然是受到了法家政治哲學的影響。儘管，荀子對法家思想的極端功利主義持有強烈的批判態度，他卻發現了法家思想具有現實的可操作性與實踐性的一面。相對而言，儒家的禮治早已伴隨著周王室的衰頹而變得對現實反應無力。荀子秉承儒家的基本立場，當然不可能放棄儒家的禮治精神。只不過，為了提升禮治的可行性，法家思想也就成了他汲取思想養料的一個重要來源。於是，他在繼承儒家道德主義立場的同時，對法家的「法」進行了道德化改造，克服了儒家之「禮」與法家之「法」的對立，從而使得政治哲學出現了「禮法一體」的結構。如此，儒家之禮在荀子的創造性詮釋之下，不僅獲得了嶄新的理論內涵，並且也為「禮」落實於「治」提供了可行性。

　　如果說荀子以「義」來結合「禮」，是為了強調禮的內在價值，也就是說「禮義之統」的實質是為「禮」尋找一個客觀性的依據，凸顯禮的價值理性，保證禮的價值理想高度。那麼，「禮」與「法」的結合，則更多是為了提升「禮」的可實踐性、可操作性，彰顯「禮」的工具理性特徵。

4.1 「禮」與儒家

D・布迪、C・莫里斯在其合著的《中華帝國的法律》一書中認為：

儒家思想的一個中心概念是『禮』。『禮』一詞在不同層次上具有不
同含義。最狹義的『禮』（也可能是『禮』的原始含義）是表示各種
宗教儀式的特定方式。關於祭祀祖先的時間、地點、祭祀方式和獻
祭時的姿勢等方面的規定，都被稱作『禮』；另外，它也是一種占卜
方式的規定。這種意義上的禮，通常被譯作儀式。廣義的禮是指所
有的禮節性或者禮貌性行為，既涉及世俗社會，也涉及宗教領域。
在社會習俗中，涉及各種社會關係的禮不計其數。待客、娶妻、交
戰以及其他各種講究禮節的場合，都有應遵循的禮。在這種意義上，
禮常被譯作禮節、禮貌、禮儀或者正當行為的準則。最後，儒家根
據他們的學說，為人們描繪了一個完美無缺的社會，在這個社會中，
所有的國家制度和社會關係都遵循一定的準則。這個準則，就是我
們要分析的第三種『禮』，這也是最廣義的一種『禮』，它表示這個
完美社會中的所有制度和關係。總之，禮既表示文明社會中的具體
制度，也是已為人們所接受的行為方式〔註1〕。

陳飛龍先生從「禮」發展歷程出發，亦提出相接近的觀點：「禮起源於祭祀
儀式。至於後世，『禮』之意義，日益『蛻蛻』豐贍，終至於分化成為『一
般世俗之禮儀』與『社會道德之規範』兩項內涵。」〔註2〕不難發現，「禮」
並非儒家所專有的產物，而是經歷了一系列的嬗變與發展。「禮」實際上經
歷了三個發展階段。第一個階段可以稱之為「『禮』的宗教化」，它與早期的
鬼神崇拜以及各種巫術、禁忌、祭祀等巫祝文化有著密切的關聯。第二個階
段則可以理解為「『禮』的世俗化」。伴隨著人類社會的發展，「禮」從早期
的祭祀之禮，在與社會結構的融合與互滲之中，逐漸延伸與擴展到涵蓋政
治、經濟、軍事、教育等社會生活的方方面面禮儀系統。第三個階段，是謂
「『禮』的道德化」，這一進程是主要由儒家所推動的。當然，這三個階段雖
然在時間上呈現前後連貫性，但是這種過程之間卻也存在著交疊關係，不能
一概而言。

〔註1〕〔美〕布迪，莫里斯：《中華帝國的法律》，朱勇譯，南京：江蘇人民出版社，
1995 年版，第 13～14 頁。

〔註2〕陳飛龍：《孔孟荀禮學之研究》，臺北：文史哲出版社，1982 年版，第 13 頁。

4.1.1 「禮」的宗教化

從已有的考古發現，不論是殷墟的甲骨文還是兩周金文，都不見「禮（禮）」字，卻有「豊」字。許慎在《說文解字》中說：「禮，履也，所以事神致福也。」近人王國維則根據甲骨文的研究成果豐富了許慎的說法。他在《觀堂集林・釋禮》中說：「盛玉以奉神人之器謂之豊」、「奉神人之酒醴亦謂之醴」、「奉神人之器通謂之禮」。「豊」當爲會意字，其後孳乳出「醴」和「禮」字，或可說，「豊」是「禮」的本字。王氏的觀點得到了學術界的廣泛贊同與響應。在禮起源問題上，除了這種「祭祀說」外，還存在劉師培、呂思勉等人的「風俗說」、李安宅、何聯奎等人的「人情說」、楊寬、李澤厚等人的「禮儀說」以及楊向奎等人的「交往說」〔註3〕。不過，這些學者大多肯定禮與作爲原始宗教的祭祀有著密切的關聯。如此，即使「祭祀說」也不是禮的起源唯一根據，至少可以肯定禮在其產生的初期還是帶有強烈的宗教化特徵。

《禮記・禮運》篇借孔子之口表達了對早期之禮的認識：「夫禮之初，始諸飲食。其燔黍捭豚，污尊而杯飲，蕢桴而土鼓，猶若可以致其敬於鬼神。」這說明人類社會的初期，在物質生產方式極其落後的條件下，人們自發地產生了原始意義上的宗教——「禮」。原因主要在於，宗教化的生活是人類早期的精神生活的突出表現。當人們意識到周圍世界有神靈存在的時候，人們通過對萬物神靈的崇拜和祭祀，實現與神靈世界的溝通和交往，祈求神靈的保祐和賜福，求得物質的滿足與精神的慰藉。那麼由此而產生的宗教之禮，就表現爲對崇拜對象的確認和對祭拜儀式的規範化。其意義在於確立信仰的原則，以恐懼與敬畏之心來規範和約束人們的各種行爲，協調人與自然之間，現實世界與神靈世界之間的關係，從而形成一種信仰的、宗教的秩序，並與社會秩序相適應，以維繫社會生活的秩序與和諧。

根據史料對殷代社會的描述，也可以印證上述說法。《禮記・表記》篇云：「殷人尊神，率民以事神，先鬼而後禮，先罰而後賞，尊而不親。」殷商時期的宗教活動多與巫覡之風聯繫到一起。他們對天命深信不疑，對種種自然現象充滿了恐懼之心。殷人有著非常強烈的宗教熱情，不但事事要問神求卜，而且也熱衷於宗教祭祀。相關的祭祀之禮很多，並且較爲混亂。

隨著人類社會從原始社會到私有制社會的過渡，直接誘發了這種宗教之

〔註3〕 參見楊志剛：《中國禮儀制度研究》，上海：華東師範大學出版社，2005年版，第4～6頁。

禮，從全民性走向特權性，成為統治階層炫耀財富與地位的一種手段。「敬鬼神」的儀式在規範化、程序化的同時，亦會變得繁冗化。孟德斯鳩對此有著形象的描述：「上古的人只用菜蔬作祭獻，祭禮這樣簡單，每個人都可以在家裏當祭司。要取悅於神明的自然願望，使祭典繁雜了起來，這就使從事耕種的人們沒有力量舉行全部的祭典，並履行各種細節。」〔註4〕由此，「禮」就必然出現不同於原初意義的「異化」：早期所具有的自然宗教色彩逐漸褪化，逐漸滲透到社會政治生活，從而開始了全面的世俗化進程。

4.1.2 「禮」的世俗化

「禮」作為祭祀活動儀式，本身即具規範性的特徵，它安排和規定著祭祀者的言行舉止。例如，不同的人在祭祀禮儀中站在什麼位置，負責什麼具體任務，這本身就隱含著地位的差異性。而當進入等級社會之後，這樣的趨勢更加明顯。殷商以後，當「禮」逐漸為統治階層所獨佔之後，他們一方面利用禮的神秘色彩，為他們所主宰的世俗世界提供觀念的支撐，強化「王權神授」的觀念；另一方面，他們把禮所具有的規範性特徵，延伸到社會生活的方方面面，如錢穆先生所論：「今約而言之，則凡當時列國君大夫所以事上、使下、賦稅、軍旅、朝覲、聘享、盟會、喪祭、田狩、出征，一切以為政事，制度、儀文、法式者莫非『禮』。另一部分則繼續融合於普通民眾的日常生活，在淡化宗教色彩的同時，演變成一種不自覺的生活習慣，即禮俗。」〔註5〕

周代商以後，給殷人的宗教和巫術注入了理性和人道的因素，從而進一步加快了禮的世俗化進程。周朝統治者基於自身部落人口數量較少，所佔領土較為廣袤的特殊情況，為了有效的進行治理，推行分封制度，規定了天子、諸侯、大夫、士乃至庶人的嚴格社會等級秩序。同時，還明確了各個等級的行為規範，從而形成了體系縝密、內容龐雜的周禮系統。從今本《周禮》，即可窺一斑。根據陳飛龍先生的發現，《荀子》當中亦留下了許多前人的禮俗記載：「荀子於禮俗之內容，已包括《禮記》冠、昏、喪、祭、鄉、相見『六禮』之具，亦涵《周官》吉、凶、賓、軍、嘉『五禮』，猗歟盛哉。」〔註6〕周禮不僅與以前的禮相

〔註4〕〔法〕孟德斯鳩：《論法的精神》（下冊），張雁深譯，北京：商務印書館，1961年版，第178頁。

〔註5〕錢穆：《國學概論》，北京：商務印書館，1997年版，第36頁。

〔註6〕陳飛龍：《荀子禮學之研究》，臺北：文史哲出版社，1979年版，第13頁。

比體系更加縝密，而且，還與樂走向了結合，運用「樂」的藝術效果，融入到硬性的禮制之中，從而使得周禮洋溢出了豐富的生活氣息。

伴隨著周代的衰落，周禮不斷地遭到貴族與諸侯的僭越。事實上，這也導致了「禮」的新一輪的世俗化，它是以周王室對禮的壟斷權與話語權的喪失爲代價的。周王室雖然保留了形式上的合法性，卻不僅無力控制屬下的諸侯國，而且還不時地遭受外來的凌辱。在「弱肉強食」的叢林規則之下，小國不斷地被大國所兼併。在各個諸侯國的利益角逐中，「尊王攘夷」讓周王室獲得「尊重」的同時，淪喪爲權力鬥爭的工具。「禮樂」實際上也出現了某種與周王室類似的命運。在僭越禮制成爲強權政治之下的一種經常性行爲的同時，對禮的形式化追求也成了自我僞裝的時尚：一方面禮的內涵日趨淡化，另一方面禮的外在形式卻得到了近乎誇張的表達。在抽取內涵之後的禮，不管形式是如何華美，終究因爲喪失活力而變得僵化。由此，禮就出現了新一輪的轉型：「承繼著西周文化的發展趨向，充滿實證精神的、理性的、世俗的對世界的解釋越來越重要，而逐漸忽視宗教的信仰、各種神力及傳統的神聖敘事。宗教和非宗教性的儀典形式逐步讓位於德性精神的強調，禮儀文化逐漸轉化，形式化的儀典文明逐漸轉變爲理性的政治思考和道德思考。」〔註 7〕於是，爲了對禮進行理性的政治和道德思考內涵，只有對之前世俗化於民間社會的「禮」進行條縷與還原，出現孔子所說的「禮失而求諸野」〔註 8〕的情況。

4.1.3 「禮」的道德化

「禮」的道德化實際上也伴隨著「禮」的世俗化進程。早在商代，殷人在制禮的過程中，也較爲注重禮的內涵的拓展，提出了「德」的觀念。周人則繼承發展了殷人的這一觀念，並且提出了「敬德保民」的學說。「德」就是做事情要合宜，做到無愧於心。德、禮相輔相承。要提高道德修養，就必須通過禮來規範；要保證禮的規範作用的發揮，就必須保證有很好的道德修養。「德」觀念的提出，在某種意義上可以視爲商朝統治者認識到單靠禮的宗教性，是無法管理社會的，還需要通過人自身的努力進行自我的約束與控制。故而，「德」本身具有否定宗教性，推動禮走向世俗化的作用。

〔註 7〕 陳來：《古代思想文化的世界——春秋時代的宗教、倫理與社會思想》，北京：三聯書店，2002 年版，導言，第 11～12 頁。

〔註 8〕 陳國慶：《漢書藝文志注釋》，北京：中華書局，1983 年版，第 165 頁。

在儒家的理論視野中，周代初期是中國社會的一個黃金時代。其中一個重要的原因就是禮樂文化不僅滲透到社會生活的方方面面，而且充分發揮了政治和倫理功能。對於先秦儒者而言，儘管他們生活的諸侯國，事實上不再受到周王室的控制，但是周王「天下共主」的政治象徵意義並沒有消失。尤其是，社會愈是動盪與不安，人們要求統一的願望愈是強烈。回憶與懷舊也在心理上成爲塡補理想與現實之間鴻溝的一條有效途徑。故而，「吾從周」幾乎成爲先秦儒者的一種群體期盼。雖然很多經典講周公「制禮作樂」，事實上，禮樂文化的形成是一個漸進化的過程，絕非周公一人所獨創的。《禮記・禮運》篇曾記載歷代帝王，從禹、湯、文王、武王無不「未有不謹於禮者」。不過，「禮」在周公那裏經歷了重要的轉型，倒是不爭的事實。孫詒讓在《周禮正義・序》中說：「粵昔周公，續文武之志，光輔成王，宅中作雒，爰述官政，以垂成憲，有周一代之典，炳然大備。然非周一代之典也。蓋自黃帝、顓頊以來，紀於民事以命官，更歷八代，斟酌損益，因襲積累，以集於文武，其經世大法，咸稡於是。」〔註9〕周公的「制禮作樂」帶有「集大成」的意味。他一方面吸納了包含黃帝以來的一切禮樂文化的精華，又將之作出了切合時宜的改造，使禮更加制度化、客觀化與合理化，從而確立了周初禮樂文明的典範。

孔子身處的時代已經不再重現周文的盛況：「禮云禮云，玉帛云乎哉？樂云樂云，鐘鼓云乎哉？」（《論語・陽貨》）在禮遭遇形式與內容的脫節的時候，他承擔起了恢復「周文」的文化慧命。孔子及其所建構的「仁學」，無疑是旨在重建禮學的合理價值，恢復周王室初期的道德遺風與人文氣象。在孔子看來，三代的發展有著一脈相承的意義，這一點可以從他的說法中得到證實：「殷因於夏禮，所損益可知也；周因於殷禮，所損益可知也；其或繼周者，雖百世可知也。」（《論語・爲政》）但是，由於文獻的不足，所以他不可能還原禮的原貌：「夏禮，吾能言之，杞不足徵也；殷禮，吾能言之，宋不足徵也。足，則吾能徵之矣，」（《論語・八佾》）由此也可以看出，「周禮」並非禮的全部，從夏、到殷（商），乃至周，禮呈現了不同的形式和面貌。然而，這種適應時代的變化，是依據一定的原則和條件而發生改變的。孔子所著力探尋的是決定禮「雖百世可知」的內在根據，這就是他提出的「仁學」。

〔註9〕 孫詒讓：《周禮正義》，陳玉霞、王文錦點校，北京：中華書局，1987年版，序言，第1頁。

　　孔子構建的「仁學」主要從以下幾個方面，對傳統的周禮進行了改造和重建：（1）周禮的祭祀對象是上帝、神靈與祖先。孔子所強調的則是與子女有密切關聯的父母。並且他也非常肯定喪禮的地位，將之與祭禮一起作爲道德教化的途徑：「慎終追遠，民德歸厚矣。」（《論語‧學而》）（2）從基本方向上看，孔子試圖給禮尋找一個新的內在基礎：「林放問禮之本。子曰：大哉問！禮，與其奢也，寧儉；與其易也，寧戚。」（《論語‧八佾》）禮是一種價值符號，它的「本」植根於人的內心世界，離開這個本，那禮也就失去其特有的象徵意義了：「人而不仁，如禮何？人而不仁，如樂何？」（《論語‧八佾》）他將周禮對外在性和規範性的強調轉化爲對禮的內在價值的重視。（3）周禮的側重點在於嚴格區分社會的等級，並且以禮作爲貴族與庶民的分壤：「禮不下庶人，刑不上大夫。」（《禮記‧曲禮上》）從道德面前機會均等的原則出發，提出「爲仁由己」的原則，使禮朝著平民化的方向邁進。

　　顯然，孔子的理論著眼點是建立禮的價值合理性，所以，他走向了重視禮與人的內在性的結合：一方面，在繼承和捍衛周禮的同時，剔除不符合時代需要的禮儀習俗，並增加新的內容。另一方面，則「攝禮歸仁」，將「仁」灌注於「禮」之中，賦予禮以生機與活力。孔子對周禮的因革損益，不單單是停留在規範與文制，更進一步爲文化的精神尋找內在於己的價值本源，禮從外在的「天」之秩序典範轉向內在性的心靈世界；禮由外向內轉，意味著神秘性的宗教特徵逐漸淡化，道德人文特徵不斷彰顯。適如余英時所說得那樣：「禮樂是孔子思想的傳統部分，『仁』則是其創新部分。以發生的歷程而言，後者真是突破前者而來。但孔子以『仁』來重新解釋禮樂，禮樂的涵義遂爲之煥然一新，非復三代相傳之舊物了。」〔註10〕

　　孔子以道德自覺的仁心作爲禮樂重整的基礎，孟子的方向與孔子基本一致，都強調禮本於內在的心性。相較孔子，孟子在道德的內在性維度更進一步。「禮」本身就成爲了一種具有內在性特徵的道德屬性：「惻隱之心，仁之端也。羞惡之心，義之端也。辭讓之心，禮之端也。是非之心，智之端也。人之有四端，猶其有四體也。」（《孟子‧公孫丑上》）《告子》篇有「惻隱之心，仁也。羞惡之心，義也。辭讓之心，禮也，是非之心，智也。」《離婁》篇則又有「恭儉，豈可以聲音笑貌爲哉？」一說。顯然，不論是「辭讓」、「恭敬」抑或「恭儉」都是從心靈的內在向度出發對禮作出解釋，是對禮的虛文

〔註10〕余英時：《士與中國文化》，上海：上海人民出版社，1987 年版，第 93 頁。

化的一種糾正與扭轉。《離婁》又有：「禮之實，節文斯二者是也。」這實際上指出了禮的內涵：一方面需要作適當的消極的「節制」；另一方面則需要作積極性的「文飾」。這兩者之間又處於一種奇妙的彈性關係之中，任何一方的過當都會造成另一方的扭曲。

孟子最早將「禮」、「義」連言、對舉，作為道德修養相互依憑的兩個重要路徑：「夫義，路也；禮，門也。惟君子能由是路，出入是門也。」（《孟子‧萬章下》）「禮」與「義」，一則作為「路」強調行為合宜，一則作為「門」突出動靜得體。兩者都是根源於「人心」而顯諸於外的德性表徵。這有點類似於康德所說的「內心崇高的道德法則」的意味。孟子又將「禮」、「仁」對舉，作為道德反省的內在根據：「君子之所以異於人者，以其存心也。君子以仁存心，以禮存心；仁者愛人，有禮者敬人。愛人者，人恒愛之；敬人者，人恒敬之。有人於此，其待我以橫逆，則君子必反也……，非仁無為也，非禮無行也，如有一朝之患，則君子不患矣。」《孟子‧離婁下》當主體遭遇非道德行為時，不是通過對外在於己的他者進行責難而實現內心的平衡，而是轉向自我的心靈世界，通過對自我的反省，來提升自我的道德水平與生命境界。「禮」在孟子那裏呈現了一個相當不同的人文圖像，適如有論者所言：「孟子拓寬德性人格之『心學』領域，乃儒學『深化』之趨向。『禮』既發於人性本然善端，則精神之價值世界，亦得以提升。此禮學發展之重要線索也。」〔註11〕

4.2 「法」與法家

「法」原寫作「灋」，由「水」、「去」和「廌」三個部分組成。《說文解字‧灋部》：「刑也，平之如水，從水。廌所以觸不直去之，從廌去」。這裏反映了兩個問題：其一，法的精神本質是追求公平，公正，所謂「平之如水」；其二，「法」是與「刑」緊密相聯的，甚至在古代「刑」就是「法」。而「刑」凸顯的是一種懲罰功能。所謂「廌」就是一種傳說中的神獸，可以辨別是非曲直，發現不公不直的人，就會用它的角去牴觸對方。「廌」具有神聖的象徵性，意在確立法之客觀性與公正性。這是法的一個最核心特徵。

陳啓天先生曾對「法」字的意義進行考察。他認為「法」字的最原始意義是指刑罰。「刑」在古代與「法」異名同實。「法」的另一層含義是強製法，

〔註11〕陳飛龍：《孔孟荀禮學之研究》，臺北：文史哲出版社，1982年版，第71頁。

這是「法」的引申義。另外，「法」還有模範法則的意思。它與音樂中的「律」比較接近，所以又可以互用〔註12〕。（參見陳啓天，1936）[1~3]「刑」實際上構成了狹義的「法」，法家所說的「法」所偏重的就是刑法和刑罰。對於「刑」與「法」的關係，史學界有「兵刑同一」和「刑始於兵」的說法。所謂「兵刑同一」，即戰爭與刑法或者刑罰本質上是一致的。發動戰爭就是爲了對敵方實施懲罰，而戰爭是生命攸關的事情，又必然需要嚴明法紀。晉國的范文子明確說：「夫戰，刑也，刑之過也。」（《國語・晉語》）所謂「刑始於兵」，則是說刑罰起源於上古的氏族戰爭。戰爭中的刑，具有天然的集團性和血緣性，專爲異族而設，是對違抗本部族意志的其他部族的集體懲罰。如《尚書・呂刑》說：「苗民弗用靈，制以刑，惟作五虐之刑，曰法。」

「法家」的概念，包括法家本身的出現則遠遠晚於「法」概念的出現。「法家」這個概念最早見之於《孟子・告子下》：「入則無法家拂士，出則無敵國外患者，國恒亡。然後知生於憂患而死於安樂也。」不過，這裏的「法家」並非作爲學派意義的使用，而是儒家意義上的公正執法的「循吏」〔註13〕。與孟子同時的齊國稷下學宮的學者——尹文子，首次將名、法、儒、墨並言，至少可以肯定這裏的「法」是作爲學派意義上的使用：「以大道治者，則名法儒墨自廢；以名法儒墨治者，則不得離道。」〔註14〕但是尹文子卻沒有對法家的學派性質進行界定。一直到漢代，司馬遷的父親司馬談在《論六家要旨》中才對「法家」進行學派特徵的界定：「法家不別親疏，不殊貴賤，一斷於法，則親親尊尊之恩絕矣。可以行一時之計，而不可長用也，故曰：『嚴而少恩』。若尊主卑臣，明分職不得相逾越，雖百家弗能改也。」

「法家」學派是春秋戰國社會大變革的產物。在春秋時代，由於鐵器的廣泛使用，使得大面積的土地開墾成爲可能，進而出現了「私家」富於「公室」的局面。一些下層貴族、一部分農民乃至手工業者逐漸集中了大量的社會財富，成爲社會中的「新貴族」。經濟地位的提高，必然要求政治地位的改

〔註12〕 參見陳啓天：《中國法家概論》，上海：中華書局，1936 年版，第 1~3 頁。

〔註13〕 朱熹在《四書章句集注》中說：「法家，法度之世臣也。拂士，輔弼之賢士也。」（朱熹：《四書章句集注》，北京：中華書局，1983 年版，第 384 頁）顯然他並沒有將「法家」作爲學派意義上加以使用。臺灣學者王叔岷亦持此論：「法字保持公正之義。但此『法家』與學派無關。」（王叔岷：《先秦道法思想講稿》，臺北：中央研究院中國文哲研究所，1992 年版，第 168 頁。）

〔註14〕 王愷鑾：《尹文子校正》，上海：商務印書館，1935 年版，第 1 頁。

善。然而，舊貴族依然使用已經沒落的周禮維護自身的合法性地位。於是，在新舊貴族的「血與火」的權力爭奪過程中，法家應運而生。他們成為新貴族的有力支持者，他們的身上體現了強烈的實用精神和工具理性色彩：「法家中的絕大多數人皆不是具有很深學術造詣的思想家，而是一些實幹家，包括行政官吏、外交使者和政治經濟學家。他們為願意雇傭他們的諸侯國服務。他們的目標直接而簡單：在國內，建立一個在政治和軍事兩方面都具有強大力量的政府，以廢除封建特權；在國際上，擴張領土，最終使互相對立的所有國家聯結成一個單一的帝國。」〔註15〕故而，法家人物大多被稱之為「法術之士」、「法智之士」，抑或「權變之士」。

法家的產生可以追溯到春秋末期的管仲、子產與鄧析，不過法家學派的真正形成是從李悝那算起。李悝總結了春秋以來的「法治」〔註16〕的經驗，產生了中國歷史上第一部系統完整的法典——《法經》。李悝在魏國輔佐魏文侯變法，推動了變法革新成為戰國時期的一股潮流。爾後，則湧現了法家人物吳起在楚國的變法、商鞅在秦國的變法等等。後兩人雖出生衛國，卻都曾從政於魏國。吳起南赴楚，輔佐楚悼王變法。商鞅則西赴秦，協助秦孝公進行大規模的變法，並提出了一整套系統完備的法家學說，從而成為戰國中期最有影響的法家代表人物。

法家內部也有很多派別，按地域分，主要可以分為齊法家與晉（韓、趙、魏）法家。從時間上可以分為前期法家和後期法家。前者如李悝、商鞅、吳起、申不害等人，後期主要指韓非等人。儘管韓非也屬於法家，由於我們關注的是對荀子禮法思想形成影響的前期法家思想，故暫不在討論之列。

總括荀子之前的法家思想對「法」的理解，可以歸納一下特徵：

（1）以法治國，一斷於法：法家認為人們的一切行為規範都應該用立法的形式明確加以規定，法律要公佈於眾，使人人皆知。明法的目的有兩個，

〔註15〕〔美〕布迪，莫里斯：《中華帝國的法律》，朱勇譯，南京：江蘇人民出版社，1995年版，第12～13頁。

〔註16〕這裏的「法治」與現代意義上的法治顯然是不同的，如有學者所言：「這種『法治』與現代意義上的『法治』有著根本的區別。後者以保障個體和社會權利為目的，雖然在實施過程中不免要採取懲罰手段，但卻有超越於懲罰之外的人道追求。而法家所謂『法』乃是實現社會控制的一種手段，為了實現所有的目的，除君主之外，要以犧牲全社會利益為代價。」（楊陽：《王權的圖騰化——政教合一與中國社會》，杭州：浙江人民出版社，2000年版，第173頁。）

一就是能夠讓民眾以法律自戒，知道不能做什麼。另一方面，也可以防止官吏徇私舞弊，避免罪犯法外求情。

　　當然，法律也不是一成不變的，應當根據時代的變化而相應地作出改變。並且，立法需要「因人情」，即應當考慮人們的需求，願望與承受能力，要遵循事物的客觀規律以及社會慣例、傳統習俗：「不慕古，不留今，與時變，與俗化。」（《管子‧正世》）

　　（2）不徇私情，刑無等級：美國學者羅斯在區分法律制裁與其他制裁手段時指出：「因為法律制裁具有主動性、暴力性、廣泛性和肉體懲罰性，所以它也就對各種人產生幾乎同等程度的影響。這是法律制裁區別於社會其他制裁形式的特徵。」〔註17〕儘管法律制裁不及道德勸誡對人格尊嚴的保全，但是道德勸誡卻依賴於內在的主體自覺，從社會功能上看，只能在少數人身上產生作用。但是，法律通過「硬約束」的手段，它可以產生普遍性的影響。《商君書》說：「所謂壹刑者，刑無等級。自卿相、將軍以至大夫、庶人，有不從王令、犯國禁、亂上制者，罪死不赦。」這說明，刑罰的對象是統一的，即完全是針對阻礙、破壞耕戰政策的「奸民」；不論是誰，只要是違法了法律就嚴懲不貸。這種「刑無等級」實際上是針對舊貴族勢力，剝奪舊傳統對他們的庇護，以此不僅可以提高法律的威嚴，也可以提高君主的權威。

　　（3）信賞必罰，嚴刑峻法：運用賞罰，進行社會控制是法家的一致主張。賞是正面之激勵，罰是負面之抑制，兩者相互輔翼，共同作為消解社會不安定因素的手段：「故立法明分不以私害法則治，權制獨斷於君則威，民信其賞則事功成；信其罰則奸無端。」（《商君書‧修權》）相對而言，「賞」與「法」的距離較遠，甚至不在「法」之列，而「罰」則是自始至終與「法」相伴隨，「罰（刑）」就是「法」：「殺僇禁誅謂之法。」（《管子‧心術》）懲罰具有強制性和嚴酷性的特點，可以產生震懾力以保障和捍衛法的威嚴，尤其是可以對抗特權階層對法律權威的挑戰：「故安國在乎尊君，尊君在乎行令，行令在乎嚴罰。罰嚴令行，則百吏皆恐。罰不嚴，令不行，則百吏皆喜。」（《管子‧重令》）在前期法家中，商鞅一派最以嚴刑峻法著稱。在他那裏，一方面，「刑」與「賞」相對，但是，在量上卻應該「刑多而賞少」，只賞給有耕、戰之功的人，反對濫賞。另一方面，加重對犯罪行為的懲罰力度，以此還提出了「以

〔註17〕〔美〕羅斯：《社會控制》，秦志勇等譯，北京：華夏出版社，1989年版，第81頁。

刑去刑」一說：「行罰重其輕者，輕其重者，輕者不至，重者不來。此謂以刑去刑，刑去事成。」（《商君書‧靳令》）

對於「德」與「刑」，法家一致認為「刑」比「德」更為根本，甚至是唯一有效的統治手段，普遍否定儒家的「德主刑輔」的治國原則。不過，在對待「德」的態度上，法家內部還有些許的差異。具體而言，前期法家並不完全否定道德教化的作用，後期法家則完全否定；齊法家承認道德教化的作用。三晉法家則從根本上否定道德教化的作用。

4.3　荀子的「禮法一體」

對「禮」與儒家，以及「法」與法家的追溯，可以為我們敘述荀子的禮法一體化奠定一個理論基礎。在《荀子》中，荀子完全是以一個儒者的身份去闡發自己的理論見解。他對孔子極為推崇，並著力繼承和發展孔子的禮學思想。荀子對孟子將「禮」完全內在化的傾向頗為不滿，並多處指責和批評孟子。是否可以說，荀子的禮學與孟子的禮學思想根本就沒有聯繫？顯然不是如此。孟子發展了「仁學」，並將「禮義」對舉、連言。儘管「仁」字在荀子中並不是很多，但絕非沒有。而「禮義」在《荀子》中則出現了更高的頻率。有學者統計：「《荀子》一書中，『仁』出現了 135 次，『禮』出現了 344 次，『義』出現了 316 次，『仁義』31 次，『禮義』107 次。」〔註18〕從中也可以反映出，荀子的禮學思想，並沒有繞開孟子，而是加以了改造與發揮。

孟子那，「禮」、「義」都是內在的美德，它可以作為個人修身的道德資源。但是，它卻很難轉化為「治理平政」的依憑手段。荀子之所以批評孟子，即在於孟子過於關注個人的道德自覺，而這只能是局限於少數的道德精英。荀子則試圖將眼界放寬，尤其是擴展到普通的庶民，對之進行有效的社會控制，當然，實現這一目標的依靠力量依然是道德精英。所以，荀子將孟子「禮義」的涵義進行了價值轉換。他將「禮」、「義」連言，重點在於突出禮的價值合理性，這與孔孟的路線是一致的。不過，他深化了禮的內涵，把禮看作是個人修身的根本和維護社會等級秩序以及治理國家的根本，看作人類道德規範以及治理社會的最高原則：「禮者，政之挽也。為政不以禮，政不行矣。」（《荀

〔註18〕　劉耘華：《詮釋學與先秦儒家之意義生成》，上海：上海譯文出版社，2002 年版，第 134 頁。

子‧大略》）如此，就使儒家的禮學達到了一個空前的高度。

與之同時，荀子注意到「禮義」作為抽象的價值理念或者道德原則，具有自身的限制：

一方面，禮義難知。《修身》篇云：「好法而行，士也；篤志而體，君子也；齊明而不竭，聖人也。」我們可以借助倫理學的兩種倫理立場，即規範倫理與美德倫理進行比較分析。美德倫理一種重要的特點就是重視道德主體的人格性，立足於主體自身的生命意義的整全理解。規範倫理雖然與之並不排斥，但還是可能鑄造「非人格性」。對道德規範的嚴格遵循，並不一定就說明這個人本身就道德。從效果論出發的規範倫理，要求主體做一個「無私的旁觀者」，在利益最大化的計算邏輯之下，哪怕犧牲一部分人的利益也在所不惜。而從動機論出發的規範論，以遠離人類的利益衝動為至上目的，不受任何感性和私心的影響。這也是非人格的。美德倫理則不然，它可以區分愛與友誼，確定諸美德之間的優先性。故而，不僅有利於塑造健全的道德人格，而且有利於人們接受和實踐。正如有學者指出的：「它在本質上呈現為個體存在的人格形態。當行為出於德性時，個體並不表現為對外在社會要求的被動遵從，而是展示為自身的一種存在方式。在德性的形式下，知其善與行其善成為同一主體的不同存在形態，並相應地獲得了內在的統一性。」〔註 19〕一個具有美德的人，固然知道應當遵循規範，但是也因為知道道德規範存在的深層原因，故而不是完全被動地遵守。在荀子那裏，「士」是一個嚴格意義上的「非人格性」的循規蹈矩者，而「君子」已經具備向美德邁進的潛質，儘管其對生命意義的整全理解還不充分。只有聖人實現了完滿的美德，具有高度的道德自覺，達到了對生命大道的覺解。適如陶師承所言：「荀子言士君子聖人之分別，大概聖人乃一種理想人物，世界上決沒有如此圓通博大不可捉摸之人。君子則超於常人之上，能恭敬其行，守法而不阿者也。士則好法力行之人，為學者初步效法者也。荀子懸此標準，欲學者由士人而君子而聖人。」〔註 20〕荀子進行這樣的對比，無非是說明，道德精英只是少數人，儘管可以依靠他們進行禮義教化，但是大多數人還是達不到對禮義的深刻領悟，所以就很難自覺地接受禮義。

〔註 19〕 楊國榮：《倫理與存在：道德哲學研究》，上海：上海人民出版社，2002 年版，第 16 頁。

〔註 20〕 陶師承：《荀子研究》，上海：大東書局，1926 年版，第 47 頁。

　　另一方面，禮義難行。儘管荀子承認每個人都有成德的可能性。然而，為什麼「小人」可以成「君子」，但是卻不肯為「君子」呢？其根源就在於人性之惡。荀子認為對欲望的渴求是人的自然本性，但是禮義的主張卻「反於性而悖於情也。」（《荀子·性惡》）譬如人們都希望吃好、穿好，喝好，可是假如人們不知道控制自身的欲望，一味地追求當下的享受，那麼就勢必損害未來的發展機會。禮義強調的是要有長遠的眼光，即「長慮顧後」，用禮義對人們的欲望進行合理的調控。可是，面對眼前的誘惑，人們還是容易只顧眼前享樂，而不肯接受禮義。所以，荀子疾呼：「陋也者，天下之公患也，人之大殃大害也。」（《荀子·榮辱》）他深切地體會到禮義難知與難行的道理，認識到單靠禮義本身還缺乏化為政治實踐的效力。故而，他把目光轉向了當時已為顯學的法家思想。

　　荀子不僅學問廣博，而且遊歷廣泛。他三次在齊稷下學宮游學，並擔任重要職位，對齊法家的思想並不陌生。另外，他還打破儒者不入秦的慣例，深入到晉法家的實驗基地——秦國〔註21〕進行了實地的考察。因此，荀子對法家思想還是相當熟悉的。通過對秦國的觀感，也可發現他不僅認識到法家提倡「法」治的優勢，亦洞察其不足：

> 佚而治，約而詳，不煩而功，治之至也。秦類之矣。雖然，則有其諰矣！兼是數具者而盡有之，然而縣之以王者之功名，則倜倜然其不及遠矣。（《荀子·強國》）

荀子注意到「法」具有實踐性與可操作性的優勢，並能夠產生現實的效果。故而秦國能夠迅速崛起為一個政治強國。然而，「法」的問題又恰恰在於這種工具理性，容易造成一種「冷酷的理性」。由於法家崇尚功利，只強調人的好利惡害的本性，以法律操縱之，而不是以道德疏導之，不僅造成一機械的社會，亦造成大量的工具人格。儘管法家試圖依靠強力加以社會控制，但是，當人心的怨恨積累到一定高度，「法」的強制力必然失效，國家也會土崩瓦解。荀子對「法」的局限性的認識，在秦國二世而亡的史實中得到了印證。

　　針對儒家之禮義與法家之「法」的各自優勢與不足，荀子提出「隆禮重

〔註21〕法家人物商鞅與後來的韓非，都不是秦國人。韓非是韓國人，他是三晉法家的代表人物無疑。商鞅出身於衛國，他在魏國做過魏相公孫痤的家臣，對李悝、吳起的變法理論與實踐非常熟悉。另外，法家的另一人物尸佼，晉國人，是商鞅的門客，顯然也是屬於晉法家系統。於此足可說明，秦國與晉法家的活動緊密相聯。

法」的主張，將「禮」、「法」加以一體化，既爲禮義的實現提供有效的途徑，又爲法的良性發展提供了可靠的保障。不過，禮法結合的嘗試，卻不是始於荀子。道家、名家乃至法家那裏，都已有禮法合流的趨勢。在典籍《文子》、《黃帝四經》、《鶡冠子》中，黃老道家將「禮」、「法」納入「道」的發展軌道之下。稷下的齊法家則直接將「禮」、「法」對接，如《慎子·威德》：「明君動事分功必由慧，定賞分財必由法，行德制中必由禮。」《管子·正世》：「君道立，然後下從；下從，故教可立而化可成也。夫民不心服體從，則不可以禮義之文教也，君人者不可以不察也。」不過，在稷下法家這裏，禮法的結合是基於法家立場出發的，故而呈現法治爲主，禮治爲輔的傾向。與之相區別的是，荀子是站在儒家的詮釋立場，對法家的思想進行消化和吸收，從而呈現了禮治爲主，法治爲輔的格局。並且，他對法家的「法」進行了儒家道德化的改造，從而使得禮法之間呈現了一體化的趨同結構。

4.3.1　禮法關係的第一重內涵：禮主法輔，以禮統法

荀子進行禮法融合的途徑之一，就是將儒家的禮樂教化與法家狹義上的「法」，即「刑罰慶賞」相結合：「治之經，禮與刑，君子以修百姓寧。」（《荀子·成相》）盧瑞鍾認爲：「不論孔、孟、荀均不曾主張廢法，只主張重德禮之治，而省刑罰之施。其大異於法家者，厥在未如法家般，將『法』作爲治國第一重要之工具罷了。」〔註 22〕在荀子之前，孔子已經明確指出「刑（罰）」會帶來羞恥心喪失，不利於保護人格尊嚴的問題。相形之下，儒家的「禮」則具有塑造完整人格的優越性。儘管孟子指出赤裸裸的法家路線是行不通的，但他不否認儒家如果完全依賴道德的力量亦是無法付諸政治實踐的。荀子實際上是承繼他們的基本立場，大膽地吸收了法家的「刑罰慶賞」思想，以彌補儒家德治的不足。單純就手段而言，禮是以教化爲主，法是以刑罰爲主；一個是靠疏導，一個是靠禁止；禮是禁於未然之前，法則施於已然之後；法具有強制性，主要靠硬性約束，禮則一般依賴道德輿論與社會習俗的支持，具有軟約束的特徵。兩者作爲治理手段確實可以互相配合、互相補充。

當然，荀子並非照搬法家的「刑罰慶賞」思想，而是進行了一番改造。在法家那裏，「刑罰慶賞」的對象具有普遍性，不論是庶民，抑或是貴族。在

〔註22〕盧瑞鍾：《韓非子政治思想新探》，臺北：三民書局，1989 年版，第 46 頁。

荀子那，「刑罰慶賞」則主要是針對庶民百姓：「由士以上則必以禮樂節之，眾庶百姓則必以法數制之。」（《荀子・富國》）需要辨析的是，並非如有論者所說那樣，荀子在此是強調所謂的社會等級地位的差別與歧視。如陸建華認為：「禮主要用以調節統治階級的內部矛盾，規定不同等級的貴族間的權利和義務；法主要用以處理統治階級與被統治階級的矛盾，懲罰違害統治集團利益的下層民眾。」〔註 23〕荀子所說的「眾庶」是處於「性惡」的原初狀態的人，相當於美國學者柯爾伯格所說的「前習俗道德水平」。因此，「士以上」與「眾庶」的區別是道德意義上的「先進」與「後進」的關係，而非經濟或者社會地位上的差等與對立。《荀子・王制》中說：「雖王公士大夫之子孫，不能屬於禮義，則歸之庶人。雖庶人之子孫也，積文學、正身行，能屬於禮義則歸之卿相士大夫。」易言之，個人的晉升機會不是依賴於血緣關係的祖先和家族所提供的庇護，而是依賴於個人的後天道德修為。另可提供印證的是，該篇亦有「以善至者待之以禮，以不善至者待之以刑」之說。可見，先天的「血而優」是讓位於後天的「學而優」的。楊倞對此作注曰：「君子用德，小人用刑」〔註24〕是非常正確的。

　　法家突出「法」作為一種客觀精神的威懾力，故而不惜借助暴力強化「法」的不可侵犯性。相比之下，儒家則重視禮的人文教化功能。即使荀子肯定法家對法的客觀性的重視，但是荀子始終將「禮」當成本，「法」視為末。法的貫徹與實施必須以符合禮義精神為原則。故而，荀子在量刑原則上主張「刑稱罪」，即根據犯罪的程度及其後果而作出相應的懲罰。這與法家嚴刑峻法，輕罪重判，以刑去刑的主張是迥然不同的。當然，荀子也贊同法家根據條件和時代的變化，對量刑的原則進行斟酌與權變。不過，法家認為在治世可以採用輕刑，亂世則用重典。荀子卻主張治世用重刑，亂世用輕刑。兩者分歧的原因在於，法家完全依賴刑罰進行社會控制，故而當社會出現動亂的時候，只有依賴加強刑罰本身的力度。荀子則多了一層人文教化的優先考慮。在亂世之中，刑罰的強度只會加深民怨，容易造成法不責眾的局面，人文教化的空間就會更為狹小。與其如此，此時不若放鬆懲罰力度，以緩解民怨，並通過執政者自身形象的改善，來扭轉民意。就治世而言，犯罪的人數非常有限，

〔註23〕陸建華：《荀子禮學研究》，合肥：安徽大學出版社，2004 年版，第 124 頁。
〔註24〕朱熹：《四書章句集注》，北京：中華書局，1983 年版，第 178 頁。

通過加大懲罰力度，則可以起到很好的反面警戒的作用。

　　無疑，在荀子那，刑罰本身並不是目的，它的存在只因教化的需要：「故不教而誅，則刑繁而邪不勝；教而不誅，則奸民不懲；誅而不賞，則勤屬之民不勸；誅賞而不類，則下疑俗險而百姓不一。」（《荀子·富國》）荀子認為「朱、象不化」的原因並不在於堯、舜的教化水平不足，而是因為教化的成功最主要的還是依靠被教化主體自身能否有一個深切的反省與能動的反映。在教化無效的情況下，那只能退而求其次，待之以「刑」了。刑罰的使用，一則可以捍衛社會的公正，一則可以產生以儆效尤的反面教化功能：「凡刑人之本，禁暴惡惡，且徵其未也。」（《荀子·正論》）

　　實際上，荀子的理想還是希望以禮義之道去教化民眾，最好不用刑罰：「明道而分鈞之，時使而誠愛之，下之和上也如影響，有不由令者然後誅之以刑。故刑一人而天下順，罪人不郵其上，知罪之在己也。是故刑罰省而威流，無它故焉，由其道故也。……傳曰：『威厲而不試，刑錯而不用。』此之謂也。」（《荀子·議兵》）在這種價值立場下，「法」是補「禮」之不足，而「刑」則是「法」中不得已而用之的手段，其終極目的不僅是建構正理平治的社會秩序，而且通過客觀的外部規範來化導人民。這種道德訴求與法家「不務德而務法」（《韓非子·顯學》）的主張是大相徑庭的。

4.3.2　禮法關係的第二重內涵：禮法互化，禮即是法

　　荀子進行禮法融合的途徑之二，就是在確保禮之「義」的基礎上，將「禮」外化為「法」，使凝結於社會習俗的倫理規範外化為法律規範。同時，荀子亦主張對現行的「法」進行審查，將之灌注以富有價值內核的「禮義」。從而，「禮」與「法」雙向互化，兩者圓融無礙，蔚然一體。《荀子》不僅多處禮、法連言，而且很多場合的使用上，「禮」與「法」表示相同的含義，如《王霸》篇：「禮法之樞要」、「禮法之大分」。荀子認定禮與法本質上是同一種類型、同一個序列的存在，違背「禮」即是違背「法」。用他的話說，就是：「非禮，是無法也。」（《荀子·修身》）這裏的「禮」，顯然等同於「法」。禮不僅具有法律的功能，而且，本身就是法律。違背法律受到懲罰，違背禮同樣受到制裁。故而梁啟超先生說：「荀子所謂禮，與當時法家所謂法者，其性質實極相逼近。」〔註25〕

〔註25〕梁啟超：《先秦政治思想史》，上海：上海書店，1986年版，第96頁。

　　按照美國法學家昂格爾的理解，中國的「禮」並不是成文法，更切近於習慣法：「『禮』並不是人們制定的，它是社會活生生、自發形成的秩序。因此，人們碰到的並不是明確規則的目錄，而是規範行爲的或多或少的隱蔽模式。這些模式作爲瞭解如何根據個人的等級加入社會關係的經驗而得以傳播開來。」〔註 26〕禮需要紮根於人所身處的習俗與文化。一旦脫離特定習俗與文化，或者遭遇劇烈的社會變遷，就必然會帶來失範問題。雖然，孔孟並沒有對禮是否走向成文法作出評論，但是，追溯已經支離破碎的「禮」，尋求其統一性與穩定性是儒家一致的目標。

　　荀子一方面繼續把這種追求定位於確定禮的合理內涵上，另一方面則將其延伸到外在化的路線之上。這一點，顯然是受到法家的啓發。「禮」與「法」本身都是社會規範，具有同質性的一面：「作爲社會規範和社會規則的『禮』，從一開始就具有『法』的屬性和意義。當『禮』獲得了統攝一切具有社會規定性的意義時，『法』就包含在其中了。因而，無論是從廣義和狹義的角度看，禮和法都有著對應性的聯繫，其中既有觀念性的，也有制度性的。」〔註 27〕所以，儘管荀子對「終日言成文典」（《荀子‧非十二子》）的法家頗不以爲然，但他還是能夠肯定法家頒佈成文法的意義，認爲至少有利於保障有法可依，具有實踐的可行性：「君法明，論有常，表儀既設民知方。」（《荀子‧成相》）

　　在禮、法互化問題，或許荀子與愼到的觀點比較接近。但是，適如郭沫若的觀察：「愼子尙法，荀子尙禮。然愼子之法含有禮，荀子之禮含有法，彼此也幾乎是兩兩平行的。只有一點不同之處，便是荀子所尙之禮主要在『復古』，愼子所尙之法主要在『從俗』。」〔註 28〕愼到對「法」的改造是借助於禮俗。然而，禮俗習慣是自生自發的，並且常常因爲歷史記憶的斷裂而殘存下來，它們不能普遍地適用所有的群體，故而當將之歸納爲一套規則，使之法典化的時候意味著令其面目全非。故而，荀子才批評愼到是「尙法而無法」（《荀子‧非十二子》）

　　荀子並沒有完全排斥禮俗，他之所以「法先王」，實質是通過歷史的追溯，來接近禮的價值精神。然而，由於時代久遠的原因，只能獲得一些殘存於記

〔註 26〕〔美〕昂格爾：《現代社會中的法律》，吳玉章、周漢華譯，南京：譯林出版社，2001 年版，第 90 頁。

〔註 27〕王啓發：《禮學思想體系探源》，鄭州：中州古籍出版社，2005 年版，第 84 頁。

〔註 28〕郭沫若：《十批判書》，北京：人民出版社，1954 年版，第 204 頁。

憶之中呈現「碎片化」的禮俗。故而，荀子又別出心裁地提出「法後王」，不僅是爲了獲得關於禮的可靠經驗材料，更主要的目的是爲了禮建立一個統合的基礎，提供現實的可靠借鏡。且看他批判「俗儒」的言論：「略法先王而足亂世術，繆學雜舉，不知法後王而一制度，不知隆禮義而殺詩、書。」（《荀子·儒效》）荀子之所以強調聖人「制禮作樂」，旨在突出能夠通行於世的「法」，並非是被動的接受前人遺留的禮俗，而是需要通過「知通統類」的聖人對禮俗加以一番改造。禮之「義」與法之「正」實質是通過聖人加以抽象與過濾而獲得的。

在荀子那，禮不僅幾乎包囊所有的法律、法規、典章、制度等等在內，而且「禮」本身具有類似作爲根本大法——憲法的特徵：「禮者，法之大分，類之綱紀也。」（《荀子·勸學》）正是通過聖人的整合與過濾，禮獲得了「義」的合理內核。以此，「法」不再成爲僵化的教條，而可以根據禮義精神而作相類的變通：「有法者以法行，無法者以類舉，以其本知其末，以其左知其右，凡百事異理而相守也。」（《荀子·大略》）

另一方面，荀子不僅將「禮」與「法」連言，「禮」外在化爲「法」，還與「中」、「理」、「義」相聯繫，融「禮義」於法則之中，實現「禮義」對法的貫通：「加義乎法則度量，著之以政事，案申重之以貴賤殺生。」（《荀子·王霸》）將禮義融入法之中，那麼法就能夠處處體現禮義的精神。法就不再無所歸宿，而是具有了穩定、永恒的價值理念。正是這樣，法才能夠成爲「良法」，「禮義」也不再「難知」、「難行」。於此，亦呈現了「禮法一體」的局面。

4.3.3 禮法關係的第三重內涵：惟禮是法，法即是學

荀子進行禮法融合的途徑之三，就是將禮作爲效法的對象，「法」即是「學」的意思，於此，荀子將法家意義的「法」，置換爲儒家意義的「學」。在古漢語中「法」作爲名詞，具有「模範」、「典範」的意思。作爲動詞，則具有「效法」、「學習」、「模仿」的意思。在荀子那，「法」在這個層面的使用，使得與儒家重視學習，重視人格完善的傳統相契合。西方學者 Chris Fraser 指出了「學」對於荀子思想的特殊意義，他說：「對於荀子，教育使我們成爲人。它意味著我們的性格從赤裸裸的動物本性改造爲優雅的、有教養的人。通過『學』，我們呈現了我們區分於動物的潛能，拋棄『學』，則將意味著我們轉而成爲動物。人性是生

而相同，如若沒有學，那將除了感官滿足的衝動以外，無有其他。」〔註29〕

不難發現，《勸學》在《荀子》的文本中具有極其特殊的地位。劉向在編纂《荀子》一書時，將《勸學》置於三十二篇之首，被後世治荀者所接受。《荀子》這種編纂結構與《論語》極具相似性。《論語》首篇《學而》，終篇《堯曰》。《荀子》則首篇《勸學》，終篇《堯問》。這一方面固然反映後者對前者的模仿，突出荀子對孔子的推崇與繼承，另一方面也說明「學」在儒家思想中的重要地位，如王博所言：「《勸學篇》之被安置在《荀子》之首，……包含著一個整體的思想上的考慮，這個考慮的核心乃是對『學』本身的重視，而隱含的問題比這要複雜得多。」〔註30〕王先生後半句話的言外之意是荀子強調的「學」亦是針對思孟儒家而言的。

思孟儒家將個人成德的根據植根於內在心靈，祛除心靈的遮蔽，讓良心善性自發地呈現。在荀子看來，這樣的方式過於空泛，缺乏切實的可行性：「無辨合符驗，坐而言之，起而不可設，張而不可行。豈不過甚矣哉！」(《荀子‧性惡》)荀子主張通過後天的學習，在禮義的教化之下獲得人格境界的不斷提升：「學惡乎始？惡乎終？曰：其數則始乎讀經，終乎讀禮；其義則始乎爲士，終乎爲聖人。」(《荀子‧勸學》)對此，史華茲有比較確當的評論：「荀子的學習觀與《論語》的學習觀十分相近，至少在這個領域他似乎要比孟子更接近於《論語》。就字面意義而言，學習被提到了神聖事業的層次。」〔註31〕基於對「學」的重視，荀子對法家的「法」進行了意義的轉化，改鑄成爲儒傢具有修身成德意義上的「學」。《荀子‧修身》云：「學也者，禮法也」。在此，不僅可以將「禮法」理解爲學習的對象與內容，也可以將之理解爲：「學習是什麼？就是以禮爲效法、學習的對象。」不論是將禮、法分言，還是合言，所表達的都是同一個意思。「禮（法）」是人格修養與塑造的最有效手段。

誠然，不論是效法先王，還是效法後王，都是爲禮尋找一個存在的合理根據。然而，效法本身就是學習，故而，不論是「法先王」，還是「法後王」，其本質就是「法禮」，只不過，對所效法的「禮」受到歷史回溯的影響，存在

〔註29〕 Fraser，Chris Zhuangzi，Xunzi and the Paradoxical Nature of Education〔J〕，Journal of Chinese Philosophy，2006（4）.

〔註30〕 王博：《論〈勸學篇〉在〈荀子〉及儒家中的意義》，《哲學研究》，2007 年版，第 5 期。

〔註31〕 〔美〕本傑明‧史華茲：《古代中國的思想世界》，程鋼譯，南京：江蘇人民出版社，2004 年版，第 307 頁。

著詮釋視閾差異而已。荀子所強調的「法禮」，實質是以濃厚的歷史感爲底色的，因爲人類文明的薪火相傳過程本身亦是人自身獲得人文化的過程。按照杜維明的理解，這種學習不是指向過去的一種懷舊式的鄉愁表達，而是立足當下生命意義的立體呈現：「儒家的歷史觀同樣爲我們當下生活的世界帶來新的意義。它經常生動詳盡地告訴我們遙遠的過去是如何與我們的切身體驗直接相關的。集體性記憶不會將對現實完全不同的理解強加給我們，而是就領悟我們將什麼變成自己獨特之處提供了更爲全面的方法。」〔註32〕

然而，荀子很清楚，即使當「禮」作爲現實的教育資源呈現的時候，並不意味著所有的人能夠恰當地加以理解，更不意味著所有的人能夠主動地加以利用。故而，禮的學習還需要借助於一個中介系統、助力系統，那便是「師」：「禮者，所以正身也；師者，所以正禮也。無禮何以正身？無師，吾安知禮之爲是也？」(《荀子・修身》) 實際上，「師」承擔著兩方面的任務：一方面「師」是「正儀」，是現實中最直接的道德典範，承擔著道德教化的任務。另一方面，「師」是「禮」的忠實詮釋者，捍衛著「禮義」的價值內核。與之同時，荀子常常「師法」連用，我們在把「師」解釋爲一種具有君子式的人格，道德教化的中堅力量的同時，也完全可以理解爲「以法爲師」。當然這裏的「法」與「禮」同義，「師法」的含義又可以復歸到「法禮」。

總之，荀子的禮法思想不僅與法家思想不同，而且與其他儒者也有很大的差異。他們雖然使用相同的語詞，但是其指涉的涵義已經發生了變化。毋庸置疑，荀子的禮法思想是在吸收儒家、法家思想的基礎之上形成的。只不過，荀子在繼承儒家道德主義立場的同時，對法家的「法」進行了道德化改造，克服了儒家之禮與法家之法的對立，從而出現了禮法一體化的趨同結構特徵。如此，儒家之禮，在荀子創造性詮釋之下，不僅擴充和獲得了嶄新的內涵，而且也推動了「道德儒學」向「政治儒學」的過渡與轉換。

4.4 「法、術、勢」：從荀子到韓非

在先秦思想史中，「法、術、勢」作爲特定的學術話語與韓非有著緊密的聯繫。一般認爲，韓非吸收了商鞅的「法」、申不害的「術」、慎到的「勢」。

〔註32〕杜維明：《論儒家知識分子》，錢文忠、盛勤譯，上海：上海人民出版社，2000年版，第 8 頁。

需要澄清的是，「法、術、勢」在韓非之前並非完全孤立。上述說法，也不意味著商鞅只言「法」、申不害僅論「術」、愼到只重「勢」，而不及其餘。在《黃帝四經》、《文子》、《商君書》、《愼子》乃至《荀子》等先秦典籍中，多有論及「法」、「術」、勢」的文字。現存的《商君書》有《更法》、《錯法》、《愼法》等諸篇，大抵可以看出商鞅重「法」的傾向。然而，《鹽鐵論·非鞅》中，「文學」卻說：「商鞅以權數（通『術』）危秦國」；《申子》原爲六篇，僅存的兩篇《大體》、《君臣》主要圍繞「術」而言的；《愼子》原爲四十二篇，僅存的七篇對「法」、「術」、「勢」均有論及，很難說「勢」在文本中具有特殊地位。頗值玩味的是，荀子批評愼到的不是「勢」，而是「法」：「尙法而無法」（《荀子·非十二子》）、「蔽於法而不知賢」（《荀子·解蔽》），詬非申不害不是「術」而是「勢」：「蔽於埶〔註33〕而不知知」（《荀子·解蔽》）。對此，英國漢學家葛瑞漢（Graham）指出：「『法』在愼到的佚文中居於主導地位，且荀子（似乎不知道《商子》）最初把『法』和愼到聯繫起來，並稱申不害爲『勢』的倡導者。無疑，『法』、『術』、『勢』對於不同思想家的相對重要性只是強調和側重的問題。」〔註34〕

4.4.1 「法、術、勢」：源流與演化

「法、術、勢」在韓非及前期法家那裏，基本是作爲政治術語。「法」是法律，成文法，偏重於刑法；「術」是指君主駕御群臣的技巧、方法；「勢」則指與權力緊密相聯的政治地位、權勢，且基本針對君主而言。不過，在先秦思想中，「法、術、勢」，還有別的意思。「法」具有方法、技巧的意思，如兵家的「法」是指用兵的技藝；「術」也有方法、技巧的意思。所以，很多時候「法」、「術」意通，常常連用。而且，「術」也常常與「數」連用，在有些情況下可以互換；「勢」除了作爲政治範疇使用外，主要側重於客觀的狀態，用以描述事物發展的趨向。那麼法家的「法、術、勢」與之存在什麼樣的關係呢？

首先，從「法」的發生學意義而言，有三個線索：1、道生法：《黃帝四經》明確說：「道生法」。《管子》與《荀子》多處「道」、「法」連言。呂思勉亦說：「法因名立，名出於形，形原於理，理一於道，故名法之學，仍不能與

〔註33〕在《荀子》一書中，既有作「埶」，也有作「勢」。在古漢語中，兩者可互換。
〔註34〕〔英〕葛瑞漢，張海宴譯：《論道者：中國古代哲學論辯》，中國社會科學出版社，2003年版，第309頁。

道相背也。」〔註35〕；2、**禮生法**：《管子・樞言》有言：「法出於禮，禮出於治。治禮，道也。」陳柱也說：「法家蓋出於禮，禮不足爲治，而後有法。禮流爲法，故禮家流於法家，故荀卿之門人李斯、韓非皆流而爲法家也。」〔註36〕；3、**刑始於兵**：如韓星認爲：「在中國古代文獻中，春秋以前的法一般稱作刑，戰爭（征戰）則通稱爲兵。所謂兵刑同一，是說上古的戰爭和刑罰是一回事。二者在本質上是一樣的。所謂刑始於兵，是說刑或者刑律起源於遠古的氏族戰爭。」〔註37〕

其次，先秦言「術」的派別有很多，如縱橫家的「捭闔術」，神仙家的「長生術」，陰陽家的「陰陽術數」以及黃老道的「帝王術」。「術」具有強烈的工具理性的特徵，然而，從「術」專爲君主使用這一點來看，最與「法」家切近的還是黃老道的「帝王術」，適如郭沫若所言：「申子便有『術』的提出，這其實是倡導於道家，老聃發其源，而申不害擅其用。」〔註38〕劉澤華先生亦持類似的觀點：「『術』是專門研究君臣關係的理論，戰國時期講術的風氣很盛，道家固不待言，是發明術的宗主。」〔註39〕

最後，就「勢」而言，先秦除了法家論「勢」之外，最突出的要數兵家。《呂氏春秋・不二》中有「孫臏貴勢」的說法，《孫子兵法》中則有《勢篇》。儘管兵家所重的「勢」指的是在軍事鬥爭中如何佔據有利的地形、位置，卻與政治鬥爭中如何依靠權力確保自身的地位還是共通的。可見，法家至少與道家、儒家、兵家有著緊密的聯繫。它是在「百家爭鳴」條件之下，汲取其他諸家思想養料的基礎之上形成和發展的。

在韓非之前，法家已形成了對「法、術、勢」的看法，甚至在《管子》中還可找到以「法」、「術」、」勢」命名的篇幅，如《七法》、《任法》、《版法》、《明法》、《心術》、《形勢》等。不過，法家的內部立場並不完全一致。有學者敏銳地發現，以齊國爲中心的齊法家與以三晉之地（韓、趙、魏）爲中心的晉法家有著很大的區別〔註40〕。在齊國，儒家禮文化具有相當大的影響力，

〔註35〕呂思勉：《先秦學術概論》，雲南人民出版社，2005 年版，第 309 頁。

〔註36〕陳柱：《諸子概論》，商務印書館，1930 年版，第 85 頁。

〔註37〕韓星：《先秦儒法源流述論》，中國社會科學出版社，2004 年版，第 24～25 頁。

〔註38〕郭沫若：《十批判書》，人民出版社，1954 年版，第 301 頁。

〔註39〕劉澤華：《先秦政治思想史》，南開大學出版社，1984 年版，第 297 頁。

〔註40〕參見許抗生：《中國法家》，新華出版社，1992 年版，第 3 頁。

而田齊時期的稷下學宮具有極強的包容性與開放性。「三晉」則地處西陲，受戎狄文化影響很大，對儒家文化有很強的的排斥性。齊法家以管子、慎到等為代表，晉法家則以李悝、商鞅、申不害等為代表，實際上還包括後來的韓非。齊法家與晉法家在「法、術、勢」上亦存在著明顯的差異：

首先，兩者都強調「法」，並注重刑賞。晉法家更偏重於「嚴刑峻法」，並且他們從根本上排斥儒家的禮義，反對儒家的德治路線。而後世如司馬談、班固等人批評法家「嚴而少恩」，準確地講，應當是針對晉法家的。相對而言，齊法家更具有兼容性，開放性。齊法家不僅不反對儒家，而且還吸收儒家的道德教化思想，應用於實際的政治治理中。

其次，兩者都強調「術」對於君主的重要性。不過就內容上，晉法家更側重「君人南面之術」，突出駕御群臣的技巧與方法，且朝向具有純粹工具理性的陰謀詭計方向發展。而齊法家談的「術」，一則為治國安邦之道，二則為頗具道家色彩的「養心之術」。

最後，兩者都側重將「勢」理解為與君主、權力相聯繫的地位。不過，就其產生的合法性而言，齊法家認為君主的「勢」來源於國家與人民。如慎到認為：「故立天子以為天下，非立天下以為天子也；立國君以為國，非立國以為君也。」（《慎子‧威德》）管子亦說：「人主，天下之有威者也，得民則威立，失民則威廢。」（《管子‧形勢解》）而晉法家視君主的「勢」為天然合理，並且借助於「勢」無限拔高，凌駕於大臣及民眾的地位之上，具有強烈的專制獨裁性特徵。

4.4.2 荀子：「法、術、勢」的過渡與嬗變

在「法、術、勢」的演變過程中，容易忽略的一個環節就是荀子。荀子是先秦思想的集大成者，在齊稷下學宮「最為老師」，並「三為祭酒」。荀子不僅是地位上可以與孟子相齊的儒家代表人物，而且法家的理論家韓非，實踐家李斯是其弟子。故而，他也是「由儒而法之間的一道橋樑」〔註41〕

從現有史料來看，荀子雖是處於三晉之地的趙國人，但是，他的學術思想更多地受到齊國稷下學派的影響，所以《荀子》中才會出現很多論及法、術、勢的內容。按照侯外廬學派的觀點：「在戰國時代的社會裏，『法』、『術』、

〔註41〕 韋政通：《中國思想史》，上海書店出版社，2004 年版，第 205 頁。

『勢』的思想已經是合法的，因此，這種思想滲透進荀子的理論的體系，自是順理成章的。」〔註 42〕如果說，齊稷下法家思想本身就具有儒家道德化的特徵的話，那麼，荀子則將其貫徹得更爲徹底。甚至，楊幼迥明確說：「知禮治與法治分化之思想的過程，莫如荀子與管子爲中心。蓋荀子代表禮治之終端，管子代表法治之終端。前者以儒家而近法家，後者以法家而近儒家，其間不過一步之差而已。」〔註 43〕（楊幼炯，1937）[134] 作爲荀子的弟子，韓非的「法、術、勢」是否直接就從商鞅、申不害、慎到那來？文獻還不足以解答。若將荀子視爲前期法家與韓非法家思想的過渡環節，可爲我們探索韓非「法、術、勢」思想的來源提供另外一條求解路徑。

從前期法家到荀子那，「法、術、勢」經歷了奇特的嬗變，即作爲法家的概念與範疇，基本被儒家的話語系統所吸收轉化。在以「禮義」爲核心的荀子思想中，「法、術、勢」完全消融於儒家的價值立場之下：

首先，將「法」納入「禮」的軌道，並賦予嶄新的涵義。在《荀子》中，除了言「法」與「刑」相聯繫，以及幾處批評與儒家對立的派別使用「法」保留法家意義上的「法」（主要是與刑法，刑罰相聯繫的「法」）之外，其它則基本進行了儒家倫理化的改造。這種改造主要有三個方面：1、將法家意味的「法」，作爲儒家「禮治」的補充力量，以「禮樂教化」與「刑罰慶賞」相互補充，作爲實現德治依憑的手段：「由士以上則必以禮樂節之，眾庶百姓則必以法數制之。」（《荀子·富國》）2、將禮塑造成具有外在化，規範化，客觀化特徵的法，使其更具操作性和實踐性，是謂以禮爲法，禮法相即。正如楊榮國所言：「荀況所謂的『禮』，從內容實質上來說也就是法。」〔註 44〕3、「法」作動詞用，具有效法、學習、模仿的含義。在荀子那，「法」在這個層面的使用，與儒家的禮樂教化精神更加契合。《荀子·修身》：「學也者，禮法也。」這裏的「禮法」，亦即「法禮」，是對禮的學習與效法。甚至，不論是法先王，還是法後王，其實質就是「法禮」，只不過，對所效法、學習的典章受到時間回溯的影響，存在著理解的視閾差異而已。

〔註42〕 侯外盧、趙紀彬、杜國庠：《中國思想通史》，人民出版社，1957 年版，第 572 頁。

〔註43〕 楊幼炯：《中國政治思想史》，上海：商務印書館，1937 年版，第 134 頁。

〔註44〕 楊榮國主編：《簡明中國哲學史》（修訂本），人民出版社，1975 年版，第 94 頁。

其次，將具有價值理性特徵的「禮」，衍生爲工具理性特徵的「術」。荀子所說的「術」，是「禮術」：一則意味著將禮的應用，上升到工具理性的高度，一則意味著以工具理性爲特徵的「術」，必須受到以「禮」爲核心的價值理性的引導和規範。他以是否合乎「禮」爲標準，對術作出兩種價值的區分：正（善）與不正（惡），並且肯定「擇術」對於道德人格塑造的重要意義：「論心不如擇術。形不勝心，心不勝術。術正而心順之，則形相雖惡而心術善，無害爲君子也；形相雖善而心術惡，無害爲小人也。」（《荀子・非相》）通過工具理性加以轉換之後，禮的價值效用呈現了多樣性：就個體生命呵護而言，是「治氣養心之術」；就應對外在世界而言，是「天下之行術」、「常安之術」；在禮樂教化之後，個體的心靈世界獲得了敞開，並與他者的心靈世界建立了聯繫與溝通，禮這時的運用，則謂之「兼術」。與法家推崇的「術」不同的是，荀子非常強調「術」使用的正當性。所以他極力批評法家視他人爲工具與手段的陰謀權術，認爲是「常危之術」。

最後，擴大「勢」的外延，並將「勢」作爲實現道德教化可資利用的條件。荀子所談的「勢」，有兩個層面的涵義：一方面，強調客觀的存在狀態和變化趨向，如：「安危之勢」，另一方面，將法家的「勢」外延擴大化，不再爲君主獨有，還包括君子，庶民階層。而且，荀子談」勢」始終是作爲道德教化可資利用的手段，而不是作爲個人在權力欲支配下的追逐目的。荀子認爲，人從本性上都希望得到更好的地位和發展機會，但是社會資源本身卻具有有限性，所以平均主義不太現實。只有依靠禮制進行等差秩序的規範，社會才能夠實現和諧治理：「百姓之埶待之而後安」（《荀子・富國》）。而禮治的推行，則需要訴諸道德典範的人格魅力，尤其是一個世風日下的社會。在荀子看來，可以借助政治地位乃至權力來強化道德典範的輻射力量：「君子非得勢以臨之，則天下無由得開內焉。」（《荀子・榮辱》）當然，取得權力的前提條件是價值合理性。所以他區分了「明主」和「闇主」：前者以得賢爲急，後者則以得勢爲重。按照禮治的理想設計，道德修養的高低應當與社會政治地位是匹配的。「德」是主觀之修爲，而「勢」則是與之相諧調的自然結果。荀子所言的「勢」不僅蘊涵著倫理道德走向與政治權力結合的可能性，而且意味著道德賦予權力使用以合理性。他認爲君子有「勢辱」，但無「義辱」，其本質也無非是強調倫理道德對於政治權力具有優先性。

荀子將「法、術、勢」完全納入「禮」之下，或者突出禮的規範性特徵，或者強調禮的工具效用，或者作為推行禮治的依賴手段。如此，理解荀子的「法、術、勢」必須借助於對「禮」的理解，這顯然也造成了「法、術、勢」之間的有機聯繫無法得到很好地呈現。這一工作，是由他的弟子韓非完成的。

4.4.3 韓非：「法、術、勢」的綜合與創新

韓非是韓國貴冑，在其先祖韓昭侯時，晉法家代表人物申不害就在韓國執政。特定的階級立場以及當時激烈的權力鬥爭，使韓非更傾向認同法家思想。韓非的價值立場雖然與其師荀子相扞格，但司馬遷說李斯：「乃從荀卿學帝王之術」（《史記‧李斯列傳》）。韓非所學內容可能同此，如此則不影響他對荀子思想的繼承與發展。只不過，韓非秉承了晉法家的路線，將荀子的「法、術、勢」重新扭轉到法家的發展軌道，並加以了綜合與創新：

首先，將「法」作為「術」與「勢」的載體和基礎。韓非所言的「法」具有四個特徵：1、規範性和公開性：由國家制定，並予以頒佈執行的法律規章制度：「法者，編著之圖籍，設之於官府，而布之於百姓者也。」（《韓非子‧難三》）2、公正性和權威性：在法的貫徹過程中，身份、等級、才能、地位排除在外，一視同仁：「法不阿貴，繩不撓曲。法之所加，智者弗能辭，勇者弗敢爭。刑過不避大臣，賞善不遺匹夫。」（《韓非子‧有度》）3、穩定性和統一性：在立法上儘管需要因時制宜，大抵要保證法的相對穩定性，不能朝令夕改：「法莫如一而固。」（《韓非子‧五蠹》）

就「法」與「術」、「勢」的關係看，不論是「術」，還是「勢」，都緊緊依託於「法」。無「法」不足以處「勢」，無「法」亦不足以操「術」。一方面，「法」本身就具有權威性，君主的地位與權力是通過法來得到保障的。一旦君主的權力失去合法性，那麼必然就導致政治失勢。而且，君主可以通過法律的權威來震懾君臣群下。另一方面，「法」是公開的，是明的，「術」是隱秘的，是暗的，後者是前者的配合與補充。

再次，發揮黃老道家的「無為術」，將之與「任法」、「任勢」相銜接。在韓非那：「術者，藏之於胸中，以偶眾端，而潛御群臣者也。」（《韓非子‧難三》）「術」一則，專為居於統治地位的君主所壟斷；二則，它幾乎成為一種「無所不用其極」的權術，是一種純粹的工具理性的體現。三則，它針對的對象是臣子，是「潛御群臣」之術，是權力鬥爭的工具。四則，它與法的公

開性不同,是人主暗用之機智。

韓非之學「歸本於黃老」,而黃老學派恰恰從政治上發揮了《老子》的「君主南面之術」。韓非則更進一步,對之加以了發揮:一方面,他把「術」與「法」、「勢」相結合,並以「法」、「勢」來解釋「術」。他主張「任法」、「任勢」,正好與「任術」相呼應,本質上就是君主「無為術」。同時,「術」是「帝王之具」,不可或缺。另一方面,他賦予了「術」以更加豐富的內容,以「無為」為至高,以賞罰為「二柄」,以「任人禁奸」為圭臬,其具體應用則變幻多端。譬如「倒言反是」、「舉錯以觀奸動」、「握明以問所暗」,等等。

最後,以「法」、「術」作為加強和鞏固君主之「勢」的手段:《韓非子‧難勢》:「夫勢者,名一而變無數者也。勢必於自然,則無為言於勢矣;吾所為言勢者,言人之所設也。」韓非將「勢」區分為兩種:一是「自然之勢」,強調客觀之形成;一是「人設之勢」,強調主觀之造成。韓非這樣的區分是基於對儒家「尚賢」一說的批評。他認為,堯舜式的賢人君主的出現概率並不高,即使出現,也無法撼動桀紂式暴君統治的根本,結果往往是:「勢治者則不可亂也,而勢亂者則不可治也。」(《韓非子‧難勢》)與其等待賢人政治的出現,不如謀求得勢,走向強權政治。

借用馬克斯‧韋伯的理論,他認為權力是一個人將自己的意志強加於另一個人行為之上的能力,是一種強制力。而權威的力量則是來自人們發自內心的自願服從。權威不能替代權力,卻是權力的延伸,正如他所說:「純粹的權力威望作為『權力的榮譽』,實際上意味著統治其它實體的權力的榮譽,即『權力擴張』。」〔註45〕在傳統社會中,君主權力的獲得通常是世襲的,這種以先天血緣為紐帶的權力繼承,可以理解為韓非所說的「自然之勢」。但是,殘酷的政治鬥爭,往往出現君主大權旁落的現象。所以,在韓非看來,僅僅有權力是不夠的,必須實現向權威的轉換。而君主強化個人之權威,顯然也就是追求所謂的「人設之勢」。就治理精神而言,從權力壓制到權威懾服,其實質也是走向「任勢」,與韓非推崇的君主「無為術」不謀而合。

在《韓非子》中,「勢」是人主之「淵」、「馬」、「筋力」、「爪牙」、「勝眾人之資」。對於君主而言,它是確證其存在,並凸顯其存在的最有效載體。韓非認為人的本性是趨利避害的,即使是君臣父子之間,無非是赤裸裸的利益

〔註45〕〔德〕馬克斯‧韋伯,林榮遠譯,《經濟與社會》(下卷),商務印書館,1997
　　　　年版,第 225 頁。

關係。不過，君主需要借助大臣進行自上而下式的治理，故而不得不賦予大臣以權力。但是，大臣一旦擁有權力，則往往又容易對君主構成潛在的威脅。因爲，如丹尼斯·朗的觀點：「權力帶來的聲望越大，越難將享有權力與享有權力帶來的聲望相分離；而且權力是一種非對稱關係，其中權力對象服從於掌權者，而掌權者要求諂媚奉承和卑躬屈膝。當權勢人物確信獲得高位時，熱衷於謀求權力看來實際上也就是熱衷於謀求地位。」〔註46〕因此，君臣關係，尤其是其間的權力關係構成了韓非政治理論探討的重點。爲了確保政治權力，君主就必須增強政治權威，而「法」的全面推行，「術」的變幻使用，成了一種必然的趨勢。

根據「法、術、勢」的演變脈絡，我們可以初步得出以下結論：法家的起源，很可能是多元交互的。但是，對其影響最大的主要是道家、儒家、兵家。然而，我們也不排除名家、墨家，陰陽家等學派的影響。同時，法家人物大多有「本於黃老而主刑名」的學術特徵，據此可以推定，黃老學派，是法家成型的關鍵性環節。受到齊法家影響的荀子則對「法、術、勢」進行了道德化的改造，將之完全消化於儒家的話語系統之中。不論是前期法家，還是荀子，儘管他們對「法、術、勢」已經有所論述，但是三者之間還缺乏有機聯繫，並缺乏理論系統性。韓非在綜合前人基礎之上，創造性地將「法、術、勢」一體化，完成了「法、術、勢」的融合與貫通，最終鑄就了獨具特色的韓非法家思想。

〔註46〕〔美〕丹尼斯·朗：《權力論》，陸震綸、鄭明哲譯，北京：中國社會科學出版社，2001 年版。

第 5 章 「禮義之道」：荀子政治哲學的具體拓展

　　在前一章中，我們探討了荀子吸納了法家政治哲學的諸多觀念與方法，並加以了儒家道德化的改造。如此，使得具有價值理性特徵的「禮義」，獲得了工具理性層面的應用。「禮義」外化爲「法」（法則、規範），將禮法一體化即是這種趨勢的體現。然而，除了在「政道」〔註1〕層面的這種變化外，「治道」層面則體現得更爲明顯。「禮義之統」在此也就可以理解爲依據「禮義」而進行的「統治」，亦即是可以付諸實施的「禮義之道」，或者荀子所說的「禮術」。對工具理性的強調和重視，這在荀子之前的儒家政治哲學的發展譜系中從未有過的，因而不可避免地遭遇後世儒家正統的責難。然而，荀子在將「禮義之道」上升到工具理性層面的使用時，始終強調和凸顯價值理性的優先性，使得他又緊緊地黏附在儒家的價值立場之上，而呈現了區別於法家政治哲學的一面。

〔註1〕 牟宗三在《政道與治道》一書中說：「政道是相應政權而言，治道是相應治權而言。中國在以前於治道，已進至最高的自覺境界，而政道則始終無進展。因此，遂有人說，中國在以往只有治道，而無政道，亦如只有吏治，而無政治。」（牟宗三：《政道與治道》桂林：廣西師範大學出版社，2006年版，第1頁。）從牟先生該著爾後的論述來看，他是同意這種觀點的。竊以爲，中國之前政道無進展，恰恰說明中國有政道，而非無政道。實際上，他強調的是中國傳統政治中，並不缺乏治理國家的政治智慧，缺少的只是在政權形式上的拓展。只是局限於單一的君主制，而無西方所謂「貴族制」、「民主制」，及其各式各樣的政治建制。「政道」與「治道」本是兩個相互依存的概念。不同的政治體制的建構，對於不同的治理手段還是具有相當大影響的。牟先生此說，無非強調中國缺乏政權形式的開展，恰當的理解似可爲「多治道，乏政道」。

在此，之所以選取為君之道、為臣之道、王霸之道、為兵之道與論辯之道，作為「禮義之道」的微觀體現，主要是基於：（1）君與臣作為傳統社會的政治主體，可以呈現傳統政治結構中的基本權力關係（2）王霸之道，則是作為治理國家的基本方略；（3）軍事是政治的延續，通過為兵之道，可以從側面透顯儒家的政治價值觀；（4）論辯之道實質是儒家「正名」說的擴張，重在意識形態領域的清理與整頓。下面，對這五個問題予以具體的闡述。

5.1　為君之道

與孟子「貴民」所凸顯的民本色彩有所不同，荀子走向了頗受爭議的「尊君」之說。儘管絕大多數學者肯定前者，貶抑後者。然而，荀子「尊君」之說，並沒有偏離儒家民本思想的範疇。他繼承和發展了孟子的「貴民」思想，提出「君舟民水說」：「丘聞之：君者，舟也；庶人者，水也。水則載舟，水則覆舟。君以此思危，則危將焉而不至矣。」（《荀子・哀公》）「立君為民說」：「天之生民也，非為君也；天之立君，以為民也。故古者列地建國，非以貴諸侯而已；列官職，差爵祿，非以尊大夫而已。」（《荀子・大略》）「禮生為民說」：「故禮之生，為賢人以下至庶民也，非為成聖也。」（《荀子・大略》）只不過，荀子不似孟子那般，對君主的超然態度更能彰顯知識分子的獨立人格。然而，荀子所尊的「君」，是具有非凡道德人格的君子，而非現實的君主。這是需要加以辨別的。那麼，荀子何以提出「尊君」之說呢？這需要從荀子政治體系的建構本身及其所處的時代背景進行思考。就後者而言，荀子力主「尊君」，恰恰緣於現實的「不尊君」所造成：「當彼之時，陪國執國政者，滔滔者皆是。賢如四公子，有好客養士之名，而玩弄其君於股掌之上，則亦如出一轍。」[註2] 當然，荀子也非出於對現實「君主」命運的同情，更非熱衷於建立霍布斯所謂的「利維坦」式的威權國家，而是基於君主在社會結構中的特殊地位，荀子希望以此為載體來實現儒家的道德理想。另一方面，從理論本身而言，「禮義之道」亦是「統類之道」，是「一」（君主）統攝「多」（萬民）的「大道」。「為君之道」本質上要求將客觀化的「道」坐實於絕對化的人格，以增強「禮義之道」的實踐效力。

〔註 2〕陳登元：《荀子哲學》，上海：商務印書館，1928 年版，第 68 頁。

5.1.1 「君者，善群也」

　　王引之在《爾雅述聞》中認爲，在古代「君」與「群」不僅發音相同，而且還具有文字上的同源性。這樣的發現，至少對於我們從另外一個角度理解「君」和「群」的關係，提供了參照。在荀子那裏，人不僅是一個無法超拔於社會的動物。人的價值與本質的實現始終是需要通過與他人發生社會關係才能得以實現：

> 故人生不能無群，群而無分則爭，爭則亂，亂則離，離則弱，弱則
> 不能勝物，故宮室不可得而居也，不可少頃舍禮義之謂也。（《荀子·
> 王制》）

在這個群體當中，君不只是作爲一個獨立的「單子」，而是出於群體的中心和樞紐，是統率群倫的「領袖」。荀子所說的「君」大抵相當於馬克斯·韋伯所說的「卡里斯馬權威（Charismatic authority）」[註3]——具有非凡的道德品質與個人魅力，是凝聚民心的樞紐：

> 君者，善群也。群道當則萬物皆得其宜，六畜皆得其長，群生皆得
> 其命。故養長時則六畜育，殺生時則草木殖，政令時則百姓一，賢
> 良服。（《荀子·王制》）

在儒家包括荀子的詮釋立場中，君主的存在並不意味著君主本身是目的，如黑格爾理解中國傳統政治中，只有君主一人是自由的。以儒家的立場而言，君主實質是一種理想的道德範型，是擴散道德力量的重要中介，故荀子有「立君爲民說」。尤其對於荀子而言，一方面因他身處戰國末期，一個社會極其無序，道德淪喪的時代；另一方面又因他對人性是持悲觀的論調。所以，他試圖通過將道德權威轉化爲政治權威，以政治權威來增強道德權威的力量：「人之生固小人，又以遇亂世、得亂俗，是以小重小也，以亂得亂也。君子非得勢以臨之，則無由得開內焉。」（《荀子·榮辱》）

　　荀子理解的「君」是「聖君」，是一種理想的道德典範。「君」對於政治秩序的維繫具有無限的責任，如楊大膺的說法：「君的責任是在執禮義以教化人民的，如果君能執禮義以教化人民，那麼人民的行爲必善，而君可算盡了

[註3] 韋伯說：「『卡里斯馬權威』則應被理解爲對人的一種統治（不管是偏重外部還是偏重內部的），被統治者憑著對這位特定的個人的這種品質的信任而服從這種統治。」（〔德〕馬克斯·韋伯：《儒教與道教》，王容芬譯，北京：商務印書館，1995 年版，第 35 頁。）依據「卡里斯馬權威」進行的治理模式，韋伯又將之稱爲「魅力型的統治」。

他的職責。如果不能執禮義以教化人民，那麼人民的行為必惡，這樣為君的算是沒有盡了他的職責。在這種言辭裏，我們知道荀子不是崇拜君主的地位，而是加重君主的責任的。」〔註4〕在荀子的論域中，「君」是「群」的「神經中樞」，所以必須保證群體內的成員能夠獲得「安身立命之所」：

> 道者，何也？曰：君道也。君者，何也？曰：能羣也。能羣者，何也？曰：善生養人者也，善班治人者也，善顯設人者也，善藩飾人者也。善生養人者人親之，善班治人者人安之，善顯設人者人樂之，善藩飾人者人榮之。四統者俱而天下歸之，夫是之謂能羣。(《荀子·君道》)

荀子將「群道」細化為「四統說」，即：(1) 生養之；(2) 班治之；(3) 顯設之；(4) 藩飾之。美國著名心理學家馬斯洛認為人有五個層次的需要，由低到高分別是：一是生理需要；二是安全需要；三是歸屬和愛的需要；四是尊重的需要；五是自我實現的需要。在此，我們可以結合馬斯洛的需要層次理論對「四統說」進行一番解析：

(1) 省工賈、眾農夫、禁盜賊、除姦邪，是所以生養之也

「生養」涉及的是社會民生的問題。「省工賈，眾農夫」本質上是傳統的「重農抑商」政策的典型反映。在現代人看來是絕對的錯誤。但是，在傳統的農業社會，它確實符合小農經濟的基本要求。因為，古代社會地廣人稀，人們只要勤力耕作，大抵可以保證基本的生活資料。而商人階層並不直接從事社會生產，並不創造任何社會財富，只是進行商品流通而已。故而，常常被認為是「寄生階層」。所以，荀子所說的「省工賈，眾農夫」，是為了減少非勞動人口，而增加勞動人口。進而，促進社會物質財富和生產資料的增加，滿足人們最基本、最原始的生理需要，如衣、食、住、行之類。至於「禁盜賊、除姦邪」，旨在排除社會的不安定因素，消解邪惡勢力對群體成員生命安全的威脅，滿足生活於群體之中的人們的安全需要。

(2) 天子三公，諸侯一相，大夫擅官，士保職，莫不法度而公，是所以班治也

「班治」涉及的是國家的設官定職的事情。依據荀子的描述，在這樣的社會結構之中，天子、諸侯、三公、宰相、以至大夫、士等各司其職，各有

〔註4〕楊大膺：《荀子學說研究》，上海：中華書局，1936年版，第123頁。

職守，各安其位，並由「君主」充當整合不同社會階層的「精神領袖」。君主是「禮義之道」落實於具體的社會結構的轉化力量。依照等級名分，進行社會、政治資源的合理分配，力求保證公平、公正。很顯然，對於一個社會而言，越是能夠做到公平、公正，人們便越能夠從中找到歸屬感和愛的需要。

（3）論德而定次，量能而授官，皆使人載其事而各得其宜。上賢使之為三公，次賢使之為諸侯，下賢使之為士大夫。是所以顯設之也

「顯設」涉及的是國家的設官定職所依據的標準是什麼。毋庸諱言，尚賢使能，即是確立和選拔人才的根本依據。它意味著官職是向所有人開放的，不是依據人們不可改變的血緣、出身；而是依據通過後天努力可以實現的「德」與「能」，從而為滿足人們的自我實現的需要創造條件。滿足自我實現需要的人，意味著完成與自己能力相稱的工作和崗位，最充分地展現自己的潛在能力，挖掘自身的創造性，力求成為更加完美的人物。「顯設」之統，實際上為提供和擴大人們自我實現的可能和機會向前邁開了重要一步。

（4）修冠弁衣裳，黼黻文章、雕琢刻鏤，皆有差等，是所以藩飾也

「藩飾」涉及的是對政治系統中不同級別的成員給予與之相匹配的物質獎勵乃至精神褒揚，或者說依靠象徵性的器物，來建構能體現等級差別的榮譽體系，以此可以促進人們的上進心。對於社會成員而言，可以滿足人們獲得尊重的需要。荀子也說，人的天性中就存在「欲榮而惡辱」（《荀子‧君道》）的傾向，渴望獲得他人的尊重，受人欣賞，受人注意。如果滿足這種需求，往往可以帶來自信、能力體驗、適應性增強等多方面的感覺，反之，則出現自卑感、虛弱感和挫折感。顯然，通過社會榮譽的建構，在滿足人們尊重的需要的同時，亦可以獲得積極向上的生命推動力。

由此不難發現，以「四統說」為核心的「群道」體現的是深刻的價值關切。它從不同的維度凸顯了「禮義之道」通過君主落實於政治管理所體現的人性關照和心靈勸勉。故而，蕭公權先生說：「儒家諸子中，孟氏最能發貴民之旨。荀子雖有尊君之說，而細按其實，尊君僅為養民之手段而非政治之目的。孟貴民而輕君，荀尊君以貴民，以今語釋之，儒家之政治思想皆合『民享』、『民有』之義。孟荀相較，程度有差而本質無別。」〔註5〕

〔註5〕蕭公權：《中國政治思想史》（一），瀋陽：遼寧教育出版社，1998年版，第179頁。

5.1.2 「主道利明不利幽，利宣不利周」

《正論》篇有言：

> 世俗之為說者曰：「主道利周。」是不然，主者，民之唱也；上者，下之儀也。彼將聽唱而應，視儀而動。唱默則民無應也，儀隱則下無動也；不應不動，則上下無以相有也。若是，則與無上同也，不祥莫大焉。故上者，下之本也。上宣明則下治辨矣；上端誠則下願愨矣；上公正則下易直矣。治辨則易一，願愨則易使，易直則易知。易一則彊，易使則功，易知則明，是治之所由生也。上周密則下疑玄矣；上幽險則下漸詐矣；上偏曲則下比周矣。疑玄則難一，漸詐則難使，比周則難知。難一則不強，難使則不功，難知則不明，是亂之所由作也。故主道利明不利幽，利宣不利周。故主道明則下安，主道幽則下危。故下安則貴上，下危則賤上。故上易知則下親上矣，上難知則下畏上矣。下親上則上安，下畏上則上危。故主道莫惡乎難知，莫危乎使下畏己。

這裏的「主道利周」之說，確實是牟宗三先生所言的「法家之說」：「儒家重君德，法家重君術，重君術，故主「主道利周」，周，密也、隱也、偏曲也，與宣明、端誠、公正相反，荀子所斥之世俗之說即法家之說也。」〔註6〕「法家之說」作為「世俗之說」的存在，也反映了其在戰國末期的社會影響力。這種影響力，至少在荀子看來構成了對儒家思想的一個直接衝擊，所以他是必須加以辨明的。

在權力行使方式問題上，美國政治學家戴維・伊斯頓曾對「操縱」與「說服」進行了區分：當 B 不知道 A 影響他的意圖，而 A 實際上使 B 追隨他的意思，我們可以說，這就是操縱的情形。那麼，如果 A 向 B 提出論據、呼籲或者勸告，B 根據自己的價值觀和目標估量其內容之後，接受了 A 的意見，那麼我們可以說，這是說服，即，A 成功地說服了 B。相對而言，儒家偏重的是「說服」，通過道德的感召力量，進而影響道德受眾塑造和形成自己的價值觀。法家則偏重於「操縱」，法家所重視和強調的「術」，實質就是一門君主操縱臣下的實用技術。

《申子・大體》篇云：「故善為主者，倚於愚，立於不盈，設於不敢，藏

〔註6〕 牟宗三：《名家與荀子》，見牟宗三全集編委會：《牟宗三先生全集》（第二冊），臺北：聯經出版事業股份有限公司，2003 年版，第 213 頁。

於無事，竄端匿疏，示天下無爲，是以近者親之，遠者懷之。」《韓非子》中亦有大量的篇幅談及申不害的「術」，儘管韓非批評申不害治國只知「術」，不知「法」，不過他還是對「術」持肯定態度的：

> 申子曰：「上明見，人備之；其不明見，人惑之。其知見，人惑之；
> 不知見，人匿之。其欲無見，人司之；其有欲見，人餌之。故曰：
> 吾無從知之，惟無爲可以規之。」（《韓非子‧外儲說右上》）

「術」在法家那裏，本質上就是一種帶有強烈的工具理性的陰謀權術。君主通過對臣下隱瞞其自身的眞實意圖，從而達到駕馭和操縱臣下的目的。按照申子的描述，「術」的使用也確實符合某種政治心理學的規律特徵。因爲，在信息不透明的情況之下，人很容易缺乏安全感，而產生一種恐懼心理。在法家看來，要保證君子對絕對權力的壟斷，就必須營造一種臣下對君主權威的恐懼感。

　　荀子則基於道德主義的立場，對此觀點提出了不同的見解。他認爲君主代表著國家的形象，君主的言行舉止，往往會產生上行下效的功能。所以，一個君主需要通過道德修養，提高和改善自身的形象，進而能夠擴展道德輻射的力量。只有整個群體的道德素質得到提高，方可以形成一個和諧有序的社會。Schofer 觀察到：「在討論君主的時候，荀子大量使用了術語『德』。荀子對『德』的特別關注。或者說，沒有了德，就沒有了眞正意義上的統治者。荀子把好政府的行爲稱之爲『天之德』。有德之君是有仁有義的，並且他們尊敬和支持有德之士進入統治集團。」〔註7〕

　　相較而言，儒家的理想君主必然具有「光風霽月」式的開放性人格。而法家那裏的「君主」顯然只會形成一種陰暗、狹隘的自閉型人格。儘管他可以通過變幻莫測的手段來操縱和駕馭群臣，並且讓其對君主產生威懾感。但是，這一併造就了君臣之間出現一種極不信任的局面，最終使得君臣之間產生一種利益博弈的關係。誠然，君主可以各種手段來操縱臣下，但是，臣下也會自覺地摸索政治的生存技巧。君主可以欺詐臣下，臣下也會學會欺詐君主。在一個缺乏安全感的社會，只會人心渙散，導致事實上的統治無力。

　　在荀子看來，儘管法家以繼承「黃老之術」自居，但是，法家並不懂得眞正的「帝王之術」。在法家的那種治理範式之中，君主的執政成本不僅相當

〔註7〕Schofer，Jonathan. Virtues in Xunzi' Thought. Critique of Mencius.The Journal of Religious Ethics，1993（21），pp.117～136.

高昂，吃力不討好，而且君主將其他所有的人都當成工具，這會造成一個社會的普遍不幸。荀子對於「主道」的論述，倒更多地與「無爲」思想有比較切近的一面。一方面，君主不需要具有超凡的行政能力，需要的是非凡的魅力人格。法家是通過政治權力的壟斷來建立權威，儒家則是通過道德威望的提升來樹立權威：「領導者的權力來自於他們的聲望，而他們的權威則基本上是符合道德的。行『禮』之德可以通過把權力的施展表現爲道德的威信來使得權力變得人性化。然而，儒家的觀點還要更進一步：『禮』就是人類行使權威的方法。」〔註8〕通過道德權威的建立，自然而然就形成一種道德力量的擴散機制。另一方面，君主不需要處理具體的行政事務，君主的職責在於選拔優秀的人才，進入管理的決策層，通過他們進行一種委任式的間接統治。如此，常常可以做到事半功倍、以逸待勞的良好效果。

5.1.3 「主道知人」

荀子注意到，儘管君主是作爲絕對權力的符號，但是其本身作爲具體的人，並沒有足夠的精力事必躬親。尤其是在權力欲望支配之下的君主，只會疲於奔命。這類型的君主，實際上是極不明智的「闇主」。相反，一個開明的君主則會通過賞賢使能，來分解其自身的職責：「明主急得其人，而闇主急得其埶。急得其人，則身佚而國治，功大而名美，上可以王，下可以霸；不急得其人，而急得其勢，則身勞而國亂，功廢而名辱，社稷必危。」（《荀子·君道》）

荀子在《大略》篇極其明確地劃分了君主與大臣所具備的不同職能：「君道知人，臣道知事」，適如蕭公權所言：「蓋法家寓君權於械數之內，荀子則欲君主之人格透露於法制之外。前者專重治法，後者則求治人以行治法。此人法兼取之說，實亦直承孔子遺教，而非荀子所新創。」〔註9〕不過，在荀子的這種政治設計的背後，卻透露了他試圖強化儒家知識分子在政治生活中的實際作用，而弱化君主對政治生活的現實干預力量。如此，君主實際上更多所保留和呈現的是權力象徵的作用。然而，荀子不僅從理論上論證這種政治

〔註8〕 〔美〕伍德拉夫：《尊崇：一種被遺忘的美德》，林斌、馬紅旗譯，北京：商務印書館，2007 年版，第 143 頁。

〔註9〕 蕭公權：《中國政治思想史》（一），瀋陽：遼寧教育出版社，1998 年版，第109 頁。

模式的優越性，而且，還以歷史事實給予論證。譬如齊桓公之於管仲。雖然齊桓公個人人品不佳，但是由於他能夠大膽任用管仲，所以最終能夠成就霸業。這實際上也體現了一個君主與普通人的差異性：「人主者，以官人爲能者也；匹夫者，以自能爲能者也。人主得使人而爲之，匹夫則無所移之。」(《荀子‧王霸》)

當然，君主的「知人」並不意味著所有的官僚系統的成員由君主負責委派，而是指與君主有最直接聯繫的中央官僚系統的成員。荀子主要列舉了三種類型的大臣：(1) 爲君主提供各方面政治信息來源的親信（便嬖左右）；(2) 輔助君處理政治日常事務的重臣（卿相）；(3) 派遣到各諸侯國的外交使節（使於四鄰諸侯者）。在荀子看來，君主身邊沒有可靠的親信，叫做「暗」；沒有可靠的「卿相」，叫做「獨」；沒有可靠的外交使節，叫做「孤」，這三者如果全部缺乏，那麼君主的勢位將處於一種非常危險的境地；如若君主能夠合理地任用這三個部門的人員，那麼自然就可以達到以逸待勞、事半功倍的政治效果。從整個官僚系統來看，只有保證臣子積極「有爲」（各安其位，各司其職，各盡其能），才能夠保證君主的「無爲」的實現。所以，《王制》篇不厭其煩地列舉了從中央到地方的各級官員（如宰爵、司徒、司馬、大師、司空、治田、虞師、鄉師等等）的具體職能權限。

在這三者之中，實際上，選拔「賢相」是最爲重要的：「彼持國者必不可以獨也；然則強固榮辱在於取相矣。身能相能，如是者王；身不能，知恐懼而求能者，如是者強；身不能，不知恐懼而求能者，安唯便僻左右親比己者之用，如是者危削，綦之而亡。」(《荀子‧王霸》) 對此，余英時先生認爲：「照傳統的說法，理想的政治格局是所謂『聖君賢相』。聖君垂拱而治，賢相則負責處理一切的實際事務。這樣，皇帝雖然世襲卻不妨害政府領袖——宰相——可以永遠在全國範圍內選拔出最賢能的人來擔任。這對於廣大士民來說，誠不失爲一個良好而合理的辦法。」〔註 10〕不過，由於相權是君主權力的孳生，所以兩者之間是不對等的。在君尊臣卑的情況下，如果保證相權的獨立性，這確實是貫穿中國傳統政治的一個難題。更何況，君主賢能與否乃至是否能夠做到識人、用人，這在傳統的政治框架之下是無法得到保障的。然而，按照荀子的理解，君主是必須具備知人善任的本領與技術：

〔註10〕余英時：《中國思想傳統的現代詮釋》，南京：江蘇人民出版社，2004 年版，第 79 頁。

魯哀公問於孔子曰：「請問取人。」孔子對曰：「無取健，無取詌，無取口啍。健，貪也；詌，亂也；口啍，誕也。故弓調而後求勁焉，馬服而後求良焉，士信慤而後求知能焉。士不信慤而有多知能，譬之其豺狼也，不可以身尒也。語曰：『桓公用其賊，文公用其盜。』故明主任計不信怒，闇主信怒不任計。計勝怒則彊，怒勝計則亡。」（《荀子・哀公》）

其取人有道，其用人有法。取人之道，參之以禮；用人之法，禁之以等。行義動靜，度之以禮；知慮取捨，稽之以成；日月積久，校之以功。故卑不得以臨尊，輕不得以臨重，愚不得以謀知，是以萬舉不過也。故校之以禮，而觀其能安敬也；與之舉錯遷移，而觀其能應變也；與之安燕，而觀其能無流慆也；接之以聲色、權利、忿怒、患險，而觀其能無離守也。彼誠有之者與誠無之者，若白黑然，可詘邪哉！故伯樂不可欺以馬，而君子不可欺以人。此明王之道也。（《荀子・君道》）

荀子不僅強調君主要以道德作爲選拔人才的前提條件，而且，還強調打破等級身份的限制，機會向所有人開放：

賢能不待次而舉，罷不能不待須而廢，元惡不待教而誅，中庸民不待政而化。分未定也，則有昭繆。雖王公士大夫之子孫也，不能屬於禮義，則歸之庶人。雖庶之子孫也，積文學，正身行，能屬於禮義，則歸之卿相士大夫。（《荀子・王制》）

不過，荀子所說的人才，並非某種專業性的技術人才，《論語》的「君子不器」已經表述的很明確。荀子則進一步加以了具體的闡釋：

君子之所謂賢者，非能徧能人之所能之謂也；君子之所謂知者，非能徧知人之所知之謂也；君子之所謂辯者，非能徧辯人之所辯之謂也；君子之所謂察者，非能徧察人之所察之謂也；有所止矣。相高下，視墝肥，序五種，君子不如農人；通貨財，相美惡，辯貴賤，君子不如賈人；設規矩，陳繩墨，便備用，君子不如工人；不恤是非然不然之情，以相薦撙，以相恥怍，君子不若惠施、鄧析。若夫譎德而定次，量能而授官，使賢不肖皆得其位，能不能皆得其官，萬物得其宜，事變得其應，愼、墨不得進其談，惠施、鄧析不敢竄其察，言必當理，事必當務，是然後君子之所長也。（《荀子・儒效》）

馬克斯·韋伯認為，中國的士大夫（君子）具有反專業化的性質。儘管他在《學術與政治》一書中，肯定它是職業政治家的主要類型之一，與文藝復興時期的人文主義學者頗為類似。在他看來，由於古代的士君子並不具備專業化的管理技能，不能帶來行政的高效率。因為，中國人的行動基本上是屬於由於信念倫理驅使的價值合理性行動，夾雜著強烈的情感因素，理智化的水平相對而言比較低。相反，西方人的行動則是基於責任倫理的工具理性行動，更多地關注手段、工於計算，理性化的程度相對高。所以，西方政治中出現了具有高效率的行政體制，也就是科層制。不過，韋伯也注意到高度理性化的科層制容易帶來人格的工具化問題，這也是他應對科層制難以解脫的理論困境。其實，士大夫政治也有其自身的優點，如閻步克先生所說：「專業化了的角色各有其『一職之任』；而『君子』之效，則完全在於他有能力在各種專業化角色之間，建立起一種貫通統攝的維繫。」〔註 11〕君子作為特殊類型的政治家，至少可以避免法家依靠「法術」、現代科層制依靠技術，所造成的對人的工具化，乃至生命意義的消解。

　　總之，荀子「尊君」的目的是借政治權威強化道德權威，進而提升道德的社會輻射力。荀子所尊之「君」顯然是有道之君，是理想化的君主，不能與現實的君主混淆，否則將造成庸俗化的誤讀，認為荀子此舉是加強君主專制。荀子凸顯的是君主的高尚人格，而非法家那般將他人視為手段的心靈陰暗的君主。荀子強調「主道知人」的目的在於擴大知識分子（士君子）在現實政治中的實際影響力。不過，人才的選拔固然需要掌權者的慧眼，但是更需要有透明、健全的選拔機制。中國的歷史，已經充分說明這一點。荀子的見解，不可避免地帶有了儒家烏托邦的色彩。無論如何，荀子「尊君」與法家推崇君主專制與獨裁是有霄壤之別的。金耀基先生的觀點，可視為荀子思想之極好注腳，：「荀子之中心思想，則依舊守儒家政治哲學的一貫之義——民本思想，其『天之生民，非為君也；天之立君，以為民也』一語，上通孟子『民貴君輕』之義，下接梨州『君客民主』之論，僅此一語，荀子已可堂堂在儒門中占一席崇高之地位。」〔註 12〕

〔註11〕閻步克：《士大夫政治演生史稿》，北京：北京大學出版社，1996 年版，第 110 頁。
〔註12〕金耀基：《中國民本思想》，北京：法律出版社，2008 年版，第 97 頁。

5.2　爲臣之道

　　在傳統社會，「臣」是與「君」相對應的社會政治角色。大言之，一個社會中除了「君」就是「臣」，故黑格爾說在東方只有君主一個人是自由的。小言之，「臣」是輔助君主進行社會控制的政治系統的成員。在儒家的話語譜系中，君臣關係不僅作爲一種權力聯結關係，而且作爲家國同構之下的一種社會倫理關係。所以，不論是孔、孟，還是荀子，他們對「臣道」的論述都深深植根於社會倫理價值的體認之上。

　　儘管荀子順延了孔孟儒家的價值立場，但由於其思想來源的多元性和複雜性，他提出了後世所詬病的「尊君」之說，在其理論體系之中，造成最直接衝擊的就是「臣道」。由此，荀子「臣道」觀可以爲人們恰當地理解「尊君」之說提供另外一個角度。正若陳登元所言：「君臣之關係，在今日已成地學上之化石，歷史上之一頁，何必娓娓談之？然世皆病荀卿教李斯以專制，誨臣下以一味恭順。有關於荀子二千年之聲價，烏可以不辨？」〔註13〕茲以荀子的《臣道》篇爲中心，嘗試性地從政治職能、角色美德、價值取向三個維度探討荀子的臣道思想，以裨益於上述問題的理解。

5.2.1　政治職能：「臣道知事」

　　《史記・李斯列傳》記載：「（李斯）乃從荀卿學帝王之術。」在荀子之前的孔孟儒家話語中不僅罕言「術」，而且並無「帝王之術」的說法。「帝王之術」更多出現於黃老道家及其聯繫密切的法家。戰國齊稷下學者慎到、田駢、接子、環淵等人「皆學黃老道德之術，因發明序其指意。」（《史記孟子荀卿列傳》）。荀子曾三次出任稷下學宮的「祭酒」，對這些學者的思想還是熟悉的。對比黃老道家與荀子對於「臣道」思想的理解，也可以反映這一情況。

　　黃老道家將老子的「無爲」在政治領域加以充分發揮，提出「無爲而治」。它不僅要求統治者在政治上注重休生養息，還包括很重要的一點就是主張君主「無爲」，臣下「有爲」。慎到說：「君臣之道，臣有事而君無事也，君逸樂而臣任勞，臣盡智力，以善其事，而君無與焉，仰成而已。事無不治，治之正道然也。」（《慎子・民雜》）同受黃老思想影響的申不害說：「君，知其道也，官人，知其事也。十言十當，百爲百當者，人臣之事，非人君之道也。」

而在《荀子・大略》篇中，出現了幾乎與上述思想完全一致的言論：「主道知人，臣道知事。故舜之治天下，不以事詔而萬物成。農精於田而不可以爲田師，工賈亦然。」（《荀子・大略》）

顯然，荀子基本吸納了這一政治設計。在他那裏，「君道」的「無爲」，恰恰是通過臣道的「有爲」加以實現的。君主的「無爲」並不是「一無所爲」，而是「有所不爲」，即君主不必事事躬親，而是能夠做到明察秋毫，對下級官員的賢能與否作出恰當的判斷，並進行量材任用。對於「臣」而言，在擁有政治權力的同時獲得了更大的自主性，荀子此舉實質是爲知識分子爭取政治權力：「這個無爲思想乃是吾國古代學者所希望於聖君的。此無他，時代由周代之貴族政治轉變爲戰國之士人政治。士人階級既然把握政權，自須人主無爲於上，而後他們方能實現自己的理想。」〔註14〕

通常，人們以儒家的「有爲」對應道家的「無爲」，不過，儒家也有對「無爲政治」的另一番理解。它與道家的差異不是在政治架構上，而是在政治治理的依賴手段上。黃老道家偏重的是君主最有效地駕馭和控制與之有著直接聯繫的中央官僚系統，然後下放職權，通過中央官僚系統具體操縱下級以及地方官僚系統，從而實現一種自上而下的遞進式的治理。儒家則依賴於道德精英，進行社會控制。在儒家看來，依據德性的高低，從聖人，到士、君子再到庶民，以道德爲階梯逐級推進。可以自上而下地形成一種道德的輻射力量。倘使能夠通過道德教化，完全實現每個社會成員的人格完善，一切所謂的法律、制度安排都是多餘的。儒家這種對「無爲政治」的理解在孔子那裏得以最明確的表達：「無爲而治者，其舜也與？夫何爲哉，恭己正南面而已矣。」（《論語・衛靈公》）在吸納黃老道家「君主無爲、臣下有爲」的政治架構的同時，荀子完全秉承了儒家以「德治」爲核心的「無爲」政治思想。在對比當時盛行的法家思想的情況下，荀子更可能發現儒家「德治」的優勢。因爲，法家治理模式不僅無法保證健全人格的塑造，而且還會出現「刑繁而邪不勝」（《荀子・富國》）的局面。所以，荀子才會得出「有治人，無治法」（《荀子・君道》）的結論。進而，荀子高度推崇儒家知識分子的道德典範作用，並視其爲輔佐君王的最爲合理的政治力量：「儒者在本朝則美政，在下位則美俗。」（《荀子・儒效》）在對不同類型的大臣進行價值排序的時候，我們可以明確

〔註14〕薩孟武：《中國政治思想史》，臺北：三民書局，1979 年版，第 54 頁。

發現荀子所推崇的是德性昭著的「聖臣」，而非法家意義上的「功臣」，更非陷入一己私利的「態臣」與「篡臣」。

從政治職能上梳理荀子的臣道觀，不難發現：荀子一方面接受了黃老道家的「無爲政治」理念：君主在保持權力的象徵的同時，下放權力。而大臣則在需要明確自身的職能，在職權範圍內履行自己的責任（「臣道知事」的第一層含義）；另一方面，荀子將儒家「尚賢使能」的傳統融合於「無爲而治」的政治架構之中，從而也凸顯了對臣子道德的強烈籲求。這就衍生了「臣道知事」的第二層含義：大臣應當如何恰當地處理和君主的關係（「事君」），即作爲臣子的角色美德——「忠」的問題。

5.2.2　角色美德：「臣事君以忠」

適如有論者認爲：「從西周延至春秋時期，『忠』的觀念都是作爲一個較普泛的道德原則，它適用於處理幾乎所有的個人和群體之間的關係，而且形成關係的雙方都有約束要求的倫理原則。」〔註15〕「忠」最初並非作爲「臣」所獨有的角色道德，它完全適用於不同的社會角色，並且內涵比較豐富。《說文解字》將「忠」解釋爲「敬」，是一種發自內心的眞誠行爲。從孔子的論述也可以反映這一點。他不僅將「忠」與「恕」、「信」連言，而且，把「忠」視爲施行教育的中心內容（文、行、忠、信）之一。孔子開始有意識地凸顯「忠」作爲「臣」所應當具有的特定美德。不過，有鑒於「君不君，君不臣」的政治亂局，孔子將君臣之間架設了對稱性的義務關係：認爲君需要對臣盡「禮」，臣則需要對君盡「忠」。甚至，他認爲當君不能代表「道」的時候，臣完全可以採取「卷而懷之」的明哲保身態度。在孟子那，「忠」不僅使用外延比較廣泛，如：「教人以善謂之忠」（《孟子·滕文公上》），而且，他還從主體自覺意識（「自反」）的層面對「忠」加以理解。李澤厚認爲：「孟子把孔子所謂『忠恕之道』極大地擴展了，使它竟成了『治國平天下』的基礎。」〔註16〕孟子在高揚士人弘道精神的同時，更是在人格上充分肯定君與臣人格上的對等性，並提出了一些讓後世專制君主憚畏的言論，如「君之視臣如土芥，則臣之視君如寇讎」（《孟子·離婁上》）。孟子不僅沒有將「忠」作爲臣的專

〔註15〕鄭曉江：《論「忠」之精神探源》，《江西師範大學學報》（哲學社會科學版），1991 年版，第 4 期。

〔註16〕李澤厚：《中國古代思想史》，北京：人民出版社，1985 年版，第 44 頁。

有美德，更沒有將之規定爲臣對君所應當承擔的義務，而只是從「道」的高度督促兩者盡各自的角色義務：「欲爲君盡君道；欲爲臣盡臣道」（《孟子‧離婁上》）。

到了荀子，「忠」的內涵和外延出現了悄然的改變。從內涵上看，荀子將「忠」界定爲：「忠者，惇愼此者也。」（《荀子‧君子》）顯然，與孟子側重內在心靈的意向性不同，荀子則將「忠」理解爲一種透顯於外的行爲態度和道德準則。從外延上看，他將「忠」作爲探討「臣事君」的美德加以提倡，基本局限於君臣關係中，並成爲一種單向性的義務規定——「臣」對「君」所應當履行的道德責任。

不過，「忠」在荀子那裏並非如後人曲解的那樣，完全遵從和貫徹君主的意見和主張。相反，「忠」倒是更能夠反映於「臣」與「君」出現不同意見，臣如何影響和改變「君」的意見開始。當然，這種改變建立的基礎是在於是否對君主有利：「從命而利君謂之順，從命而不利君謂之諂；逆命而利君謂之忠，逆命而不利君謂之篡。」（《荀子‧臣道》）在此，出現了與「忠」相對應的是另外一個美德——「順」，它與「忠」的區別只是體現於是否與君主的意志相牴觸。荀子更多地將「忠」與「順」連言，視之爲一體兩用。並且，他認爲人臣的美德在於做到：「忠順而不懈」（《荀子‧君道》）。「順」在此並非指「順從」、「服從」的意思，而是通「訓」，含有「訓誨、引導」的意味。故而，臣子的「忠」不僅體現於履行職能範圍內的事務，而且包括對君主進行教化與引導，自覺地充當「帝王之師」的角色。甚至在荀子看來，後者比前者更爲重要：「敬而不順者，不忠者也；忠而不順者，無功者也；有功而不順者，無德者也。故無德之爲道也，傷疾、墮功、滅苦，故君子不爲也。」（《荀子‧臣道》）

荀子還對不同類型的「忠」進行了價值排序，分別是「大忠」、「次忠」、「下忠」，實際上還包括「國賊」（「不忠」）。如果臣子能夠用道德感化君主，使其成爲英明的君主，那麼可謂「大忠」；如果臣子能夠用道德來引導君主，並輔佐其治理好國家，那麼可謂「次忠」；如果臣子敢於用正確的道理規勸君主，並不怕違抗君主的意志，那麼可謂「下忠」，至於「國賊」則完全從自己的私欲出發，而不考慮君主乃至國家的利益。荀子所推崇的顯然是「聖君賢相」型的政治模式。「賢相」對君主的作用不僅是盡忠職守、替主分憂，更應當塑造和促進君主形成健全的道德人格。

在《臣道》篇，荀子談得最多的實際上還是「下忠」。原因很簡單，「上忠」對應的「聖君」終究是一種理想範型，現實中所出現的更多是資質和智慧一般的「中君」。如何對其進行引導和糾偏，就成了「為臣之道」的重要內容。海外漢學家安樂哲注意到：「從現實政治的角度來看，儒家思想的一個重要特徵是對『諫』（remonstrance）的強調。在共同面對現實政治問題時，臣子也即下級官員絕不能僅僅是帝王聖旨和上級官員的法令政策的傳聲筒，他們有義務隨時隨地提醒君王，為帝王獻計獻策。」〔註17〕按照如何引導君主朝著良好的方向發展，彌補和糾正其犯下的過失，荀子劃分了「諫」、「爭」、「輔」、「拂」四種類型的臣子：（1）諫：君主犯下過失，進行勸誡，能夠接受很好，不接受也不勉強；（2）爭：君主犯下過失，進行勸誡，以生命捍衛自己的主張；（3）輔：集合官僚系統的壓力，逼迫君主接受建議，最終能夠達到尊重君主，安定國家的目的；（4）拂：違抗君主的命令，借助君主的權勢，除危救難，安定國家。這四類大臣，無疑是君主和國家的重要依靠力量，被荀子譽為「正義之臣」。

但是，由於「君」和「臣」實際上是處於權力鏈條上不同的環節。當君權至上的時候，臣即使是出於自身的忠誠，對君主給予善意的「勸諫」，還是容易被理解為對君主權威的挑釁。所以，「爭臣」的勸諫甚至要以生命為代價。如果遭遇的不是心胸開闊、明白通達的「明君」，而是心胸狹隘，目光短淺的「暗君」，那麼，不論是「輔」、「拂」、「諫」、「爭」的任何一種情形，「臣」都會為此付出極其沉重的代價。故而，「臣」如何在「道」與「君」之間進行抉擇，就顯得極其緊張。

5.2.3　價值取向：「從道不從君」

在荀子的理論系統中，他對「君」的論述實際上包括兩個層面；一種是理念層面的「君」：「君」是「聖君」，是客觀的「禮義之道」的人格化身，相關的描述有：「善群者也」、「管分之樞要也」、「國之隆也」、「民之原也」等等；另一種是現實層面的「君」，主要是指智力和道德水平一般的「中君」，也包括極少數「暴君」。對於臣而言，前者因為「君」是「道」的化身，所以，「從君」和「從道」是統一的。但是回歸到現實層面，「中君」不可避免地會出現

〔註17〕〔美〕安樂哲：《和而不同：比較哲學與中西會通》，溫海明編，北京：北京大學出版社，2002年版，第198頁。

偏離「道」的情形。至於暴君，則根本上是逆「道」而行的。所以，「從君」與「從道」之間很容易出現斷裂。

　　荀子在君臣之間建立單向義務關係的目的，在於通過臣之「忠」來強化「君」之尊。他的這種構想無非是借助君主的政治權威來強化道德人格的輻射力量。這可以從荀子所欣羨的上古時代的描述中看出：「故古者以人之性惡，以爲偏險而不正，悖亂而不治，故爲之立君上之勢以臨之，明禮義以化之，起法正以治之，重刑罰以禁之，使天下皆出於治，合於善也。」（《荀子·性惡》）不過，荀子對理想君主與現實君主的論述很容易遭到混淆，給人造成荀子是「尊君抑臣」，鼓吹君主專制與獨裁的印象。事實上，荀子所尊的「君」是「聖君」，是類似於德國社會學家馬克斯·韋伯所說的魅力型（Charisma）領袖，而並非一般現實中的「中君」，更不可能是「暴君」。類似地，「臣」雖然處在「君」之下的次級權力系統，同樣需要以「位之尊」來增強道德教化的威懾力量，所以荀子說「君臣不得不尊」（《荀子·大略》）。

　　回到現實，當「君」與客觀化的「禮義之道」出現斷裂的時候，荀子並非主張無條件地效忠君主，而是恪守道義至上的原則，即「從道不從君」。這句話在《荀子》中出現兩次，分別爲《臣道》篇和《子道》篇。《臣道》篇實際上回答了一個臣子在君主和「道義」之間，具體應當如何（如荀子列舉的「諫」、「爭」、「輔」、「拂」的情形）。而《子道》篇則借孔子之口回答爲什麼要「從道不從君」。孔子認爲，敢於對君主提出批評的大臣，可以糾正君主犯下的過失，對於國家而言不可多得。考察一個人是否眞正忠誠，就要看其到底服從的是什麼，是「君」，還是「道」。

　　儘管，「從道不從君」是儒家知識分子根本價值取向，但是，「道」與「君」的協調卻具有兩種可供選擇的方式：「直道」與「曲道」。這實際上取決於侍奉不同類型的君主。大體上，侍奉「中君」可以採取「直道」：「有諫爭，無諂諛」（《荀子·臣道》）、「是案曰是，非案曰非」（《荀子·臣道》）。至於侍奉「暴君」則需要採取具有技巧性的「曲道」：「故因其懼怕也，而改其過；因其憂也，而辨其故；因其喜也，而入其道；因其怒也，而除其怨；曲得所謂焉。」（《荀子·臣道》）這種通過揣摩君主心理的做法，大概是受到了縱橫學派「揣摩術」的影響。但與後者完全以謀取個人政治私利爲目標不同，在荀子那裏，其出發點在於導引君主向善。當然，荀子也申明，這也是不得已而爲之的無奈之舉：「迫脅於亂時，窮居於暴國，而無所避之。」（《荀子·臣道》）

　　「道」的特徵是客觀性、普遍性、恒定性，而「暴君」恰恰是「道」的反面：主觀性、任意性、衝動性。「暴君」的這些特徵不僅決定了「臣」對其進行糾偏和教化空間的狹小，也會直接威脅到「臣」的命運乃至生命。以至於，在「君」與「道」的斡旋之間，荀子還提出了頗具爭議的「持寵處位終身不厭之術」（《荀子·仲尼》）。有學者批評說：「荀子提倡儒者持寵、處位、終身不厭之術，與儒家出仕行道精神則背道而馳了。」〔註18〕郭沫若從文本的角度提出懷疑，認為這不可能是荀子的觀點，而是後人假借荀子之名竄入其著作之中。他說：「以上所舉的那些『術』讀起來有些實在太卑鄙了，太鄉愿了，特別像『持寵處位終身不厭之術』，實在有點不太像荀子所說的話。」〔註19〕筆者以為，「持寵處位終身不厭之術」這樣的話語確實不可能出自儒家。不過，荀子對其論述卻具有典型的儒家道德化的特徵。它不是以降低人格為手段，來實現謀取個人政治私利的目的；而是通過靈活機動地保全自我的前提條件下，更好的弘揚「禮義之道」。本質上，亦屬於不得已而為之的「曲道」事君的方式。

　　荀子還注意到了另外一種情形，即「君」已經不能夠代表「道」了，是否可以對其合法性提出挑戰。他接過了孟子「湯武革命」的話頭。在孟子看來，桀紂政權之所以失去合法性，在於他們違背天道，失去民心、民意，是「獨夫」。湯武有「仁義之政」和「仁義之行」，他們取代桀紂，只不過是「替天行道」。荀子的觀點和孟子是完全一致的，他極力辨明「湯武革命」之所以不是「臣」代「君」的篡位，而是「替天行道」，無疑也是一種「曲道」精神的體現。「湯武革命」的言說邏輯是出於道德，而非政治權力，因而不同於歷史現實中的「以暴易暴」。故而，韋政通先生說「孟荀的革命理論，表面上雖說是暴君當革當殺，而骨子裏仍只是一個好善惡惡的價值意識；崇湯武、惡桀紂，所爭者亦只是此。這只是一個理想。」〔註20〕

　　概而言之，荀子的「臣道」思想，一方面繼承了孔孟儒家的泛道德主義立場；另一方面吸納了其他諸家的話語乃至一些思想觀念，並將之進行了儒家道德化的改造。在賦予一定的工具理性（「術」）的同時，賦予價值理性（「道」）以優先性。故而，儘管《荀子》中出現了諸如「持寵處位終身不厭之術」這

〔註18〕孔繁：《荀子評傳》，南京：南京大學出版社，1997年版，第106頁。
〔註19〕郭沫若：《十批判書》，北京：人民出版社，1954年版，第216頁。
〔註20〕韋政通：《荀子與古代哲學》，臺北：臺灣商務印書館，1997年版，第114頁。

樣與儒家精神不太合拍的話語，然而，荀子對其的論述還是恪守著「從道不從君」的道義原則，始終保持了價值理性的優先考慮。

在述及君臣關係問題上，人們對於荀子「臣道」思想的誤讀，很大程度上歸因於沒有區分「理念的君主」和「實在的君主」。荀子所尊的是「理念的君主」，是完美的君主，是「聖君」，而絕非無限拔高君主，推崇君主專制；亦非提倡「愚忠」。事實上。荀子一方面試圖通過「尊君」來增強社會群體的凝聚力，以及道德的感召力；另一方面通過強調客觀的「道」優先於主體的「君」，以此來凸顯爲臣的社會責任。

然而，儘管他注意到現實君主的不完善性，甚至提出「革命」之說。問題是「革命」的前提是革命者的道德身份，這本是一個客觀性的事實，但是，常常卻淪爲主觀的標榜；儘管他強調臣下進諫的作用和功能，但是，當它只是一種道義要求，而非制度安排的時候，其約束力就變得可有可無；儘管個體性的進諫行爲可以作爲專制制度的一種修補，但是當「勸諫」不具備相關的權利保障，尤其是當大臣的利益乃至生命受到君主的任性所支配的時候，勸諫的效力愈發微弱；儘管他試圖通過臣子掌握「持寵處位終身不厭」的「權術」來尋求「從道」與「從君」之間的平衡。但是，這樣一來：「荀子意義上的『臣』，不再能夠感受到一種與專制君主代表的政治性國家保持著張力的社會性基礎，所以不僅其所謂『道』的獨立性姿態降低，而且保持這種『道』以爲『君道』之輔的堅定性也降低。」〔註 21〕無論如何，儒家烏托邦與現實之間不可避免地存在一定距離，這也鑄就了荀子面對「臣道」問題難以克服的理論困境。

5.3 王霸之道

王道與霸道是治理國家的兩種不同的指導原則與方法。通常，儒家被視爲王道政治的代表，以「德」治國；法家則被視爲霸道政治的代表，以「力」治國。在荀子之前的儒家思想中，崇王抑霸是主流趨勢，到了荀子，雖說沒有改變這種狀況，但是對待王、霸的態度，也出現了比較微妙的變化。荀子的王、霸觀從一個側面反映出儒家思想發展和變化情況，是他在批判地總結和吸取法家治理經驗後提出的政治理想模式。剖析荀子的王、霸觀，是研究

〔註21〕韓德民：《荀子與儒家社會》，濟南：齊魯書社，2001 年版，第 202 頁。

荀子政治哲學的一個重要環節。在儒家之中，孟子對王、霸問題的探討也比較突出，爲了更好地呈現荀子王霸觀的面貌，我們將與之進行比較。

5.3.1　王霸之辨

王、霸問題，在春秋時期即已經有所談論。從現實意義上而言，王，是統一帝國的君主，如周王。「霸」則是指周代分封制下的具有強大實力的少數諸侯國主，如齊桓公、晉文公之類。王、霸的討論，進入儒家的討論視野則更多地具有了道德的烙印。不論是孟子還是荀子都是一致的。在儒家那裏，王道是道德動機與行爲效果高度統一的政治治理原則，偏重於價值理性的引導。霸道則是偏重於以行爲效果，而不論其動機道德與否，具有強烈的工具理性精神。

在孟子的視野中，「王道」就是他所推行的仁政，「以德行仁」，「以德服人」。而「霸道」則依賴於強力政治，卻以僞道德進行掩蓋，「以力假人」、「以力服人」。顯然，在他那裏，「王道」與「霸道」是一種二元對立的治理模式。荀子也討論「王道」與「霸道」，不過需要注意的是，荀子所說「王道」與「霸道」在涵義上與孟子有一定的差別。「王道」大體還保持著一致性，都提倡以德治國，不過對於孟子而言是推行仁政，荀子而言則是禮治。「霸道」的涵義則差異比較大。儘管荀子的「霸道」具有孟子所說的「恃力」的特徵，不過，霸道不再具有反道德的特徵，而是具有了「信」的核心美德。同時，荀子還結合強道、亡道，談王霸之道。適如馮友蘭先生所認爲的：「王和霸是一類的東西，僅只是走得徹底和不徹底而已。王和霸的不同是程度上的不同，不是種類上的不同，這就是荀子的王霸之辨。」〔註22〕實際上，王道與霸道大體屬於「安道」，而強道和亡道則是「危道」。後者與王道、霸道則構成了「種類上的不同」。

我們可以結合「強道」與「亡道」對比一下「王道」與「霸道」：

1、區分標準之一：具有的核心美德不同

《王霸》篇：「故用國者，義立而王，信立而霸，權謀立而亡。」「義」在具體內容上包括三個方面：「舉義士」（選拔德行和節操高尚的人才）、「舉義法」（捍衛法律具有內在的價值）、「舉義志」（君主具有極強的社會凝聚力）。

〔註22〕馮友蘭：《中國哲學史新編》，北京：人民出版社，1998 版，第 681 頁。

「信」則主要指保障國家的法令暢通，在任何條件下必須捍衛法律的客觀性。「義」代表了荀子儒家禮治的道德精神，而「信」則代表了法家法治的核心美德。爲什麼「霸道」的美德是「信」呢？因爲，這是由「法」的精神所決定的。法本身籲求客觀性，強調有法可依，執法必嚴，違法必究，它本身就是一種信用。任何一種違規、違法行爲都是一種對信用的破壞。

2、區分標準之二：施行的對外政策不同

《王制》篇：「王奪之人，霸奪之與，強奪之地，奪之人者臣諸侯，奪之地者敵諸侯。臣諸侯者王，友諸侯者霸，敵諸侯者危。」「奪之人」就是爭取人心，靠的是「義」的美德；「奪之與」是指通過與他國結好，講求的是「信」的美德。「奪之地」則是指通過權謀和武力去佔領他國土地。荀子具體分析了「強道」何以是「危道」的原因：

> 用彊者，人之城守，人之出戰，而我以力勝之也，則傷人之民甚，則人之民惡我甚，則日欲與我鬥。人之城守，人之出戰，而我以力勝之，則傷吾民必甚矣。傷吾民必甚，則吾民惡我必甚矣。吾民之惡我甚，則日不欲爲我鬥。人之民日欲與我鬥，吾民日不欲爲我鬥，是彊者之所以反弱也。地來而民去，累多而功少，雖守者益，所以守者損，是以大者所以反削也。諸侯莫不懷交接怨而不忘其敵，伺彊大之間，承彊大之敝，此彊大之殆時也。（《荀子·王制》）

換言之，施行「強道」，一則不得人心，容易造成內外交困。二則，因爲通過武力，容易造成自身力量的削弱，從而可能爲其他國家的攻擊提供可乘之機。顯然，「強道」是自取滅亡之道。從其特徵上看，適如有論者所認爲的：「荀子說的『強道』與孟子所說的『霸道』相類。」〔註23〕

3、區分標準之三：社會財富的分配流向不同

王、霸、強（亡）之道的分野，還體現在對人民的態度之上。《王制》說：

> 王者富民，霸者富士，僅存之國富大夫，亡國富筐篋，實府庫。筐篋已富，府庫已實，而百姓貧，夫是之謂上溢而下漏，入不可以守，出不可以戰，則傾覆滅亡可立而待也。故我聚之以亡，敵得之以彊。聚斂者，召寇、肥敵、亡國、危身之道也，故明君不蹈也。

〔註23〕劉澤華、葛荃：《中國古代政治思想史》，天津：南開大學出版社，2001 年版，第 68 頁。

王、霸、強、亡之政，也體現了社會的公平程度。王道政治是藏富於民，霸道政治是財富集中在社會的中上層，而強道政治基本集中在少數貴族手中，至於亡道政治，顯然財富完全是集中在君主一個人手中。

4、區分標準之四：依賴的統治基礎與手段不同

《王霸》篇：

> 故道王者之法，與王者之人爲之，則亦王；道霸者之法，與霸者之人爲之，則亦霸；道亡國之法，與亡國之人爲之，則亦王。三者明主之所以謹擇也，而仁人之所以務白也。

> 故與積禮義之君子爲之則王，與端誠信全之士爲之則霸，與權謀傾覆之人爲之則亡。三者，明主之所以謹擇也，而仁人之所以務白也。

結合上下段，可以明瞭：能夠輔佐君主成就王道的是「積禮義之君子」，其「王者之法」必然是深蘊道德價值的「禮法」。能夠輔佐君主成就霸道的是「端誠信全之士」，大抵相當於後人所說的「循吏」。至於「霸者之法」，大抵是對法則具有高度的尊重，不過不知變通，不知法則背後的價值蘊含。《修身》篇講：「有法而無志其義，則渠渠然；依乎法而又深其類，然後溫溫然。」荀子之所以說王道「粹」，霸道「雜」，實是就法家之「法」不能「志其義」、「深其類」而言的。

5.3.2 崇王抑霸

儘管，在荀子那，「霸道」得到了一定程度上的肯定，不過，從價值排序上而言，王道是要優越於霸道的。他「崇王抑霸」的價值立場與孟子是一脈相承的。《仲尼》篇：

> 然而仲尼之門人，五尺之豎子言羞稱乎五伯，是何也？曰：然，彼非本政教也，非致隆高也，非綦文理也，非服人之心也。鄉方略，審勞佚，蓄積修鬥而能顛倒其敵者也。詐心以勝矣。彼以讓飾爭，依乎仁而蹈利者也，小人之傑也，彼固曷足稱乎大君子之門哉。

這與孟子的說法是完全一致的。孟子說：「仲尼之徒，無道桓、文之事者，是以後世無傳焉。」（《孟子‧梁惠王上》）荀子則說：「齊桓、晉文、楚莊、吳闔閭，越句踐，是皆和齊之兵也，可謂入其域矣。然而未有本統也，故可以霸而不可以王；是強弱之效也。」（《荀子‧議兵》）所謂「未有本統」與上文

所說的「非本政教」是一個意思。就是忽視了道德教化與政治統治的結合。「霸道」具有強烈的工具理性的特徵，不主張通過學習禮義，塑造健全的道德人格，而以「法」爲手段，加強對人的控制，把人當成是統治的工具。儘管他們以道德爲名進行統治，但是其實質就是牟取少數人的利益。所以必然造成人心不服。不得民心，則於戰爭中缺乏可靠的保障。應該說，荀子對「霸道」不足的批評是相當準確的。

在荀子那，王道是一種近乎完美的治理模式，在《王制》篇中，荀子對「王道」政治進行了極其詳盡的描述，具體包括「王者之政」、「王者之人」、「王者之制」、「王者之論」，進而「王者之法」五個部分。王者之政，是治理國家的基本國策；王者之人，是實現「王道」的人事條件；王者之制，是反映等級關係的器物、禮樂制度；王者之論是統治者的用人路線和賞罰原則；王者之法，是指財政經濟方面的政策。透過這樣的描述，它所反映的是一種儒家的道德理想國：在禮義的規範與教化之下，人們各司其職，各安其位，各盡其力，社會一片和諧。

荀子注意到，霸道是依靠實力進行征服，以威勢進行震懾，強迫他人服從自身的統治。統治者在進行擴張勢力的同時，容易加劇和激化社會矛盾，從而埋下衰落危亡的禍根。所以，他認爲一個國家追求富強，不能僅僅從富強本身著手，而是應當有更長遠的目標，即尋求王道：「知強大者不務強也，慮以王命全其力，凝其德。力全則諸侯不能弱也，德凝則諸侯不能削也，天下無霸主則常勝矣：是知強者也。」（《荀子・王制》）實現了王道，就自然可以稱雄稱霸，而且實至名歸；實現了王道，就自然富強壯大，而且無後患之憂。反之卻不然。《王制》又云：

> 彼王者不然：仁眇天下，義眇天下，威眇天下。仁眇天下，天下莫不親也；義眇天下，天下莫不貴也；威眇天下，天下莫敢敵也。以不敵之威，輔服人之道，故不戰而勝，不攻而得，甲兵不勞而天下服，是知王道者也。知此三具者，欲王而王，欲霸而霸，欲彊而彊。

不過，荀子很清楚，王道政治畢竟是一種理想性程度相當高的政治形態。霸道本身雖然有諸多不足，不及王道具有價值的優勢，但卻非一無是處。它至少具有現實的合理性。故而，王霸兼用、以霸道促王道，就成了荀子王霸之道的應有之義。

5.3.3　王霸兼用

　　荀子生活在戰國末期，雖然「七雄」（秦、趙、燕、齊、楚、趙、魏）鼎立，但是，秦國一枝獨秀的局面已經相當明顯。荀子經過實地考察發現它的實力已經「威強乎湯、武，廣大乎堯、禹。」（《荀子‧強國》），「威動海內，強殆中國」（《荀子‧強國》）。在這樣的情勢下，荀子認爲，秦國所缺乏的是道德教化，缺乏能夠推行仁義道德的儒家學者。不過，荀子雖然認爲霸道在「德」、「義」方面不及「王道」，而且「非服人心也」，但是，霸道也以實力爲後盾，它畢竟不能完全等同於完全不講道德的「強道」：

> 德雖未至也，義雖未濟也，然而天下之理略奏矣，刑賞已、諾，信乎天下矣，臣下曉然皆知其可要也。政令已陳，雖覩利敗，不欺其民；約結已定，雖覩利敗，不欺其與。如是，則兵勁城固，敵國畏之；國一綦明，與國信之。雖在僻陋之國，威動天下，五伯是也。（《荀子‧王霸》）

霸道雖說在德義精神上趕不上王道那樣深入，不過並非全無。它至少保持守信的原則，對法律規則高度尊崇。不因爲得失利敗而欺騙人民和盟友。所以，對內能得到民心的支持，對外能夠得到盟友的擁戴。從霸道「信」的道德精神來看，它具備了與王道政治結合的可能性。

　　儒家學者「羞稱乎五伯」的原因是不僅因爲霸道不夠純粹，而且霸主的個人的品行大多不佳。但是，他們卻具有博大的心胸與成就偉業的魄力，並以此贏得了霸主的地位。這一點卻被儒家高度讚揚。孔子曾經以「大節」、「小節」進行君主人品的論定：「孔子曰：「大節是也，小節是也，上君也；大節是也，小節一出焉，一入焉，中君也；大節非也，小節雖是也，吾無觀其餘矣。」（《荀子‧王制》）在荀子看來，齊桓公雖然個人生活糜爛，但是他之所以成就霸業，就是因爲他有成就霸業的「大節」。他能夠不計前嫌大膽任用管仲爲相，從而爲成就霸業奠定了基礎。所以他讚賞桓公是「天下之大節也」。

　　仔細分析，荀子眼中的秦國實行的「強道」，而非「霸道」。因爲，當時的秦國已經不同於秦穆公時候的秦國。它正在加緊統一六國的進程，背信棄義的事情屢有發生。所以，荀子呼籲秦國停止「力術」，實行禮義之術：

> 威動海內，彊殆中國，然而憂患不可勝校也，諰諰然常恐天下之一合而軋己也。此所謂：大乎舜、禹也。然則奈何？曰：節威反文。

案用夫端誠信全之君子治天下焉，因與之參國政，正是非，治曲直，
聽咸陽，順者錯之，不順者而後誅之。若是，則兵不復出於塞外而
朝諸侯，殆可矣。假今之世，益地不如益信之務也！（《荀子・強國》）

荀子認為一個國家要成就霸道，必須做好兩個方面的工作：一方面，對內「關
田野，實倉廩，便備用，安謹募選閱材伎之士，然後漸慶賞以先之，嚴刑罰
以防之」（《荀子・王制》）。就是要實行耕戰，加強法治。以經濟實力作為軍
事實力的後盾，從而為取得強勢的國際地位創造條件。另一面，對外「存亡
繼絕，衛弱禁暴，而無兼併之心，則諸侯親之矣；修友敵之道以敬接諸侯，
則諸侯說之矣。所以親之者，以不並也；並之見則諸侯疏矣。所以說之者，
以友敵也，臣之見諸侯離矣。故明其不並之行，信其友敵之道，天下無王霸
主，則常勝矣，是知霸道矣。」（《荀子・王制》）也就是說，欲稱霸於諸侯，
是通過自身的實力，來與其他諸侯國建立良好的關係，並幫助其他國家，並
且能夠化敵為友，從而贏得其他諸侯國的擁戴。「存亡繼絕」與儒家所倡導
的「興滅國，繼絕世」並無區別，顯然，荀子在此實際上是移植了儒家的價
值理念。

　　總之，與孟子相較，孟子的王道是行仁政，荀子的王道是尊禮義。兩者
本質上是一致的。在王霸問題上，孟子是否定霸道，為儒家的王道政治正本
清源。而荀子雖然崇王道，抑霸道，但卻不否定霸道的價值，並賦予其儒家
的價值理念。並且，他以現實政治中的「強道」為基點，砥礪其向「霸道」
推進，再以「霸道」為「轉捩」，向「王道」推進。荀子並沒有偏離孔孟以來
「王道」所承載的超越性理想。不過，一方面囿於現實中面對當時的社會動
亂，迫切需要統一，改變社會亂局；另一方面，面對法家等其他學派在現實
政治生活中的影響力，荀子不得不作出適應時勢的轉變，這也決定了他以此
去融攝「霸道」，以提高王道政治落實於現實社會的可能性。

5.4　為兵之道

　　德國著名的軍事理論家克勞塞維茨在《戰爭論》中寫道：「有仁慈的人可
能認為，一定會有某種巧妙的方法，不必造成太大的傷亡就能解除敵人的武
裝或者打垮敵人。並且認為，這是軍事技術發展的真正方向。這種看法不管
多麼美妙，卻是一種必須消除的錯誤思想，因為在像戰爭這樣危險的事情中，

從仁慈產生的這種錯誤思想是最爲有害的。」〔註 24〕克氏這種觀點至少在春秋時期以「仁義」自居而慘遭失敗的宋襄公身上得到了證明。畢竟，政治相對於道德無疑具有一定的獨立性。政治，尤其是「流血的政治」（戰爭）是行動的領域，常常需要作出迅速的決策，而且選擇的空間相對有限。但是，是不是爲了達到戰爭的目的——「打垮敵人」，就可以爲所欲爲？什麼是正義的戰爭？這些問題是值得加以思索的。

通常，軍事理論家不太關注戰爭的性質，他們的焦點在於如何贏得戰爭，側重的是如何將軍事上升到具有工具理性特徵的一種技術。道德家則更多關注戰爭的性質，強調戰爭的目的乃至手段的正當性，而關注的焦點不在於戰爭的技術性探討。在《議兵》篇中，臨武君相當誠實地道出了兵家的主旨：「兵之所貴者埶利也。所行者變詐也。」（《荀子‧議兵》）荀子則以「將率，末事也」（《荀子‧議兵》）準確地表達了儒家對待軍事乃至兵家的態度。孟子以近乎苛刻態度，否定了春秋社會所爆發的戰爭的正義性，得出了「春秋無義戰」（《孟子‧盡心下》）的結論。無論如何，儘管荀子對兵家的工具主義持有強烈的批判態度，他還是以儒家的價值至上主義立場出發，在兩者之間進行了調和，從而爲儒家保留了極其罕見的軍事思想。

5.4.1 「仁義爲本」的戰爭正義論

戰爭，是人類發展到等級社會的必然產物。當有限的社會資源與人們的物質欲望之間出現了斷裂，爲了搶先爭取利益，訴諸暴力常常成爲一種必然要求。正若美國學者艾弗拉以國家爲單位分析戰爭原因時所指出的：「搶先進攻的利益對於使用武力產生直接的誘惑。搶先動員的利益則通過誘使國家動員其軍事力量而間接地引發戰爭。這種動員會通過它的副作用而促發戰爭——特別是通過它造成預防性或是先發制人的動機來進攻。」〔註 25〕不難看出，戰爭背後的邏輯往往就是利益（欲望）。對此，或許荀子是較早認眞反省過戰爭起源的思想家。他說：

> 今人之性，生而有好利焉，順是，故爭奪生而辭讓亡焉；生而有疾

〔註 24〕 〔德〕克勞塞維茨：《戰爭論》，中國人民解放軍軍事科學院譯，北京：商務印書館，1978 年版，第 24 頁。

〔註 25〕 〔美〕斯蒂芬‧范‧埃弗拉：《戰爭的原因》，何曜譯，上海：上海人民出版社，2007 年版，第 46 頁。

惡焉，順是，故殘賊生而忠信亡焉；生而有耳目之欲，有好聲色焉，
順是，故淫亂生而禮義文理亡焉。然則從人之性，順人之情，必出
於爭奪，合於犯分亂理而歸於暴。(《荀子・性惡》)

荀子從性惡論的價值立場揭示了戰爭的起源，他的這種言說，很容易讓人想
起霍布斯的「人對人像狼一樣」的前國家狀態。與霍布斯一樣，他也試圖建
構一種合理有序的群體生活方式，以消弭暴力和戰爭的出現。他的禮制社會，
就是這樣的嘗試。不過，荀子非常清醒，戰爭是一種人為的「惡」，然而有時
卻可能是人們不得不為的「惡」。至少我們必須面對那無法避免的「惡」，它
不僅僅關係到幾個人的利益和生死，而且關係到一個群體的重大利益和生死
存亡。所以，荀子不僅不迴避戰爭，而且主張「以暴制暴」，以戰爭消弭戰爭：

陳囂問孫卿子曰：「先生議兵，常以仁義為本。仁者愛人，義者循理，
然則又何以為兵？凡所為有兵者，為爭奪也。」孫卿子曰：「非女所
知也。彼仁者愛人，愛人，故惡人之害之者也；義者循理，循理，
故惡人之亂之也。彼兵者，所以禁暴除害也，非爭奪也。故仁人之
兵，所存者神，所過者化，若時雨之降，莫不說喜。是以堯伐驩兜，
舜伐有苗，禹伐共工，湯伐有夏，文王伐崇，武王伐紂，此四帝兩
王，皆以仁義之兵行於天下也。故近者親其善，遠者慕其德，兵不
血刃，遠邇來服，德盛於此，施及四極。」(《荀子・議兵》)

在荀子看來，仁義與戰爭並不一定就是完全對立的，儘管就戰爭本身的性質
而言，是不仁義（惡）的，但是，戰爭依然可能是現實條件下實現仁義的一
個有效手段。為了論證該觀點，荀子列舉了歷史上的堯伐驩兜，舜伐有苗，
禹伐共工，湯伐有夏，文王伐崇，武王伐紂的六次戰爭，結果卻是「兵不血
刃，德盛於此，施及四極」。換言之，當戰爭的動機和根本的依據是「仁義」
的時候，這樣的戰爭就是正義的。荀子認為真正的強大者，是以仁義服天下
者，不是以戰爭征服天下者。以仁義服天下者還可以威服天下，做到「不戰
而勝，不攻而得，甲兵不勞而天下服。」(《荀子・王制》)

　　然而，當戰爭為少數利益集團，或者國家倚仗自身的實力，為了謀取更
多的利益發動的時候，它就完全沒有正義可言。並且，不正義的侵略戰爭，
往往因為不得人心而很容易遭到失敗。這就是荀子所說的「以力兼人者」：「彼
畏我威，劫我埶，故民有離心，不敢有畔慮，若是則戎甲俞眾，奉養必費；
是故得地而權彌輕，兼人而兵俞弱。」(《荀子・議兵》)

對於荀子而言，軍隊的存在，不是爲了去發動戰爭，而是爲了捍衛和平。他區別了「仁義之師」與「盜賊之師」，前者不僅具有戰爭的正當性理由，而且在戰鬥過程中恪守著基本的道德原則，而對於後者而言，則完全隨著利益而轉移，幾乎與強盜沒有什麼區別：「若夫招近募選，隆執詐，尙功利之兵，則勝不勝無常，代翕代張，代存代亡，相爲雌雄耳矣。夫是之謂盜兵。」（《荀子・議兵》荀子甚至認爲在戰略上，作爲仁義之師，與其先發制人，不如後發制人，以待漁翁之利，即：「案以中立無有所偏而爲縱橫之事，偃然案兵無動，以觀夫暴國之相卒也。」（《荀子・王制》他主張「靜民息兵」，通過休生養息來提高自身的實力，如此恰恰與陷入戰爭的「暴國」形成優勢上的鮮明對比：

> 兵革器械者，彼將日日暴露毀折之中原，我今將修飾之，拊循之，掩蓋之於府庫。貨財粟米者，彼將日日棲遲於薛越之中野，我今將蓄積並聚之於倉廩。材伎股肱、健勇爪牙之士，彼將日日挫頓竭之於仇敵，我今將來致之、并閱之，砥礪之於朝廷。如是，則彼日積敝，我日積完；彼日積貧，我日積富；彼日積勞，我日積佚。（《荀子・王制》）

顯然，在荀子的描述中，「仁義之師」不僅具有價值的正當性，而且，還具有天然的戰略優勢。

除了在戰爭的動機和目的問題上，堅持以仁義爲本的正當性原則外，荀子還提出了戰爭過程中應當具體恪守什麼樣的戰爭倫理規則。比如「不殺老弱」、「不獵禾稼」、「服者不禽」、「格者不捨」、「奔命者不獲」，「城守不攻」、「兵格不擊」、「不屠城」、「不潛軍」等等，這些思想不僅體現了深刻的人道精神，而且即使是今天對於現代戰爭應當恪守什麼樣的底限倫理依然具有極其重要的借鑒價值。

5.4.2 「壹民」、「附民」的「攻佔之本」

約公元前259～前257年間，荀子與趙國的大將臨武君在趙孝成王面前展開了一場關於如何在戰爭中取勝的激烈討論：

> 王曰：請問兵要？臨武君對曰：上得天時，下得地利，觀敵之變動，後之發，先之至，此用兵之要術也。孫卿子曰：「不然，臣所聞古之道，凡用兵攻戰之本在乎壹民。弓矢不調，則羿不能以中微；六馬

不和，則造父不能以致遠；士民不親附，則湯、武不能必勝也。故
善附民者，是乃善用兵者也。故兵要在乎善附民而已。」（《荀子・
議兵》）

他們的理論分歧完全基於不同的理論視野，臨武君從兵家對具體戰術的特有
敏感討論戰爭問題，而荀子則從政治的大視野介入戰爭問題討論，在這裏他
繼承了孟子「天時不如地利，地利不如人和」（《孟子・公孫丑上》）的價值立
場，提出了「壹民」、「附民」的主張，以人心相背作爲戰爭勝負的關鍵因素。
對此，德國著名軍事家魯登道夫亦有過類似的論述：「軍隊紮根於人民，是人
民的組成部分。人民的力量表現在其體力的、經濟的和精神的力量上，並決
定了軍隊在總體戰中的力量強弱。」〔註26〕所謂「壹民」是指使得民心一致，
從而達到眾志成城的效果。它實際上包括贏得敵我兩方的民心。他認爲，作
爲一個英明的軍事家，不僅要保證我方的人心歸一，而且也要爭取敵方的民
心，瓦解敵人的依靠力量，要使對方：「其民之親我也歡若父母；好我芳若芝
蘭；反顧其上則若灼黥，若仇讎。」（《荀子・王制》）而「附民」與「壹民」
意思相近，大抵突出通過發動人民的力量取得戰爭的勝利。荀子不是如臨武
君就軍事談論軍事，而是從政治問題談論軍事問題，在他那裏，軍事問題無
非是政治問題的延續，軍事問題本身並不具備獨立性，適如克勞塞維茨所說：
「戰爭是政治的工具，戰爭必不可免地具有政治的特性，它必須用政治的尺
度加以衡量。」〔註27〕在荀子看來，「民爲邦本」，人民作爲國家的主體，是
決定戰爭勝負的關鍵因素，因此必須善待人民：

故有社稷者而不能愛民，不能利民，而求民之親愛己，不可得也。
民不親不愛，而求其爲己用，爲己死，不可得也。民不爲己用，不
爲己死，而求兵之勁、城之固，不可得也。兵不勁，城不固，而求
敵之不至，不可得也。敵至而求無危削，不滅亡，不可得也。（《荀
子・君道》）

爲此，他從儒家的民本思想出發，提出了國富民強的思想：「將闢田野，實倉
廩，便備用，上下一心，三軍同力，與之遠舉極戰則不可，境內之聚也，保
固視可，午其軍，取其將，若拔麷。」（《荀子・富國》）儘管，物質因素不是

〔註26〕〔德〕魯登道夫：《總體戰》，戴耀先譯，北京：解放軍出版社，1988 年版，
第 15 頁。

〔註27〕〔德〕克勞塞維茨：《戰爭論》，中國人民解放軍軍事科學院譯，北京：商務
印書館，1978 年版，第 902 頁。

決定戰爭的決定因素，但是一個國家的軍事實力終究是以經濟實力為後盾的。更為主要的是，物質的富裕可以增強戰爭勝利的信心，尤其是當民眾從物質財富的分配中獲得實惠的時候，人心的凝聚自然就成為促進戰爭勝利的積極因素。在荀子看來，發動兼併戰爭，取得暫時性的勝利並不是一難事，難的是能夠長期鞏固戰爭成果，這卻需要「以德兼人」，需要「大凝」：「故凝士以禮，凝民以政。禮修而士服，政平而民安。士服民安，夫是謂之大凝。」（《荀子‧議兵》）

同時，「壹民」還直接體現於軍隊內部能夠做到團結一致、眾志成城，這是軍隊發揮戰鬥力的重要保障。他說：「仁人上下，百將一心，三軍同力……故仁人之兵聚則成卒；散則成列，延則若莫邪之長刃，嬰之者斷；兌則若莫邪之利鋒，當之者潰；圜居而方止，則若磐石然，觸之者角摧，案角鹿埵、隴種、東籠而退耳。」（《荀子‧議兵》）荀子認為，要做到「三軍同力」，就必須統一指揮，嚴明軍紀，通過賞罰來刺激與調動軍心。具體而言：（1）統一軍隊的指揮權，不能政出多門，導致指揮系統的紊亂；（2）各司職守，尤其對於將官而言，能夠發揮先鋒模範作用：「將死鼓，御死轡，百吏死職，士大夫死行列。」（《荀子‧議兵》）（3）嚴明紀律，服從指揮，有功則賞，違令則罰：「聞鼓聲而進，聞金聲而退，順命為上，有功次之，令不進而進，猶令不退而退，其罪惟均。」（《荀子‧議兵》）

5.4.3 「為將之道」與「取勝之術」

荀子主張王道政治，在他那裏，君主是作為一種完美的道德人格，是凝聚民心的中心，而將帥不具備這樣的功能。他是以政治為本，軍事為末，所以他說「凡在於君，將率末事也」（《荀子‧議兵》）不過，這並不意味荀子完全排斥軍事，也不代表荀子沒有自己的軍事思想。事實上，荀子也有對戰略戰術的獨到思想。荀子非常反對兵家那種純粹工具理性特徵的「勢利」、「變詐」，與他們相比，荀子沒有完全否決工具理性的使用，只不過，在他那裏，工具理性要以價值理性為引導。也就是說，在保證戰爭性質的正當性的同時，可以通過合宜的手段來達到戰爭勝利的目的。由此，荀子把理論焦點轉移到軍事將領身上。

瑞士軍事理論家若米尼認為，「一個統帥的高超指揮藝術，無疑是勝利的最可靠保證之一，尤其是在交戰雙方的其他條件都完全相等時，更是如此。」

〔註 28〕荀子也非常肯定一個傑出的軍事領袖在戰爭中的作用，所以主張賞賢使能，選拔優秀的軍事人才：「以賢易不肖，不待卜而知吉。以治伐亂，不待戰而後知克。」（《荀子‧大略》）

那麼，作為一個軍事將領，需要具備什麼樣的素質和能力呢？荀子從「智」、「行」、「事」三個方面進行了概括，即：「知莫大乎棄疑，行莫大乎無過，事莫大乎無悔」（《荀子‧大略》）。一則做到有足夠的智慧去處理戰爭過程中所出現的問題；二則做到在軍事行動中，不麻痺大意，過於草率，避免出現失誤；三則需要果敢堅毅，不優柔寡斷，患得患失。這三個方面，實際上是對軍事將領所需素質的一個綜合概括。荀子還提出了在軍事戰爭中，一個軍事將領如何做的具體原則：

「六術」：六項基本的戰略戰術原則。具體包括：（1）制號軍令，欲嚴以威；（2）慶賞刑罰，欲必有信；（3）處舍收藏，欲周以固；（4）徙舉進退，欲安以重，欲疾以速；（5）窺敵觀變，欲潛以深，欲伍以參；（6）遇敵決戰，必道吾所明，無道吾所疑。

「五權」：即五個應該考慮、權衡的問題。它包括：（1）無欲將惡廢；（2）無急勝而忘敗；（3）無威內而輕外；（4）無見其利而不顧其害；（5）凡慮事欲熟而用財欲泰。

「三至」：專門指「將在外，君命有所不受」的條件下，當出現以下三種情況時，將帥可以不接受君主的命令，靈活處理的原則：（1）可殺而不可使不完；（2）可殺而不可使擊不勝；（3）可殺而不可使欺百姓。

「五無壙」：指的是將帥在使用謀略、從事戰爭、對待下屬官吏、士兵以及對待敵人等五個方面應當慎重對待的基本原則：「敬謀無壙，敬事無壙，敬吏無壙，敬眾無壙，敬欲敵無壙。」（《荀子‧議兵》）畢竟，戰爭事關生死存亡，是需要再謹慎不過的事情，尤其是對於軍事將領而言，要想取得戰爭的勝利，必須善始善終，慎之又慎：「慮必先事而申之以敬，慎終如始，終始如一，夫是之謂大吉。」（《荀子‧議兵》）

不難看出，荀子並沒有排斥軍事謀略，而且，荀子還有對軍事制度（如他說的「王者之軍制」），軍事武器（戈、矛、弓、矢等）的探討。尤其值得一提的是，荀子創造性地將音樂引入到戰爭之中，發揮音樂對於戰爭的積極性作用：

〔註 28〕〔瑞士〕A‧H‧若米尼：《戰爭藝術概論》，劉聰譯，北京：解放軍出版社，1986 年版，第 71 頁。

夫聲樂之入人也深，其化人也速，故先王謹爲之文。樂中平則民和
而不流，樂肅莊則民齊而不亂。民和齊則兵勁城固，敵國不敢嬰也。
如是，則百姓莫不安其處，樂其鄉，以至足其上矣。然後名聲於是
白，光輝於是大。四海之民莫不願得以爲師。是王者之始也。樂姚
冶以險，則民流僈鄙賤矣。流僈則亂，鄙賤則爭。亂爭則兵弱城犯，
敵國危之。如是，則百姓不安其處，不樂其鄉，不足其上矣。故禮
樂廢而邪音起者，危削侮辱之本也。故先王貴禮樂而賤邪音。(《荀
子·樂論》)

荀子進一步指出，音樂對於「文」則能固國化民，協調上下，增強國力；「武」
則使軍隊整齊，步調一致，提高戰鬥力。他說：

故聽其雅、頌之聲，而志意得廣焉；執其干戚，習其俯仰屈伸，而
容貌得莊焉；行其綴兆，要其節奏，而行列得正焉，進退得齊焉。
故樂者，出所以征誅也，入所以揖讓也。征誅、揖讓，其義一也。
出所以征誅，則莫不聽從；入所以揖讓，則莫不從服。故樂者，天
下之大齊也，中和之紀也，人情之所必不免也。(《荀子·樂論》)

綜上而言，荀子的軍事思想，凸顯了儒家價值至上主義的立場，不過，儘
管它反對兵家爲了取勝、不擇手段的戰爭觀，但是他並沒有完全反對軍事
技術與謀略的使用。只不過，這種工具理性的使用必須在儒家之道能夠接
受的範圍。相對而言，荀子雖然不若兵家那般對軍事問題論述詳密，但是，
他也提出了很多獨立的見解，比如創造性地將音樂引入到軍事之中。並且，
荀子將儒家對戰爭的正當性訴求，貫徹的更爲具體。故而，正若有論者認
爲：「可以說，直至荀子《議兵》篇的出現，儒家才形成了系統的、較爲完
備的軍事思想。因此，說荀子是先秦儒家軍事思想的代表，是完全可以成
立的。」〔註29〕

5.5　論辯之道

荀子生活在一個充滿戰爭的時代，不論是在現實世界，抑或觀念世界。
前者導致了社會的無序和民眾的苦難，後者則爲中華「軸心時代」的文明奠
定了基礎。一方面，頻繁的戰亂讓統治者放鬆了思想控制，客觀上提供了相

〔註29〕廖名春：《荀子新探》，臺北：文津出版社，1994年版，第302頁。

對自由的思想環境。另一方面，爲了謀求各自的生存空間，統治者需要利用各種思想和學派爲自身服務。對於各種學派和思想而言，只有借助於統治階層的支持，才能將自身的理論轉化爲現實的力量。於此，必然會出現各種學說思想之間的競爭。正如張舜徽所說：「周秦諸子之言，起於救時之急，百家異趣，皆務爲治。」〔註 30〕這种競爭，通常是以論辯的方式展開的，它大體分爲兩類：一是「立」：構建和完善自身的說理系統；二是「破」：針砭其他理論的荒謬與不足。

荀子的論辯，不外乎此。然而，荀子是先秦思想的集大成者，所以，他一方面廣泛地吸收了當時各個學派的觀點和方法，另一方面又因爲熟悉這些思想，而能在辯論中做到有的放矢。與孔、孟相較，荀子的論辯系統顯得更有邏輯，更富理性精神。趙汀陽甚至說：「大多數儒家往往爲其倫理思想所激動，在討論問題時，少有分析與論證，偶爾給出的論證也不太合格，其基本模式是以偏概全，以或然推必然，喜用似是而非的類比，荀子則基本上不犯這種錯誤。」〔註 31〕

5.5.1 「君子必辯」：論辯的必要性

按照語言學的定義：「論辯是借助語言應用方式產生的某種言語方式，基本上是以他人爲對象的社會行爲，以智力要素爲基礎的理性行爲。」〔註 32〕論辯本質上是一種理性活動。不僅論辯的力度依賴話語的邏輯性，而且，對待論辯的態度也要求合乎理性。故而，對於論辯愈是強調，愈是重視，理性精神愈能彰顯。在儒家中，從孔子、經孟子到荀子便顯見這種趨勢。

《論語》實際上是孔子與弟子的對話錄，儘管某些場景的對話具有論辯的意味，但是孔子本人對於論辯並不熱衷，相反，他卻主張「言」不如「訥」、「行勝於言」。孟子已經有了「好辯」的傾向，不過，他將之歸結爲「不得已」，是在「天下之言，不歸楊，即歸墨。」（《孟子・滕文公下》）情況之下的無奈之舉。荀子則化被動爲主動，突破孟子論辯問題的個體立場，而將之上升爲儒家知識分子的群體立場。他認爲：「不好言，不樂言，則必非誠士也。」（《荀

〔註 30〕 張舜徽：《周秦道論發微》，北京：中華書局，1982 年版，前言，第 1 頁。

〔註 31〕 趙汀陽：《荀子的初始狀態理論》，《社會科學戰線》，2007 年版，第 5 期。

〔註 32〕 〔荷〕弗朗斯・凡・愛默倫、羅布・荷羅頓道斯特：《批評性論辯：論辯的語用辯證法》，張樹學譯，北京：北京大學出版社，2002 年版，第 1 頁。

子・非相》）直接將論辯與知識分子的人格不可分割地嵌套一處。同時，在對待其他學說和思潮問題上，孔子採取的基本是守勢，至少不是強勢態度，他並沒有針對具體的某家某派，只是從維護儒家價值觀的立場抵制「異端」之說。孟子大力鞭撻的主要爲楊、墨爲主的儒家之外的價值立場。而荀子的論辯對象幾乎席卷了戰國末期所能知曉的眾多學派和人物，並且他還直接將批判轉向儒家內部，包括孟子。

個中原因，可以從兩個角度分析：從外因看，從春秋到戰國，學派的分化日趨明顯。孔子之時，似並無學派之說，儘管言及老子，但「道家」之說顯然晚出。孟子之時，「天下之言不歸楊則歸墨」，說明學派的分壤已很明晰。降及荀子，不僅形成了眾多的學派，而且學派內部還出現了更爲細密的劃分。如韓非所說的「墨離爲三」、「儒分爲八」。後者也是荀子將論辯的矛頭指向儒家內部的一個重要因素。另外，現實世界的戰爭往往是觀念世界戰爭的延續，特別是到了戰國末期，伴隨著秦統一六國的步伐，觀念世界對話語權的競爭逐漸更爲激烈，學派之間的論辯也隨之激烈。從內因來看，如牟宗三所言，孔子偏重絕對精神，孟子偏重主觀精神，而荀子偏重客觀精神。絕對精神除以自身爲對象和自覺呈現自身外，無其他之目的，故與有目的的論辯不相契合；主觀精神偏重於內在的心靈世界，故孟子只因消解「斧斤」對「牛山之木」的威脅而採取論辯的態度；客觀精神則是精神在外在世界的客觀化，荀子致力於建立統一的、宰制性的政治意識形態系統，需要借助於論辯清理一切價值立場，包括儒家本身。

就思想體系而言，荀子不僅肯定論辯的重要性，並且，「辯」與能夠反映荀子思想特色的「辨」奇異地走向了融合，尤其是從文字學上可以發現這一點。在《荀子》中，「辯」與「辨」常常互用，使用的邊界極其模糊〔註33〕。在古漢語中，與「分」緊密聯繫的是「辨」。《說文》曰：「辨，判也。判，分也。」《廣韻》云：「辨，別也。」後來衍生出「辯」字，表示用思考和言論來辨別事物，所以段玉裁的結論是，在古漢語中「辨」、「判」、「別」三字是

〔註33〕清代學者王念孫注意到《荀子》原文中「辨」和「辯」不分的問題。具體分疏見王念孫的《讀書雜志》（王念孫：《讀書雜志》，南京：南京古籍出版社，1985 年版，第 643 頁。）儘管這一現象在《墨子》中已經出現，許慎在《說文解字》中也提及古代「辨」與「辯」不分的情況，但是，《荀子》當中的「辨」與其禮學思想有著密切的聯繫，而不止是文字學的問題。

同義。郭沫若則指出：「（荀子）所說的『分』，有時又稱之爲『辨』，是已經具有比較複雜的含義的。它不僅限於分工，它已經是由分工而分職的定分。」〔註34〕

另外，文本中多處出現「治辯／辨」一詞，並一般作「治理」講。這說明不論是談「辨」還是「辯」，荀子基本是圍繞政治而言的。「辨」是人的一種先天性的分別能力，是人之爲人的本質向度。儘管，這種能力的形成是先天的，但是它卻需要落實於經驗世界，借助於後天的努力加以塑造和提高。禮的實質是分別不同的社會等級，要求社會成員做合符各自等級身份的事情，即：「禮別異」。（《荀子·樂論》）「辨」在荀子中雖有實然判斷的意味，但更偏重的是應然價值判斷。通常，作出一定的價值判斷，依賴於特定的價值立場。故而，針對百家異說的局面，儒家必須從觀念世界出發捍衛自身的價值語系。由此，荀子從「辨」走向了「辯」。

5.5.2 「名定而實辨」：論辯的邏輯性

不論是中國還是西方，邏輯學的誕生都與論辯有著密切的聯繫。故有學者將中國的邏輯學稱之爲「辯學」。因爲，辯論是一種對話，而對話的可能性不僅依賴於共識，也依賴於是否具有公共性特徵的話語規則。這套規則在人們的論辯實踐中逐漸被提煉和抽象化爲話語邏輯。先秦之所以出現了具有邏輯學特徵的名學，出現了墨家學派以及各式各樣的辯者學派與當時「百家爭鳴」的社會氛圍有著直接的關聯。就荀子來說，「荀子的『正名』是一方承續儒家的思想，一方受到辯者學說的影響，其方法是辯學，卻反對辯學；成了一個矛盾的現象，卻照著辯證的發展，到了一個更高的階段。」〔註35〕正是在吸收名辯思想的基礎之上，荀子形成了自身獨特的言辯邏輯，使其論辯比孔、孟更爲嚴密，更爲有力。

茲借助「形式邏輯」中的「概念論」、「判斷論」、「推理論」來探析荀子論辯邏輯：

1、概念論——創立了命名的「約定說」

孫中原認爲：「荀子的邏輯著作標題爲『正名』，意味著其邏輯是以概念

〔註34〕郭沫若：《十批判書》，北京：人民出版社，1954年版，第196頁。
〔註35〕郭湛波：《先秦辯學史》，上海：中華印書局，1932年版，第254～255頁。

論為主軸來展開的。」﹝註36﹞荀子認為概念是反映實在，是對實在一般屬性的抽象化：「名也者，所以期累實也。」(《荀子・正名》)「名」在荀子那基本上是作為普遍概念（「類」），包括「共名」與「別名」，不似墨子那還出現了單獨概念（「私名」）。荀子在概念的形成問題上提出了相當獨到的見解。他說：「名無固宜，約之以命。約定俗成謂之宜，異於約謂之不宜。名無固實，約之以命實，約定俗成，謂之實名。名無固善，徑易而不拂，謂之善名。」(《荀子・正名》)這一理論，既不同於西方的唯名論，也不同於實在論。倒是與現代邏輯學家克里普克的理論頗為暗合。克氏在《命名與必然性》中一反康德主義者將先驗命題與必然命題等同的做法，強調通過經驗獲得的命題也可能是必然的。他認為，命名與命名對象的屬性並不具備必然性。例如「丘吉爾」之所以叫「丘吉爾」並非他本人的某種特性，而是他的父母給他起的名字，別人這樣稱呼他，逐漸就形成了一種歷史的傳遞鏈條，而產生某種必然性。荀子「約定說」不僅是一種邏輯學上的創見，並且也與荀子理論的復古主義的價值立場保持了高度的一致。當然，在保持常識、尊重傳統的的同時，荀子並沒有循規蹈矩、固步自封，而是繼承地加以發展：一方面，肯定「名「的實效性，主張「循舊名」，另一方面則考慮到名的「時效性」，主張「作新名」。

2、判斷論——提出以「薄其天官」、「心有徵知」為基礎的判斷論

荀子認為作出判斷必須通過感官獲得感性材料。並且，愈是借助於更多的感官，其感性材料愈是豐富，故荀子主張「薄其天官」。不過，「感性無理性則盲，理性無感性則空」。即使依憑再多的感性經驗，也無法保證作出正確的判斷。因為由感性出發作出的判斷往往具有不確定性。譬如夜晚遇「寢石」以為「臥虎」。所以，還需要依靠具有理性思維特徵的「心」去統攝「天官」，依靠「心」進行認知，以此獲得正確而有效的判斷，做到「名實相符」。

在此基礎上，荀子提出了辨別謬誤的破「三惑」論：(1) 以名亂名：用一個概念來混淆另一個概念而形成的思想謬誤，如墨家學派；(2) 以實亂名：用個別或者特殊事實來混淆一般概念而形成的思想謬誤，如惠施及道家學派；(3) 以名亂實：用概念來混淆實在，如公孫龍派。「三惑」論實際上是荀子從「名實相符」、「以實指實」的名實觀出發，總結出判斷中所出現的三種典型的謬誤形式。

﹝註36﹞孫中原：《儒家智者的邏輯——荀子正名析論》，見中國人民大學孔子學院編：《儒學評論》（第二輯），保定：河北大學出版社，2006年版，第51頁。

3、推理論——形成了「以一行萬」、「以類度類」的推理論

在荀子的話語邏輯中，「一」相當於共相，是一般性、普遍性，和「類」互通；「萬」則相當於殊相，相當於個別性。在圍繞「一」（「類」）與「萬」之間，荀子形成了三種推論方法：

（1）演繹法：從一般的結論或者普遍的原理推出個別性的事實。這在荀子的辯說體系中使用比較廣泛，如「以類行雜」、「以一持萬」、「以一知萬」。荀子不僅頻繁地使用演繹法，還經常「累進式」地使用演繹法，即從一個前提推出一個結論，再以這個結論作為前提，繼續推衍下去。如：「義以分則和，和則一，一則多力，多力則彊，彊則勝物，故以義分則勝物。」（《荀子・王制》）

（2）歸納法：從個別性的事實抽象出一般性的結論或者普遍性的原理，如「欲知億萬，則審一二」（《荀子・非相》）。雖然說，從邏輯學的角度而言，歸納法事實上無法保證必然性，而且荀子所使用的大抵是不完全歸納，但是，它在人們經驗世界所及的範圍內卻具有一定的有效性。演繹法之所以能夠順利進行，常常需要歸納法所得出的結論。歸納和演繹一般是無法分離的。在人情問題上，荀子認為「欲知千萬人之情，一人之情是也。」（《荀子・不苟》）在此，我們甚至可以作出歸納法與演繹法的兩種解釋：以「一人之情」作為個別性，歸納出「千萬人之情」的一般性；以「一人之情」作為一般性，演繹出「千萬人之情」的個別性。

（3）類比法：從特殊事例推出特殊事例。不過，前提條件是由一已知事物具有某種性質，而推衍出同類中的另一事物也具有這樣的性質。此即荀子主張的「以人度人」、「以情度情」，「以類度類」。這種「度」之所以不是主觀的臆測，而是具有客觀的測度在於「類」的有效性和正確性：「類不悖，雖久同理。」（《荀子・非相》）事物的一般性並不會因為時間而失去效力。

許多學者傾向於認為：「荀子之名學混淆了邏輯與倫理政治之界限，妨礙其對邏輯學之研究，以致未能更自覺地從邏輯上去研究名、辭、辯說等思維形式，因而造成其邏輯研究之限制。」〔註37〕不容否認，不能將名學或辯學等同於邏輯學，中國的名學更多依賴於現實經驗或價值訴求，這與西方邏輯學本質上是不同的。對於荀子而言，其名學只是充當其政治倫理言說或者辯論的工具，只不過與西方具有理性色彩的邏輯比較契合而已。

〔註37〕李哲賢：《荀子之名學析論》，臺北：文津出版社，2005年版，第234頁。

5.5.3 「談說之術」：論辯的技巧性

　　論辯需要達到的是說服的目的，所以，它不只是需要以邏輯為基礎的對話理性，而且還需要具有以工具理性為特徵的論辯技巧來增強說服的力量。亞里士多德曾歸納出兩種說服手段：一是依靠引用法律、文獻、經典等現有資料的外在勸說手段，二是依賴講演者創造性技能的內在手段，包括說服者的個性特點（ethos）、論證或者說理本身所提供的顯而易見的證明（logos）、如何將聽眾引入某種思路（pathos）。

　　對於前者，荀子使用外在勸說的手段，可以說貫穿了文本的始終。荀子本人是「六經」的重要傳播者和闡發者，所以文本中多處引用《詩》、《書》、《禮》、《易》、《樂》、《春秋》的文句，其中以引《詩》為最多，達到 83 處之多。一方面，我們注意荀子肯定經典的地位，將之作為論辯有力論據的同時，也注意到《詩》之所以出現頻率最高，很可能由於《詩》的通俗性、文學性、大眾性更易產生實際的說服效果有關。另一方面，荀子採用民間話語形式作「成相」，創造出嶄新的文體——「賦」，與之也是一致的。

　　就內在的勸說手段而言，荀子將之概括為「談說之術」，套用亞里士多德所說的 ethos、logos、pathos 三個方面展開剖析：

1、ethos——「矜莊以蒞之，端誠以處之，堅強以持之」

　　精神氣質似乎與論辯的技巧無關，但是，它的技巧恰恰在於無形地增加論辯的力量。在儒家那裏，「身教勝於言傳」，人格的感召比道德的勸誠更為有效。荀子指出儒者在論辯活動中需要三種精神氣質：莊重、誠實和堅強。其一，在儒家看來，論辯並非一種無中心的語言遊戲，而是承載道義的價值言說，這就決定了儒者對待論辯的態度應當是嚴肅的、莊重的。相反，「爭氣」則是一種膚淺而又極其不穩定的精神氣質，它使得論辯走向意氣之爭，而引發不快。不僅論辯者在論辯中不應當有「爭氣」，而且也不應當與有「爭氣」的論辯對象進行論辯。其二，「誠實」首先意味著一種實事求是的態度，它是論辯能夠實現追求真理的內在要求。而對於儒家而言，「誠」是一種人格力量的凝聚，它可以以言辯為媒介灌注於他人，塑造道德的人格。概言之，如果缺乏誠實，不僅論辯無法取得成功，即使成功也無法讓人信服。其三，論辯不同於對話。對話往往側重於信息的交流，而論辯則往往需要通過揭示對方觀點的不足。對於後者，不僅是對人的本性（「凡人莫不好言其所善」（《荀子·非相》））的挑戰，而且當論辯對象與自身並非處於同等地位的時候，挑戰更

大。「堅強」就是迎接這種挑戰必須具備的精神氣質。它意味著不畏強權，代表著對眞理的執著與自信。頗具典型的例子出現在《議兵》篇中，荀子的論辯對象是崇尙兵家思想的權臣臨武君，然而，荀子再三以「不然」反駁對方的觀點，直到對方稱「善」爲止。

2、logos——「譬稱以喻之、分別以明之」

前所述及的邏輯實際上是論辯所依賴的主要手段，除了邏輯這一層外，語言學的技巧也是事實性論證的一個重要途徑。從這個角度看，荀子認爲道德的言說最大障礙在於論辯主體相互對立的價值立場和差異性的精神境界，故而要求在言語上只能採取迂迴的戰術。荀子著重指出了加強論辯力量的兩種技巧：一爲比喻性說理，另一爲列舉式說理。前者是使用淺顯易懂的事例來說明比較抽象的道理。這一方法特別符合論辯的口語化特徵，如《荀子》開篇即以「冰」與「水」來強調學習的重要性。荀子還進一步分析了如何恰當地使用比喻論證。他認爲，說理的事例必須在過去與現在的時間位上保持彈性的關係，做到適合具體論辯場境的要求。列舉式說理就是將同一類事物按照不同的品級加以排列比較的說理方式。它的優點即在於以極其直觀的形式可以呈現事物的優劣高下。《荀子》中大量使用了這樣的方法，如「士」有「通士」、「公士」、「直士」、「愨士」、「小人」；儒有「俗儒」、「雅儒」、「大儒」；「臣」有「態臣」、「篡臣」、「功臣」、「聖臣」等。

3、pathos——「欣驩芬薌以迎之，貴之，神之」

如何在論辯中掌握主動權，將對方引入到自己的論題上？這是荀子希望將論辯的語言魅力上升到極致的內在原因。按照荀子對人性的觀察，人是趨利避害的，在言語上則總是表現爲聽好話，而不喜歡聽自己不愛聽的話，所謂：「故與人善言，暖於布帛，傷人以言，深於矛戟。」（《荀子‧榮辱》）人的這種心理利己主義傾向，在荀子看來可以成爲進行道德辯說的可用之資。如何利用這種人性的特點，荀子是借助於「文」。在荀子那，禮義教化的本質就是人的文化、或者人文化。而當文化或人文化滲透於語言世界，必然會提升語言的魅力，乃至更好地滿足人們的心理和精神需求：「故贈人以言，重於黃金珠玉；觀人以言，美於黼黻、文章；聽人以言，樂於鐘鼓琴瑟。」（《荀子‧非相》）儘管辯者乃至縱橫家也會利用人們的這一心理，與儒家不同的是，他們卻放棄了論辯的正當性，而走向了一種無立場的權變之術。

5.5.4 「以公心辯」：論辯的正當性

　　「論辯理性」不同於「論辯正當性」，前者側重的是運用理性進行論辯，包括如何使用邏輯，如何發揮論辯的工具理性，而後者則強調論辯的價值合理性，回答何以使論辯變得正當。在先秦時期，各家各派的論辯似乎都可以「持之有故，言之成理」，但何以出現莊子所說的相對主義的價值言說問題？這完全是由於這些學派的辯說缺乏正當性，不能做到「言之當理」。在荀子看來，儒家的理論優勢並非在於將論辯上升到工具理性，而在於確立論辯的正當性：「君子所謂辯者，非能徧辯人之所辯之謂也；君子所謂察者，非能徧察人之所察之謂也：有所正矣。」（《荀子・儒效》）

　　那麼，荀子是如何建構論辯的正當性的呢？正若漢學家史華茲所言：「荀子相信他對實在的通見是無蔽的，並他對此信心十足，不過在批評他人的時候，他表現得不太一樣。在某種程度上，他的自信心反映的是這樣一種感覺：相信自己有能力將他所處理的片面的觀點中所包含的任何真理成為都結合到他更為宏闊的儒學綜合體中。」〔註38〕以荀子的立場，戰國時期「百家異說」的背後往往是代表著不同的利益表達：各家各派在謀求自身的利益的同時，竭力通過言說和論辯來替自己辯護。然而，個體主義的立場容易帶來論辯和言說的隨意性，從而無法產生「交疊性」的共識。所以，荀子自身也試圖避免從一己利益出發的辯說：「在論辯中，他建立一個低於儒家立場的價值平臺，試圖從這個非獨斷性的平臺出發，通過一種更為對等的『討論』，最終達到在觀念上維護日益頹廢的傳統生活方式（禮）的目的。」〔註39〕荀子尋求一種整體主義立場，去思考人，乃至論辯問題。換而言之，荀子從時間和空間兩個角度使論辯對象之間建立有機的聯繫：一是都承續某種傳統；二是都處於相同的社群。荀子的禮義之論基本上是圍繞這兩點展開的。禮義實際上就是荀子所說的「道」、「大理」，論辯的正當性來源於是否合符禮義：「辯說譬論，齊給便利而不順禮義謂之奸說。」（《荀子・非十二子》）

　　荀子認為論辯的目的在於分辨是非，追求真理，故而須出自「公心」，袪除心靈的蔽塞。其言曰：「以仁心說，以學心聽，以公心辨。」（《荀子・正名》）「公心」形成和塑造實際上就是個我人格的塑造與培育。通過「虛壹而靜」，

〔註38〕〔美〕本傑明・史華茲：《古代中國的思想世界》，程鋼譯，南京：江蘇人民出版社，2004 年版，第 328 頁。
〔註39〕陳文潔：《荀子的辯說》，北京：華夏出版社，2008 年版，第 6 頁。

心靈世界在對外在世界深化認識的同時，不斷地突破心靈的「蔽塞」，最終臻於「大清明」的修養境界。而小人、君子、聖人恰恰是培育「公心」過程中出現的不同人格品級，從論辯上也呈現了不同的特徵：聖人之辯是「多言而類」；君子之辯是「少言而法」；小人之辯則：「多言無法而流湎然」。從立場上來看：荀子「是以『士君子之辯者』自居，以『聖人之辯者』為理想，而以『小人之辯者』為論敵。」〔註40〕

需要注意的是，荀子又別立「姦人之雄」的論辯，此屬「小人之辯」無疑，只是更為惡劣。在他看來，盜賊有教化轉變的可能，這類人卻斷然沒有。何謂「姦人之雄」？曰：「聽其言則辭辯而無統，用其身則多詐而無功，上不足以順明王，下不足以和齊百姓，然而口舌之均，噡唯則節，足以為奇偉偃卻之屬」（《荀子・非相》）。對應《宥坐》篇所提及的孔子誅殺的少正卯，就是這種「言偽而辯」的「姦人之雄」。在此，可以發現荀子關於論辯的觀點出現了逆轉，即從主張「君子必辯」，走向通過以暴力和權威取消論辯對手的話語權。其間不難發現：荀子在追求論辯的正當性時候，注意到論辯的工具性特徵，它並不會因為儒家踞有「大理」而產生更大的言辯力量。相反，它倒可能是名辯學派的理論優勢。進而，荀子認為在論辯喪失正當性的情況之下，論辯本身就喪失了存在的必要。順著這個思路，荀子滑向了一個極端，就是通過國家力量進行思想控制，來維護禮義作為宰制性意識形態的地位。

綜合而論，荀子在探討論辯理性問題上邁出了相當可貴的一步，不論是從論辯邏輯性還是從論辯的技巧性的層面，都大大地深化了前人的認識，即使對於現代社會的論辯也有著重要的借鑒意義。而且，他較早地注意到論辯的工具理性與價值理性之間的關係。非常正確地肯定了論辯的正當性對於工具理性的優先性。不過，論辯歸根結底是一種多元對話，如果取消其他價值觀，勢必又會窒息對論辯理性的需求，這是荀子政治哲學對於論辯理性的理論失足之處。

在荀子的論述中，為君之道、為臣之道、王霸之道、為兵之道以及論辯之道，無一例外地呈現了一個共同的特徵：在突出工具理性的同時，強調價值理性的優先性。如「為君之道」中，有「主道利明不利幽，利宣不利周」、「主道知人」的君主「統治術」的詳盡探討，但是更強調君主作為道德典範

〔註40〕 侯外廬、趙紀彬、杜國庠：《中國思想通史》（第一卷），北京：人民出版社，1957 年版，第 553 頁。

的特殊意義；「爲臣之道」中，甚至出現了「持寵位，終身不厭之術」，但也高度強調「從道不從君」的價值優先性；「王霸之道」一改孟子對霸道的否定態度，對之有所肯定，不過卻強調「王道」的價值優先性；「爲兵之道」中，對軍事技術有了詳盡的探討，卻強調「仁義之師」的意義；至於「論辯之道」，荀子極大地提高了論辯的地位，在對之肯定的同時，發展了論辯理論。不過，他最終卻走向對論辯的否定，這無非是價值理性與工具理性之間的緊張和衝突所造成的。不言而喻，一方面，荀子之所以堅持價值理性的優先性，在於他繼承了儒家的泛道德主義的基本立場。另一方面，他之所以提高工具理性的地位，無非是將儒家烏托邦轉化爲現實可以產生作用的政治理論，以提高儒家理論的可行性。這種嘗試，也決定了荀子既會吸收與借鑒其他諸家的思想，又對之進行深入的批判，從而呈現了一種極其複雜的彈性關係。

第6章 「政教貫通」：荀子政治哲學的思想旨趣

　　荀子以「禮義之統」為核心的政治哲學，儘管吸納了法家的工具理性，但卻更多地賦予了價值理性以優先性。這種價值理性奠基於對人的本質的合理理解。人固然需要遵守特定的規則與制度，但是，人更需要通過自我的約束，來呈現自我生命的意義。所以，「禮義」內蘊著深厚的價值關懷與人文勸勉。這也最終決定了荀子政治哲學的歸屬是──「政教貫通」〔註1〕。一方面，以「教」輔「政」，通過人文之教賦予政治以價值合理性，通過人文之教削減政治對人的強制與操縱，實現社會的和諧運轉。另一方面，以「政」促「教」，借助政治手段進行普泛性的道德教化，促進人的自我證成。如陳來所說：「禮從文化上說也就是教養，在社會上說就是秩序。」〔註2〕

　　應該說，將道德的力量貫徹到政治之中，是儒家的一貫立場。但是利用政治本身的特性，將之貫通到服務道德教化的目標之上，則是荀子政治哲學的特色所在。孔子奠定了儒家「內聖」與「外王」的基本架構，孟子著力闡

〔註1〕 很多學者將儒家把道德教化融入政治實踐的行為，概括為「政教合一」。這一提法容易造成一種觀念的誤解。「政教合一」與「政教分離」是基於「政道」的討論。大多出現在討論西方政治體制的變革問題，涉及到教權與王權的鬥爭問題。而且，學者們一般視「政教合一」是專制獨裁政治的本質特徵，具有貶義性，而「政教分離」則意味著向民主政體邁進，具有進步性。而我們在此討論儒家的政教問題，則是從治道的層面而言的，所以為了避免混淆，故使用「政教貫通」。

〔註2〕 陳來：《古代宗教與倫理──儒家思想的根源》，北京：三聯書店，1996年版，第260頁。

發了前者，荀子則著力繼承了後者。相較而言，孟子的「仁政」本質上是以道德替代政治，完全貶抑工具理性，取消了政治相對獨立的意義。並且，其理論重點並不是指向他人的「教化」，而是自我的成德——「自反」。相比之下，荀子的「禮治」則肯定了政治的相對獨立意義，並且以「工具理性」顯豁「價值理性」。故而，荀子那裏，「禮義」既具有了價值理性的內蘊，又有了工具理性的特徵。政治與倫理奇異地耦合一處。

荀子的政治哲學之所以以「政教貫通」爲思想旨趣，這與傳統的社會結構有著極其密切的聯繫。發軔於西周的宗法社會，本質上是一種家國同構型社會，家庭是以血緣爲紐帶，而國家則是家庭的擴大與延伸。血緣關係與政治關係的聯結，構成了倫理型政治的賴以形成的前提和基礎。

6.1　宗法社會與倫理型政治

侯外廬先生指出：「如果我們用『家族、私有、國家』三項來做文明路徑的指標，那麼，『古典的時代』是從家族到私產再到國家，國家代替了家族；『亞細亞的古代』是由家族到國家，國家混合在家族裏面，叫『社稷』。」〔註3〕在古希臘，國家在形成過程中，地緣關係逐漸取代和突破血緣關係，其結果是國家完全取代氏族而成爲唯一的社會組織。而中國早期社會卻不然，國家在形成過程中，氏族組織並沒有被打破和取代，反而成爲國家政治的組織基礎，宗法血緣關係被轉化爲社會政治關係，形成國家與宗族合一的模式。

根據史家的考證，周族早期活動於岐山之南，較爲邊遠，人口又少。周與商王朝的牧野之戰，實力懸殊比較大。但是，商紂王組織的大量奴隸最後倒戈，客觀上使得這場戰爭具有了更多的偶然性。當周王室在推翻商朝之後，就面臨著如何對廣袤的土地和眾多的人口進行控制的問題。然而，人口有限的周室，只有通過委託最爲可靠的力量進行一種代理式的社會控制。分封制就成爲了一種最佳的選擇模式。而分封的對象顯然首先是周王室的族人，然後才是有軍功的人。其原因在於：「一來同是族人，看在祖宗的關係上，自當如此，才不負同族的情分。二來以流血得來的領土人民，交與異族人去負責

〔註 3〕侯外廬、趙紀彬、杜國庠：《中國思想通史》（第一卷），北京：人民出版社，1957 年版，第 50 頁。

治理，實在不放心。」〔註4〕根據荀子的說法，周代在立國之初，分封 71 國，
其中姬姓的同姓諸侯爲 53 人，司馬遷則將這一數字上升爲 55 人。由此可見，
這種分封制，無疑提高了周王室對各地的控制能力，亦保障了政治系統內部
的和諧。而這種和諧，又是通過以血緣關係爲基礎的宗法制貫穿其中而加以
實現的。

宗法制根據血緣關係的親疏遠近封邦建國，分田制祿，形成天子、諸侯、
大夫、士之間政治上的等級關係。所謂：「君有合族之道。族人不得以其戚戚
君，位也。庶子不祭，明其宗也。庶子不得爲長子三年，不繼祖也。別子爲
祖，繼別爲宗，繼禰者爲小宗。」(《禮記‧大傳》) 嫡長子繼承制，實際上是
宗法制的重要內容。按照周人確立的繼承制度。嫡長子繼承君位，其餘庶人
爲別於君統，自立宗族，爲這一宗的始祖，此謂「別子爲宗」。宗法制度以嫡
長子繼承權力和財產的制度，保證了權力和財產的繼承過程中的完整性，並
用血統的唯一性保證權力和財產繼承的唯一性，從而避免了政治權力和財產
過程繼承上出現鬥爭和混亂，保障統治集團內部的團結與和諧。

在宗法等級制度的設計中，天子既是政治上的君王，又是血緣上的宗主，
君統與政統是合一的。天子、諸侯、大夫、士之間政治上的的等級關係是建
立在父子兄弟的血緣關係的基礎之上的。不僅王室與大多數地方首長間多了
一層同宗共族的血緣聯繫，周天子既是全國諸侯之君，又是宗法體系之下的
最高首長，從而，天下一家的觀念得以確立起來。作爲政治實踐與政治思想
家合一的人物，周公的「制禮作樂」實際上就是致力於將政治倫理在組織化
社會政治運作中的統一與協調作用。正如樊浩所說，先秦政治倫理是「一種
以血緣宗法爲核心和根基的精神，其特徵是家族精神、宗法精神、倫理精神
三位一體，在血緣關係的基礎上確定宗法的原理，再把血緣宗法的原理直接
上升爲政治秩序。」〔註5〕

宗法制度以血緣爲紐帶，按照「親親」、「尊尊」的原則，把家庭和家庭
的內部成員凝聚成一個組織嚴密的宗法共同體。這種共同體，具有頑強的再
生能力和超穩定結構。它可以憑藉人口的自然繁衍而進行延伸和擴張。尤其
是，對於宗法社會的基本生活單位——家庭而言，它構成了一個最基本的生

〔註4〕瞿同祖：《中國封建社會》，上海：上海人民出版社，2005 年版，第 31 頁。
〔註5〕樊浩：《中國倫理精神的歷史建構》，南京：江蘇人民出版社，1992 年版，第
74～75 頁。

活單位，因而成為社會政治的根本，故而，孟子說：「天下之本在國，國之本在家。」（《孟子‧離婁上》）家庭儘管與國家有著同構的性質，但是並不是說兩者在外在結構上是完全對應的，而是它們在政治、經濟、文化功能方面的一致性，尤其是在權力結構與統治關係上的一致性。荀子說：「夫婦之道，不可以不正也，君臣父子之本也。」（《荀子‧大略》）又曰：「君者，國之隆也；父者，家之隆也。隆一而治，二而亂。」（《荀子‧致士》）家庭倫理關係和道德行為具有穩定社會秩序，鞏固地主階級統治地位的政治功能。

在家國同構形態之下，家庭和家族不僅承擔了經濟和文化職能，而且還承擔政治職能。統治者非常注意利用血緣親情和道德責任約束人們的行為，建立其父慈、子孝、兄良、弟悌、夫義、婦聽、長惠、幼順的道德秩序。尤其是「孝道」被視為倫理的核心與根本。正是以孝為本的倫理原則與擬宗法化的契合，中國傳統社會便有了用以統合整個社會關係的實體化的禮法制度。這一倫理型政治，將家國緊緊地黏合一處，成為中國傳統社會的主導控制形式。從婚姻到喪葬、家祭到國奠，從地方行政到君主統治，從子女家教到培養社會精英，禮、樂、刑、政均統屬於禮法制度之中，成為「天下之大法」。

從這一「大法」的邏輯推導來看，一是「禮以定倫」，賦予禮形而上基礎；一是以禮入刑，使倫理規範制度化。在前者，孔子通過改造周文化「尊尊」、「親親」「賢賢」政治原則為君臣、父子、夫婦、兄弟、朋友等政治關係為基礎的倫理政治原則，確立起禮以經國的本原意義及其社會良序供給的支點，賦予禮以仁為本的實質內涵，並從禮義、禮樂、禮德、禮教、禮治等政治制度和社會秩序方面初步勾勒了禮以體政的治國方案。當以孝悌原則處理政治關繫時，孝悌倫理便升格為尊尊原則，形成忠恕之道。當為君者「使臣以禮」時，宗法倫理遂成為一種德性互動，進而達成「為政以德」的理想政治局面。孟子將這一連鎖推導更清晰化和系統化，不僅將道德主體概念化，而且借助於「推恩」方法，將之納入宗法倫理社會格局之中，進一步樹立起治理社會、建立公共禮法的德化原則。「推恩足以保四海，不推恩無以保妻子」（《孟子‧梁惠王上》），這種親情倫理的政治化努力，必然演化為王者行「不忍人之政」的仁政進路，加之「民貴君輕」的「善教」施為，「天下皆悅」政治局面必然會出現。

到了荀子那裏，這種趨勢亦更加明顯。儲昭華認為：「在《荀子》全書中，

『家』的出現次數不少，但大多數都是並稱『國家』，少數單指『家』本身，始終未見像孟子和《大學》那裏由家而推國，將家視爲國之本，以家爲核心的說法。這種始終一貫的傾向在其他問題上反而少見。這蘊示著，荀子的人不再只是家庭倫理關係中道德化的人，而更多的是以獨立、個別的社會成員的面目出現的。他不再經由內聖走向外王，而是直接面向社會，作爲共通的社會的成員通過交往即『群居』組成社會。」〔註6〕然而，這一說法的問題在於過高地估計了國家區別於家庭的獨立性。儘管荀子的理論焦點在於有社會性特徵的「群」，但是這種「群」的根基與基礎依然是血緣關係。孟子那裏的「五倫」排序中，家庭的主幹——父子關係，是優先於國家的主幹——君臣關係的。只不過到了荀子那裏，由於拔高了政治的地位，君臣關係作爲政治關係的主軸，是優先於父子、兄弟、夫婦等家庭內部關係的。

荀子實際上是完全承繼儒家的「德化」傳統，認定以德爲政，是「天下之通義」，注重仁義的功用對於德治的運作，強調君臣父子之理，是「與天地同理，與萬世同久」（《荀子・王制》）的大本，需「日切磋而不捨也」。而以禮入刑的制度化努力，旨在賦予禮法制度以國家意志，禮之所同，法之所隨，禮之所去，法之所禁，最終達到去刑無訟的王道之治。孔子「道之以德，齊之以禮」（《論語・爲政》）的言說、荀子則發揮以「道之以道，申之以命，章之以論，禁之以刑。」（《荀子・正名》）的申論，既反映了建構倫理法的努力，又體現了禮法制度整體構思中德主刑輔的價值取向。原始儒家在制度層面上統合倫理與政治，一方面以血緣爲基礎的宗法等級關係和以「尊尊」定「親親」、以「親親」飾「尊尊」的擬宗法等級關係的倫理秩序化努力，使得其倫理政治所憑依的禮既具有了整合人心和社會關係的自然性，又兼具了形式上的至上性；另一方面以禮與刑相涵攝，賦予形而上的禮以現實地有效干預社會政治生活的權威性和震懾力。勿庸置疑，原始儒家的禮法制度涵蓋了對個體生活、社會政治生活與法律生活的倫理政治化調控。作爲調控基本的人倫關係（父子有親、君臣有義、夫婦有別、長幼有序、朋友有信），整合了血緣、宗法、等級等所有社會關係，家與國由此而同構同化，成爲傳統社會各種力量聚合的結構性原理。

韋伯在觀察中國的政治格局時，對宗法制下的倫理型政治作出了這樣的

〔註 6〕 儲昭華：《明分之道——從荀子看儒家與民主政道融通的可能性》，北京：商務印書館，2005 年版，第 189 頁。

評論：「建立在傳統主義權威的基礎之上，其合法性仰仗傳統的那種統治的最重要的形式是家長制：家父、丈夫、家長、族長對家、族同胞的統治；主人和舊奴隸主對農奴、依附農、解放奴隸的統治；主子對家僕、家臣的統治；君主對家臣、內廷官吏、大臣、幕僚、封臣的統治；世襲領袖對君主（國父）對『臣民』的統治。家長制的（和作爲其變種的世襲制的）統治的特點是：它有一種堅不可摧的規範系統，這些規範之所以堅不可摧，是因爲它們被視爲神聖的東西，觸犯它們，會帶來巫術的或宗教的禍害。除此之外，它還有一塊主子可以隨意施其恩威的地盤，這種恩威只是根據『人的』關係，而不是根據『事的』關係來評價的，因而是『非理性的』。」〔註 7〕在韋伯看來，這樣的倫理型政治，其「非理性」無疑是其重視倫理親情，而不似西方法理性政治，注重理性的制度規範。錢穆先生亦從中國人的視野將之區別於西方的「法制」：「中國古代乃一封建政治，乃由宗法社會來，封建即依據於宗法，此即所謂禮。禮之主要內容，即是宗法，富自然性，與政府制定法律強人以必從者不同。故中國人所謂禮治與西方人所謂之法治，意義大不同。」〔註 8〕

總之，家庭同構的特殊社會格局決定了中國形成獨特的倫理型政治範型。而這種範型本身蘊含著政治倫理化，倫理政治化的雙重趨向。政治的倫理化意味著將政治灌注以內在價值；倫理政治化則意味著將倫理世界的外延擴大化，延伸到政治世界，從而顯豁更大的效用。正若 Dubs 所說：「在對儒家政治哲學的討論中，我們可以看到，沒有什麼比儒家倫理付諸實踐更爲重要。他們的倫理同時也是一種社會理論。儘管古代儒家的根本興趣在於政治，然而，其實現途徑從來不會與他們的倫理理想漠不相關。因此，事實上我們可以說，儒家哲學是一種倫理理想主義。」〔註 9〕

6.2　政治與教化的貫通

中國古代倫理型政治的一個重要特點，就是政（政治管理）、教（道德教化）貫通。借助政治手段進行普泛性的道德教化，促進人的自我證成。借助

〔註 7〕〔德〕馬克斯・韋伯：《儒教與道教》，王容芬譯，北京：商務印書館，1995年版，第 35～36 頁。

〔註 8〕錢穆：《晚學盲言》，桂林：廣西師範大學出版社，2004 年版，第 176 頁。

〔註 9〕Dubs，Homer. Hüntsze：The Moulder of Ancient Confucianism. London：Arthur Probsthain，1927，pp.274.

道德教化實現最為有效，最低社會成本的執政。正如李安宅所說：「政治的基本觀念，即是人治的好人政府，則其行政之所資藉，自以倫理的人倫為依歸；換句話說，所謂政治也者，就是禮教之大規模的實現；國家也者，就是家族之大規模的實現。」〔註10〕儒家之所以強調，賢人政治，強調人治，根本就是由於這種特殊使命所決定的，如 Schofer 提及的「在談論聖王的時候，荀子對『德』的特別關注，大量使用了術語『德』。或可說，沒有了德，就沒有了真正意義上的統治者。荀子把好政府的行為稱之為『天之德』。有德之君是有仁有義的，並且他們尊敬和支持有德之士進入統治集團。」〔註11〕在儒家看來，統治者只有將政教兼於一身，實現政教兩個方面的任務，才能夠成為一個合格的統治者，《尚書‧泰誓》所說的「天降下民，作之君，作之師。」就是表達這個意思。這裏的「君」實際上是代表著政治的最高位格，「師」代表著道德的最高人格。君師合一，其本質就體現了政教貫通。

馬斯洛的「需要五層次」理論表明，人類的需要由低級到高級分別生理需要、安全需要、歸屬和愛的需要、尊重的需要以及自我實現的需要。低層次需的滿足有利於促發高層次需要的產生。回到我們的問題，生存問題實際上是涉及到生理需要與安全需要的低層次需要，而道德自然體現了歸屬和愛的需要、尊重的需要以及自我實現的需要。儘管放棄生存而選擇道德，可以成為個體性行為。但是，從一般意義上而言，人首先需要解決基本的生存問題，然後才能夠談得上道德問題。因此，對於一個社會而言，民生問題是最為基本的問題，道德的提高和民風的淳化則是這個社會朝著高級階段邁進的必然標誌。所以，在孔子那裏出現了「先富後教」的邏輯順序：「子適衛，冉有僕。子曰：『庶矣哉！』冉有曰：『既庶矣，又何加焉？』曰：『富之』。曰：『既富之，又何加焉？』曰：『教之』。」（《論語‧子路》）孔子不僅看到了物質富裕的重要性，而且看到了道德教化的重要性。「富」實際上是「教」的一個前提條件（非必然條件），「教」則是「富」的最終導向。荀子同樣主張富民，並且認識到物質生活條件，對於道德教化的一個前提條件以及統一性：「不富無以養民情，不教無以理民性。」（《荀子‧大略》）

〔註10〕 李安宅：《〈儀禮〉與〈禮記〉之社會學的研究》，上海：上海人民出版，2005年版，第74頁。

〔註11〕 Schofer，Jonathan .Virtues in Xunzi' Thought. Critique of Mencius.The Journal of Religious Ethics，1993，21：117～136.

　　這裏我們順便提及「德」字的內涵問題。前所述及 Schofer 將「德」作爲被教化了的人所具有的特性，具有褒義和正價值。然而，Wong Pui-Yee 則注意到「德」還可以作爲一種中性意義的使用，作爲類似於「特點」的意義蘊含：「有理由相信，荀子使用『民德（the virtue of the masses）』僅僅指『普通人所具有的共同特徵和品格』，而不是『諸如做善事。避免作惡』的道德意義上的使用。換句話說，在荀子看來，『德』或者大眾的能力，通常在道德上，政治上，甚至更一點說，在社會上，是最低級的。」〔註12〕如《儒效》篇將「從俗爲善」、「貨財爲寶」、「養生爲己至道」視爲「民德」。由此，「德」包含著自然欲求滿足與人格境界提升的雙重內涵。針對以複數出現「民」作爲對象而言，以政治管理可以實現人民自然欲求的滿足，而以教化則可以導之以高尚人格之形成。所以，從「德」字的理解上，也可以發現荀子「政教貫通」的思想旨趣。

　　荀子從政治管理開始，論述了如何實現「富民」，以滿足人民的物質需求：

> 下貧則上貧，下富則上富。故田野縣鄙者，財之本也；垣窌倉廩者，財之末也；百姓時和、事業得敘者，貨之源也；等賦府庫者，貨之流也。故明主必謹養其和，節其流，開其源，而時斟酌焉，潢然使天下必有餘而上不憂不足。如是則上下俱富，交無所藏之，是知國計之極也。（《荀子・富國》）

荀子認識到「藏富於民」的道理，並且看到物質資料的生產具有特定的規律。他主張開源節流，促進社會財富的增殖。荀子說：

> 足國之道，節用裕民而善臧其餘。節用以禮，裕民以政。彼裕民，故多餘。裕民則民富，民富則田肥以易，田肥以易則出實百倍。上以法取焉，而下以禮節用之。餘若丘山，不時焚燒，無所藏之。夫君子奚患乎無餘？（《荀子・富國》）

繼而，在人們物質財富得到滿足的前提下，荀子主張通過各種各樣的教化手段，對之進行人格的塑造和精神境界的提升：荀子說：「不富無以養民情，不教無以理民性。故家五畝宅，百畝田，務其業而勿奪其時，所以富之也。立大學，設庠序，修六禮，明七教，所以道之也。」（《荀子・大略》）荀子認爲：「以善先人者謂之教」（《荀子・修身》），即以善來引導人，對之進行道德的

〔註12〕Wong，Pui-Yee. The philosophy of Husn-Tze，Hong Kong：Swindon Book Company，1985，pp.62.

教化。荀子主張設立各種學習機構，使得百姓學習冠、婚、喪、祭、鄉及相見等六個方面的禮儀規定，懂得父子、兄弟、君臣、夫婦、長幼、朋友、賓客等七種常見的人際關係的交往規範。就主要內容而言，主要就是指禮、樂教化。

楊大膺先生曾對禮、樂這兩種教化的段進行比較：「樂與禮的功用不同，用禮調度欲，是從理智方面，使欲受一種規律的裁制。用樂導欲，是從感情方面，使欲受一種情感的誘化，所以禮對於欲是在欲動以後，引欲向合理方面走。所以禮對於欲是在欲動以後，引欲向合理方面走。樂對於欲是在欲未動以前，養成欲一種合理的性格，故把兩者合併起來說，那麼禮是治標的，樂是治本的，就救濟目前說，當然禮為重要；但就根本上說，還是樂重要，因為人的欲，如果已經養成合理的性格，那麼每一動欲，必定自然而然合乎文理，用不著再經過禮的裁制。」〔註13〕Alexandrakis 則肯定了禮樂教化對於人格塑造的卓越功能：「禮樂的結合產生了人的內在和諧與外在辭讓.隨著他內在與外在自我的改造，他變得『可敬起來』。他內在力量（德）的塑造，耀然顯之於臉，現之於行，聞之以語。當人們看到這種內在的和諧與外在的辭讓的時候，就會收到直接的感化，以至於接受和尊崇他。」〔註14〕

然而，禮樂教化本身亦是禮樂政治。禮樂教化塑造了健全人格的人。這類人無疑是社會之中的和諧因子。而且，禮樂從不同方向和層面調節著社會關係：「剛性的禮把人強分若干階級，物質與享受亦隨其階級而異同。同是圓頭方趾的人，在這樣不平等的制度之下生活著，倘無柔性的樂，把已分開的人類合在一塊兒，共樂同樂一下，則上永遠是上，下永遠是下，尊者無時無刻不尊，卑者無時無刻不卑，將永走極端，互相水火。荀子體出了禮的困難與缺點，把樂來補救禮之弊，匡禮之所不及。」〔註15〕荀子理想中的社會秩序，既是保證社會成員遵循不同的名分、不同的職守、不同的地位所要求的道德規範，而且，又能保證所有的社會成員能夠相互之間具有溫情與和諧。他認為禮的功能體現前者，而樂的功能則體現於後者。禮樂構成了兩個相互區別又相互補充的社會組織原則。

〔註13〕楊大膺：《荀子學說研究》，上海：中華書局，1936 年版，第 17 頁。

〔註14〕Alexandrakis，Aphrodite. The Role of Music and Dance in Ancient Greek and Chinese Rituals：Form versus Content，Journal of Chinese Philosophy，2006，33（2）：pp.267～278.

〔註15〕劉子靜：《荀子哲學綱要》，上海：商務印書館，1938 年版，第 60 頁。

鑒於禮在前文的論述中已經得到了詳細的展開，下面我們著重探討一下樂作爲教化，乃至履行政治管理手段所發揮的作用。在儒家思想中，「樂」的涵義有兩種：一是指以音樂爲主體的集詩、歌、舞、樂器演奏一體的文化。二是指情感上的愉悅，指因刺激而產生的感官快樂以及精神的愉悅。同樣，樂教在儒家之中具有兩層涵義：一是指音樂爲主的藝術教育，即美育；二是指達到和諧一致的人格教育。它能夠幫助人們、引導人們、濡染人們，能夠使得那本與人的自然性欲望相連的感情需要，轉化成符合社會的倫理道德規範，使得人們對快樂的需要及快樂的滿足出處符合禮的要求。「樂者，聖人之所樂也，而可以善民心，其感人深，其移風易俗，故先王導之以禮樂而民和睦。」（《荀子・樂論》）

荀子認爲，音樂是從自然之中汲取素材的，以自己獨特的方式，即「象」、「似」來表現自然界的秩序與和諧。所以荀子說，美妙的樂「通於神明，參於天地」。荀子用比德的方法，將自然的特徵人格化、道德化，把人的特徵客觀化、自然化，從自然發展變化的次序和法則中引申出與人交往應當遵循的行爲準則和規範。荀子說：「金石絲竹，所以道德也。」（《荀子・樂論》）音樂就是用來表現道德的。荀子說：「雕琢、刻鏤、黼黻、文章，所以養目也；鐘鼓、管磬、琴瑟、竽笙，所以養耳也。」（《荀子・禮論》）荀子倡導樂教，正是通過藝術的形式通向道德的、政治的和諧。要達到這樣的目標，樂的形式和內容都必須合乎「中和」的標準，只有和諧的音樂，才能夠引導人們嚮往「道義」。只有「和樂」才能夠達到「和心」、「和志」的目的。

荀子認爲樂可以安邦：「樂中平則民和而不流，樂肅莊則民齊而不亂。民和齊則兵勁城固，敵國不敢嬰也。如是則百姓莫不安其處，樂其鄉，以至足其上矣。」（《荀子・樂論》）平和純正的音樂，荀子稱之爲「正聲」。而「姚冶以險」，認爲沒有規範化和倫理化的樂，就是「邪音」，不僅會助長人情、性之惡欲，使人形成鄙賤、心躁，還危害國家的安定團結。如果這類音樂充斥於社會，就會對社會的政治治理產生危害。所以，荀子強調「正其樂」，並指出設置專門的機構人員，來制定對樂的規範，對音樂進行有效的管理，以「禮」作爲衡量「樂」的價值取向的標準，以確保社會的繁榮和穩定：「修憲命，審誅商，禁淫聲，以時修順，使夷俗邪音不敢亂雅，太師之事也。」（《荀子・樂論》）另一方面，「樂者，出所以征誅，則莫不相從；入所以揖讓。征誅、揖讓，其義一也。出所以征誅，則莫不聽從；入所以揖讓，則莫不從服。故樂者，天下之和齊也。」（《荀子・樂論》）

Kim-Chong Chong 注意到：「『惡』（『e`』）在人性問題的討論中一般被翻譯爲『邪惡』（『evil』）。但是不應當忘記它也有對立於『美麗』或『優雅』的『醜陋』（『ugly』）的意思。因此，如前所述，荀子所說的人性惡，所強調的是欲望和情感的原初材料需要加以精煉，無法做到這一點的話，將導致失序與資源枯竭。」〔註16〕這樣的理解巧妙地將「性之惡」，與「樂之教」對應起來，教化就不僅僅包含著道德的教化，而且也蘊藏著藝術的教育，最終鑄就的必然是人格健全，舉止優雅的謙謙君子。

荀子倡導性惡論，本來意味著其理論邏輯導向完全依賴於外在的強制性手段，諸如禮法政刑之類。倘若繼續推導，則很難與法家劃清界限。然而，荀子並沒有走向這個極端。究其根本在於，荀子始終還是堅持價值理性的優先性。尤其是，他對樂的效用的強調，表明他依然相信通過後天的努力，人的內在的心性可以與道德倫理取得一致。最初的道德是他律道德，只有經過現實的努力才能夠以自律的形式產生作用。因而，社會秩序的捍衛，不是完全依賴外在的強制或者誘惑。而更需要轉化爲人們對秩序的尊崇，變成一種內在的要求。通過比如禮樂之類的方式，將道德秩序的追求，內植根於情感的要求之中。從這個層面而言，荀子的政治哲學與孔孟政治哲學之間的統一性就得以展示出來。

6.3 「治人」與「治法」——一個延伸的討論

現代學者所提出的「人治」一說，其出處即是荀子的「有治人，無治法」一語。然而，當「人治」被賦予貶義時，導致我們常常脫離古典的語境，對荀子的學說進行扭曲。然而，正如蘇力先生的觀點：「我們今天已習慣賦予法治以褒義，人治以貶義，但如果作爲統治方式來看，這兩種治理方式並不具有我們今天通常賦予的那種褒義或貶義。大致說來，法治論者認爲治理社會和國家主要靠法律規則，而人治論者認爲主要靠優秀的、有智慧的治理者。兩者最終追求的目標實際並無很大差異。」〔註17〕（蘇力，2007）[212]

放在荀子的思想體系之中，荀子政治哲學所凸顯的「政教貫通」，其落實

〔註16〕Chong，Kim-Chong Xunzi' Systematic Critique of Mencius.Philosopy East&West，2003. 53：pp.215～233.

〔註17〕蘇力：《認眞對待人治》，見《制度是如何形成的》，北京：北京大學出版社，2007 年版，第 212 頁。

點是在「教」，所以，需要大批的有德之人進入政治領域以實施對庶民的教化，推動其群體道德的改進。而政治制度與規範，畢竟是由於人設計的，所以不論是其制定還是其實施，都無法離開人的因素。故而，荀子在繼承儒家「爲政在人」的傳統思想的同時，更具有了與自身理論架構契合的一面。荀子說：

> 有亂君，無亂國；有治人，無治法。羿之法非亡也，而羿不世中；禹之法猶存，而夏不世王。故法不能獨立，類不能自行，得其人則存，失其人則亡。法者，治之端也；君子者，法之原也。(《荀子‧君道》)

對於治理國家來說，有能使國家安定的人，卻未必有能使國家安定的法。荀子的理由是：其一，君子爲法之原，有是人而有是法。法是治國的端點，固然重要，但是君子卻是法的源頭，更爲根本。其二，法要靠君子來實施。政令法度作爲社會規範，自身不能獨立發揮作用，需要依賴人來推行和運作。離開了人，法就失去了應有的作用。另外，並不是任何法規都是完善周詳的，一些法律條文在沒有規定的情況之下，就要靠君子根據律例來進行類推處理。有些事情，雖然條文規定得很詳密，但是在執行的過程中，也需要根據具體情況，區別輕重緩急，先後次序。法縱然優良，但這只是「治之端」，法離開了執法之人，就無法發揮獨立的作用。夏、禹之法，固然是「良法」還存在，但是，夏朝已經亡國，原因就在於禹的後代並不能尊奉禹之法。所以，有「治法」不一定意味著就有「治國」。荀子的本意是重視人在立法、司法過程中的主導作用，試圖通過人的主觀能動性彌補法的漏洞和不足，使得「臨事接民」不僅做到合法，而且合情合理。因此，荀子竭力否定法家「垂法而治」的主張，他批判慎到「蔽於法而不知賢」(《荀子‧解蔽》)，還說慎到、田駢：「尙法而無法，下修而好作，上則取聽於上，下則取從於俗，終日言成文典，及紃察之，則惘然無所歸宿，不可以經國定分。」(《荀子‧非十二子》)

另外，荀子主張人治，還有一個極其重要的原因在於執政者的品質對於政治會發生直接的影響，尤其是在既定的專制格局之下，在無法通過合法的手段對君主的權力進行限制的時候，唯一的途徑只能是期待他們的品格得到改善，從而減少現實社會的不幸。荀子非常重視那些能夠「化師法」、「積文學」、「道禮義」的君子的作用。他認爲有了這些人，即使法律條文少一點，法律的作用仍然能夠得以很好的發揮。如果沒有了這些人，即使法律再齊備周全，也會「失先後之施，不能應事之變。」(《荀子‧君道》) 誠然，法律制

度確實有其機械，僵化的一面，沒有人的正確操作運轉，法律的效力和作用
必然受到制約。但是，如果因爲人的主動性、靈活性而犧牲了制度的理性，
把法律的失敗僅僅歸因於製作者與操作者，過分強調人對法的優先性，那麼
「有治人，無治法」很容易蛻變爲「有人治，無法治」的現實狀況。

　　與荀子相隔一千多年的黃宗羲曾經倒用荀子的這一說法，將之改造爲「有
治法而後有治人」〔註 18〕，可視爲對荀子這一思想的修正與改善。因爲黃宗
羲本人的反專制色彩比較濃厚，導致這一新說法又遭到誤解，將「治法」等
同於「法治」。其實，荀子的「有治人、無治法」只是相對意義上的使用，只
是爲了強調和凸顯人的因素，他並沒有否認法制在政治生活中的重要地位。
也正是基於如此，所以，荀子吸收了法家的法制思想，並進行了儒家道德化
的改造。黃宗羲的著眼點則是當時已經僵化、變異，並摧殘人性的封建禮法。
他的批判，也並沒有跳出儒家倫理政治的範疇。

　　黃宗羲認爲封建禮法，本質上是「一家之法」、是「非法之法」，這種「法」
本身已經失去了價值合理性。黃宗羲對君主制的歷史進行了考察，認爲現行的
君主制背離了「設君之道」。他看到了家天下的實質：「敲剝天下之骨髓，離散
天下之子女，以供我一人之淫樂。」〔註 19〕因爲它只是爲了謀求君主一姓的特
殊利益，是滿足少數利益集團的工具。這種狀況違背了立君爲民，立法爲民的
本意。故而，他提出的「有治法」，實質是重新貞定「禮法」的價值合理性，並
建立「天下之法」，以天下萬民的利益作爲最高準則。進而，他將君主的地位重
新界定，所謂「天下爲主，君爲客」。一切的制度、規範、政策都應該源於民眾
的需要，同時，他主張君臣關係是「師友關係」，而不是主僕關係。

　　在區分「天下之法」與「一家之法」的基礎上，黃宗羲提出了「有治法
而後有治人」〔註 20〕。這句話包含兩個層面的涵義：一方面，治法相對於治
人而言，具有優先性。在他看來，「禮法」的本質是興天下之禮，除天下之害。
這樣的「法」在三代時期是眞正實施的，三代以下，儘管歷朝歷代的統治者
還是作如斯的標榜，但實際上已經將之作爲謀求個人利益的工具。在此，黃
宗羲與荀子的分歧，主要在於後者堅持對君主完美人格的角色期待，而前者

〔註 18〕 黃宗羲：《黃宗羲全集》（第一卷），杭州：浙江古籍出版社，1985 年版，第 7
　　　　頁。
〔註 19〕 黃宗羲：《明夷待訪錄》，北京：中華書局，1981 年版，第 2 頁。
〔註 20〕 黃宗羲：《黃宗羲全集》（第一卷），杭州：浙江古籍出版社，1985 年版，第 7
　　　　頁。

則不作此念。另一方面，只有廢除一家之法，才能夠保證「治人」的出現。由於統治者奉行的是「非法之法」、「一家之法」，所以他們任用的人必定是阿諛奉承、助紂為虐之徒，而阻礙仁德賢能人才的任用。如此，不僅人才難以得到任用，即使任用：「終不勝其牽挽嫌疑之盼顧，有所設施，亦就其分之所得，安於苟簡，而不能有度外之功名。」〔註21〕因此，社會制度的好壞，要比統治者本人的賢明與否更加重要。法律制度的制定與規範，對於政治生活的意義被黃宗羲加以了揭櫫。

黃宗羲強調「治法」的主張，試圖通過擴大丞相的權力，提高學校的獨立性、擴大地方權力機構的自主權，以此來弱化君權，減少亂政的危險性。他超越於荀子的地方，就是通過法來限制君權，而後者只是試圖通過道德淨化君權。不過，黃宗羲並沒有否定君主制的合法性，他的目的不是「非君」，而是通過「原君」來建立一套更加切合實際的君主制度。他把「治法」的實現還是寄託在聖君賢主的身上，倡導「仁君養萬民」的治理模式。其思想最終落實點又轉向了對君主的道義要求，顯然並沒有走出儒家民本思想的範疇。

對比荀子和黃宗羲的觀點，不難發現，儘管荀子偏重於「治人」，黃宗羲偏重於「治法」，他們的討論實際上還是僅僅限制於治理之道的層面（「治道」）。前者強調「治人」，強調賢人政治，好人政府，無非是確保法律制度不至變得僵化，而淪為摧殘人性的工具。後者所面臨的恰恰就是這個問題，然而更為嚴峻的事實是——幾千年的專制家法已經使得對於「治人」的道德性不能有所期待。所以，只有走向對「治法」的正本清源。但是，不論是荀子，還是黃宗羲，他們所理解的「治法」，實質還是家國同構之下的一種倫理法。由於對於這種家國同構社會的高度認同，所以，即使是具有強烈的反專制精神的黃宗羲，也無法將之超越「治道」的層面，而上升為政道層面的要求。

現代新儒家已經相當清晰地覺察到了這一問題。牟宗三的門徒、牟學最忠實的詮釋者蔡仁厚先生說：「儒家講外王，在以往是聖君賢相修德愛民的『仁政王道』。這方面的理想很高，但在今天看來，在客觀義理上還是不足夠處。其中最主要的關鍵，就是只有安排治權的『治道』，而沒有安排政權的『政道』，連帶地『開物成務』的知識條件亦有所不足。」〔註22〕以牟宗三為首的現代新儒家立足於當代社會，將這個問題的解決視為「儒學第三期開展」的主要

〔註21〕同上。
〔註22〕蔡仁厚：《孔孟荀哲學》，臺北：臺灣學生書局，1984年版，第12頁。

任務。尤其是牟宗三先生，他提出的「三統（道統、學統、政統）」說之一的
「政統」說，就是藉孔孟的「內聖」之學以轉出新「外王」，開出民主和科學。
牟先生承認，儒家傳統文化從來沒有開出科學與民主，但這是「超過的不能」，
而非「不及的不能」。在他看來，只要儒家的道德理性（即良知、仁體）讓出
一步，變「直通」為「曲通」，即可轉出「知性」，從而開出外王事功。

然而，儘管這樣的說法振聾發聵，卻很難讓人信服。至少在當代儒學的
踐履者蔣慶看來，這條道路根本就走不通：「一是儒家內聖心性之學只解決個
體生命意義的安立問題，不能解決社會政治制度的建構問題；二是當代新儒
家把儒家的外王事業理解為開出西方文化所揭櫫的科學和民主（所謂『新外
王』），如此則儒學不能依其固有之理路開出具有中國文化特殊的政治禮法制
度，即儒家式的外王大業。夫如是，當代新儒家有『變相西化』之嫌，當代
新儒家則有淪為『西方附庸』之虞。」〔註23〕蔣慶跳出新儒家的「心性儒學」
的建構框架，試圖挖掘傳統文化內部以「公羊學」為主幹的「政治儒學」，：
「公羊學的智慧源自《春秋》，可證明公羊學是儒學傳統中專主外王的儒學。
因公羊學關注的重心是王道、王法的建立（王道王法是外王的基本政治原則，
王政王制是外王的具體禮法制度），故公羊學即是儒學傳統中典型的政治儒
學。」〔註24〕

如果說，蔣慶的思路值得肯定的話，那麼荀子儒學又何嘗不是政治儒學？
荀子在繼承孔子儒學的基礎之上，著力發展了儒家的外王之學，首先將之建
構成為一個極其縝密的理論系統。甚至在很多學者看來，他給中國的傳統禮
制社會打下了極其深刻的思想烙印。蔣慶本人也承認荀子對公羊學的影響
力：「公羊家中詳細闡述內聖外王思想的，當屬荀子（荀子為公羊先師，專傳
孔子外王之禮學）。」〔註25〕既然如此，那麼為什麼不直接從荀子的外王之學
出發，而將「公羊學」視為儒家傳統中政治儒學的典型呢？

再看新儒家的論證思路，牟宗三說荀子具有重智傾向，是疏通中西文化
的一條路徑。但是，他又從心性之學的正統立場出發，視之為歧出。所以，
他又繞開荀子，一定要從知性思維先天不足的「心性之學」中，所謂「曲通」

〔註23〕蔣慶：《政治儒學：當代儒學的轉向、特質與發展》，北京：三聯書店，2003
　　　　年版，自序，第1頁。
〔註24〕同上，第49頁。
〔註25〕蔣慶：《政治儒學：當代儒學的轉向、特質與發展》，北京：三聯書店，2003
　　　　年版，第5頁。

地轉出「知性」來。徐復觀也是一樣的立場。他認為荀子讓儒家的倫理道德獲得了客觀化意義，突出了心靈中理性認知的地位。在超越詭辯學派的同時，為中國的「邏輯學」的形成，作出了開創性的理論貢獻。頗具意味的是，徐復觀否定了荀子思想可以開出科學的說法。在他看來，荀子的興趣在道德，不在知識，使得知識與道德互相牽制，兩者都很難發展。而科學的進步，需要「知識地形而上學」。荀子宥於經驗世界，乏有形而上學的興趣，故而阻礙了對科學的追求。問題是，倘使荀子思想開不出科學，那麼新儒家們所推崇的孟子斷無可能。正若荀學研究者 Janghee Lee 所言：「雖然不能肯定荀子關注人事的傳統能否促進科學和技術的發展，但至少比主觀意志論對於中國現代化更少不足。」〔註26〕然而奇怪的是，在新儒家的話語邏輯中，孟子代表著道統，以心性之學見長的孟子一系不僅可以開出科學，還能開出民主。

我們不難發現，不論是新儒家的論證思路，還是蔣慶的建構設想，荀子的外王之學始終被放在極其次要的地位。前者由於「門戶之見」而加以刻意的迴避；對於後者而言，只是顯得不夠重視。無論如何，在傳統儒學的現代轉換過程中，尤其是傳統政治思想如何與現代價值相接榫，荀子的「外王之學」是一個不容忽視的儒家思想資源。儘管這個問題已經溢出了本論文所討論的範圍，但確實是一項很值得推進的理論課題。

〔註26〕Lee，Janghee. Xunzi and Early Chinese Naturalism. Albany：University of New York Press，2005，pp.102.

第 7 章　結語：現代性視閾中荀子政治哲學的可能性意義

　　「現代性」作爲 18 世紀歐洲社會啓蒙運動的產物，已經成爲我們這個時代的標誌與旗幟。當啓蒙運動以理性作爲銳利的武器，拋棄了舊時代、舊傳統之後，人類社會進入了狂飆猛進的時代。不過，鮑曼已經相當深刻地發現了「現代性」所面臨的「矛盾性」：「現代性是一種不可遏制的向前行進——這倒不是因爲它希望索取更多，而是因爲它獲得的還不夠；不是因爲它變得日益雄心勃勃，更富冒險性，而是因爲它的冒險過程已日益令人難堪，它的宏大抱負也不斷受挫。之所以這一行進仍須繼續下去，是因爲它到達的任何一處地方都不過是一臨時站點。沒有一處地方特別令人垂青，也沒有一處地方會比另一地方更爲理想，這就是爲什麼焦躁不安被體驗爲一種向前的行進；確切地說，也就是爲什麼布朗運動似乎獲得了一個前方和後方，永不停歇的運動似乎獲得了方向：正是燃劑燒盡後的微粒與死火中的煙塵標示出行進的軌迹。」〔註1〕

　　如果說「理性」是現代性的根本特徵，那麼「自由」則是現代性的核心價值。按照康德在《什麼是啓蒙？》一文中的理解，理性是與本能相對照的東西，人類的知識與道德必須依賴理性才能夠成立。自由則是指人有公開運用自己的理性的自由，當然這種自由是以不妨礙他人的自由爲前提的。理性與自由是人進行自我確證的基礎條件，是啓蒙的兩個重要向度。可是，理性

〔註 1〕　〔英〕齊格蒙特‧鮑曼：《現代性與矛盾性》，邵迎生譯，北京：商務印書館，2003 年版，第 17 頁。

化的過程就是世界圖像祛魅化的過程，它所造就的是一個「意義喪失」的世俗世界。而且，在對自由的不斷追問之中，「自由」只能倒向沒有無根基的自由：「自由成爲現代世界的基礎。它是沒有什麼東西以它爲基礎的基礎。」〔註2〕從而，追求自由，比逃避自由更加難以忍受。這就鑄成了現代性的另外一個後果「自由喪失」的問題。

　　在現代性之下，理性主義甚囂塵上，不可避免地滲透到政治領域，造成政治自身的矛盾性，這是現代政治意識的核心。雖然，它曾經使人們擺脫了神權的束縛和專制制度的禁錮。科層制實質就是這種政治理性化的必然結果。在韋伯看來，科層制是國家機器中的諸構成部分中最符合合理性的行政官吏類型，它在現代社會是勢所必然、不可或缺的東西。科層制所具有的理性化的特徵具有以下幾個方面：（1）它依照規範的法律制度運行，這使得它的運作具有可預測性；（2）從管理技術上看，它達到了最爲完善的程度。官僚體制的行政管理對每個機構的權限範圍予以明確的規定，並建立相應的責任制，它強調技術效率；（3）它使得管理者的角色專業化，專家化，強調形式化的、普遍主義的精神，與此相應的是公務員在公務的執行上不受個人因素的左右。韋伯認爲，理性科層制的重要性必然與日俱增。它具有的一系列特點——準確性、連續性、紀律性、嚴整性、可靠性，對權威的擁有者以及所有其他當事人來說，都使其成爲技術上最令人滿意的組織形式。不過，韋伯也注意到，理性本身所具有的兩個向度，工具與價值（或者形式與實質）。現代性本質上蘊含了這兩者的衝突，現代化的過程是工具理性、技術理性馴服價值理性，形式理性壓倒實質理性的過程，因而導致了價值與規範遭到消解與貶抑，形式化的政治制度剝奪人的自主性。

　　現代性政治的困境，必然需要在現代性的批判中加以跨越。作爲批判現代性最爲顯著的，甚至無法稱之爲流派的流派——後現代主義者而言，理性主義是必須加以扭轉的，工具理性是需要加以矯正的。但是，工具理性與價值理性始終不可分割，如何協調兩者之間的關係，後現代主義者，並沒有給出令人滿意的答案。那麼，如何走出現代性的政治困境？我們的求解路徑是——正本清源，對政治的起源與根基給予審查與釐定。

　　「政治」（Politics）的涵義源於古希臘語 Polis，即「城邦」的意思。在古

〔註 2〕　〔匈〕阿格尼絲・赫勒：《現代性理論》，李瑞華譯，北京：商務印書館，2005年版，第 24 頁。

希臘人看來，人是具有德性的，而只有當人們積極地參與城邦活動才能夠充分展現其德性。政治的目標積極地參與到城邦生活的社會，才能夠實現這種生活。所以，在亞里士多德看來，「人天生是政治的動物。」〔註3〕政治的目標就在於追求至善。在中國的先秦時期，就出現了「政治」一詞。《尚書·畢命》有：「道洽政治，澤潤生民。」《周禮·地官·遂人》：「掌其政治禁令」。不過，「政」、「治」分開使用的情形更多。政，與道德教化有著密切的聯繫，它具有導人向善的意思。如《論語·顏淵》：「政者，正也，子帥以政，孰敢不正。」列文森引申說：「在《說文》中，『政』和『正』屬於同一詞源，皇帝的作用是『為政』，即對人民的違法行為和錯誤予以明確的校正。這裏假定的是一個永恆的公式：『正』是一個重新使其一致的過程。」〔註4〕「治」主要指管理和教化人民，也指實現安定和諧的社會狀態。不難發現，無論是古希臘還是中國，政治起初都是與道德密切聯繫到一起的，並且，政治的目的是為了人的完善與發展創造條件。

　　對比古典與現代，不難發現現代性的政治偏離了古典「政治」的最初目的，尤其它所呈現的工具理性、技術理性，不僅擠兌了道德，而且忽略了政治個體的生命意義問題。儘管，我們不應否定現代性政治其在政道問題上的有益探索（如代議制），不否認其對人類擁有自由、平等、博愛等基本價值的肯認。但是，這些抽象的價值不應與個體的生命意義問題相排斥。保持和捍衛這些價值也不應當以隔斷歷史的紐帶，完全驅逐傳統來實現。在現代性政治的困境問題上，最突出是抑制工具理性擴張的局面，確保價值理性的優先地位。

　　就這一點而言，荀子的政治哲學無疑具有特殊的意義。儘管現代社會與古典社會在時間上存在著很大的跨度，但是，兩者面臨著一個共同的難題——價值的失落。可以說，儘管古典社會的工具理性、技術理性不似今天發達，但是，在一個價值失落的時代，一個必然的結局就是把他者當成手段，自我當成目的。對於古典社會而言，當生命的存在都毫無保障的時候，必然會導致一種計算理性、工具理性的盛行。法家學說，實質上就是這種思維延伸到

〔註3〕　〔古希臘〕亞里士多德：《亞里士多德選集》（政治學卷），顏一編，北京：中國人民大學出版社，1999年版，第6頁。

〔註4〕　〔美〕列文森：《儒家中國及其現代命運》鄭大華、任菁譯，北京：中國社會科學出版社，2000年版，第228頁。

政治領域的必然產物。法家學說滲透著赤裸裸的工具理性，尤其是對於三晉法家而言。在這種工具理性之下，唯有君主是目的，其他人均是手段。法家之殘酷而寡恩，也完全由於這種冷酷的理性。

荀子的政治哲學則完全注意到法家這種學說所存在的工具理性膨脹的問題，但是，他並沒有走向對這種工具理性的完全貶抑，相反，他卻將之吸收和移植到以價值理性見長的儒家學說之中。荀子的「禮法一體」的實質即是借鑒法家的工具理性，以凸顯禮的功用性。「禮義之統」的本質則是貞定禮的價值理性，進而肯定價值理性的優先地位。這種優先性的肯定，又是奠基於對人的價值乃至自我實現的肯定。在荀子的視野中，政治不是僅僅局限於工具理性層面的管理與控制，而是需要融教化於其中，並以之為歸宿。人只有在教化的過程中，才能夠不斷地確證自身；在不斷地確證自我的過程中，生命的意義不斷地綻放，從而體會到秩序和諧的珍貴，並最終把自覺地遵守秩序作為自身的內在要求。

荀子的政治哲學也昭示著：傳統在時間上儘管已經為現代所超越。但是，現代社會不可能完全孤立於傳統之外。任何試圖割裂傳統和文化背景的行為，都必然導致一種無根的生存狀態。適如芬格萊特所說：「只有當我們在傳統方式的一代又一代的薰陶下真正成長起來，我們才能夠成為真正的人；只有當我們復活了新的環境視之為不再有效的這個傳統，我們才能保存我們生命的方向和完整。共同享有的傳統將人們凝聚在一起，使他們成為真正的人。對傳統的每一次拋棄都意味著人們自我的一次斷裂。而對傳統的每一次真正的復活，都意味著人們自我的一次重新統一。」〔註5〕傳統是在各種可能性和無意識的變化之中展現其力量的，而合理性政治的確立也是在不斷的衝突與變革中完成的。人類的社會生存方式是動態的，試圖把任何一種思想方式或者生存狀態固定下來的制度是有害的。理性本身就意味著一種反思和批判。既然現實的社會生活蘊含著傳統和經驗，那麼，在制定政治制度和從事具體的政治活動時，每個人都應該在頭腦中明確地樹立歷史意識，在本民族歷史文化積澱的肥沃土壤中挖掘精華，探索適合本民族社會生活的政治原則和政治模式，這或許是我們建構合理性政治的恰當態度。

〔註5〕 芬格萊特：《孔子：即凡而聖》，彭國翔譯，南京：江蘇人民出版社，2002年版，第70頁。

附錄一　海外新儒家視野中的荀學——以牟宗三、徐復觀、唐君毅爲中心

　　荀學研究在學術史上長期處於邊緣化狀態。在儒學興盛的宋明，它被視爲正統儒學的「歧出」。降及清代乃至民國，曾出現一股荀學研究熱潮，然而諸家於考據、注疏方面用力甚大，於義理則發揮不足。20 世紀中期，海外新儒家興起，他們持民族文化本位立場，在現代性的視野下，對傳統文化進行價值重構與意義轉換。在此條件下，荀學進入他們的研究視野。本文茲以牟宗三、徐復觀、唐君毅爲中心，探討海外新儒家荀學研究的得失。

一

　　牟宗三的荀學研究，集中在他 1953 年《名家與荀子》一書中。他於《前序》透露了對荀學研究狀況的不滿：「荀子之學，歷來無善解」〔註 1〕。綜觀荀學研究史，他歸納爲兩種類型：一爲「不識性」的宋明儒者，一爲不識「禮義之統」的近世荀學研究者。後者的興趣只是集中於荀子的《正名》篇。在牟先生看來，要瞭解荀子「邏輯之心靈」，就必須先把握荀學的「大體」——「禮義之統」，此爲「求善解」的途徑。他的《荀子與名家》完全依此路數：《荀子大略》是對荀學以整體的把握，而附錄的《荀子・正名篇》疏解，則

〔註 1〕 牟宗三：《名家與荀子》，見牟宗三全集編委會：《牟宗三先生全集》（第二冊），臺北：聯經出版事業股份有限公司，2003 年版，第 165 頁。

爲荀子「邏輯之心靈」的呈現。牟宗三認爲荀子的思路與西方重智傳統相近，是疏通中西文化命脈的一個重要路徑。

《荀子大略》採取了傳統文本案語方式解讀，其核心是探討荀學的大體——「禮義之統」的問題。牟先生借用了德國哲學家黑格爾的主觀精神、客觀精神與絕對精神的範疇去分析孔、孟、荀思想。孔子默契天命天道，表現爲主觀精神與客觀精神的合一，亦即絕對精神；孟子以「仁者，仁也」的主觀精神透顯絕對精神；荀子則以「禮義之統」顯豁出純粹的客觀精神。然而，荀子不能洞徹絕對精神，其所論之天乏超越義，僅爲自然被治之天，故「本原不足」；又因不解主觀精神，僅識自然被治之性，故「禮義之統」又流於「義外」，故他斷言：「荀子有客觀精神，而其學不足以成之。」〔註2〕

「禮義之統」的客觀精神落實於具體化的組織，只具有自上而下的道德形式，並未進展到近代國家形式。當然，這不只是荀子的問題，也是傳統思想的癥結，此即牟先生所說的「有治道，無政道」〔註3〕。以荀子爲例，他的「道」實質是「人文化成」的「禮義之統」，也是「人道」，「群道」，「君道」爲核心的治理之道。以之治人、治性、治天，以成人爲能，即是荀學的基本原則——「天生人成」的涵義。牟先生從「天生者不能自成」的「天生」至「節制之而後能生生」的「人成」，一方面論述荀子「天」自然性以及「天君」的內涵，另一方面則解析荀子「性」中的動物性與「心」所具有的「知性」。以此，揭櫫荀子思想中的天人關係。對於「天」，荀子只言人道，不論天道，其「道」非宗教、非形而上，非藝術，而爲自然之道。那麼，如何開出禮義法度呢？顯然，只有轉向「人成」。荀子強調自然之天，若完全順從自然之天，不加節制，則走向「爭」、「亂」、「窮」。其中關鍵即在「天君」。「天君」即是荀子所說的「心」。牟先生認爲荀子是「以智識心」而非「以仁識心」，他說的「心」僅有認識思辨作用，是「認知心」，而非道德心。同時，荀子把「性」視爲赤裸裸的動物性的自然生命，就生命本身而言無所謂善惡。若「順之而無節」則必然生惡亂，這才是荀子說的「性惡」的意味。但是，荀子並沒有順承動物性，而是轉而求助「天君」，「以心治性」，由禮義的發明而「治性」，但荀子所論的「禮義」在人性中無根，是外在的發明，是經驗義，故而「禮義之統」透顯不出。

〔註2〕 牟宗三：《名家與荀子》，見牟宗三全集編委會：《牟宗三先生全集》（第二冊），臺北：聯經出版事業股份有限公司，2003年版，第174頁。

〔註3〕 牟宗三：《政道與治道》桂林：廣西師範大學出版社，2006年版，第176頁。

　　與孔孟立「天下爲公」思想不同，荀子不主禪讓，因爲「天子」（君）在他那是一個純理念，用牟先生的話說：「天子之本質爲純理純型（pure form），爲統體是道之呈現（pure actuality），而毫無隱曲者（no potentiality）。」〔註4〕〔4〕君，實爲絕對精神的人格化象徵，落實到政治組織中，往往產生「君主專制形態」（直接形態）。其中的問題是：（1）在沒有法律軌道的保障之下，君位的傳承，往往取決於戰爭；（2）君主只是一個純粹理念，落實現實，很難保證君主一生儘其德，亦很難以德加以期望；（3）荀子無「法天敬天義」，所以君往往缺乏有力約束；（4）君主雖有宰相系統相輔弼，但由於等級森嚴，不足以「興發庶民之自覺」、「抒發客觀精神」，無法成就國家形態。只有從直接形態過渡到憲法軌道下的間接形態，國家形式才能夠轉出。一方面需要對君有客觀的安排，使絕對性變爲相對性，無限性變爲有限性，另一方面，則需要塑造「公民」，喚起民眾的主體自覺意識。惟有如此，才能夠解決中國政治的癥結與弊端。

　　在明瞭荀學大體之後，牟宗三著力疏解了《正名》篇。他認爲荀子所說的「正名」實際上是實現「禮義之統」的手段，亦呈現「理智的認識心」。荀子雖沒有開出西人邏輯推演系統及其構造，但是牟先生高度肯定荀子實具「邏輯之心靈」，表現了科學知識的一面，已接近西方人的路數。

二

　　荀子作爲思想史敘事的一個環節，出現在徐復觀的研究視野中，這一方面基於荀子在先秦思想家中的地位，另一方面則基於荀子傳播經學的貢獻。對於後者，徐復觀予以充分肯定荀子：「經學的精神、意義、規模，雖至於孔子已奠其基，但經學之爲經學，亦必具備一種由組織而具體化之形式。此形式至荀子而契其要。」〔註5〕到荀子那，「六經」（《詩》、《書》、《禮》、《易》、《樂》、《春秋》），開始成爲一個完整的系統。清人汪中曾將「六經」經由荀子的流傳系統進行清晰的梳理，認爲荀子「尤有功於諸經。」徐先生認爲，除了魯《詩》出自荀子外，其他說法多爲牽強附會。不過，他還是肯定荀子對漢代經學所產生的影響及其聯繫。

〔註4〕牟宗三：《名家與荀子》，見牟宗三全集編委會：《牟宗三先生全集》（第二冊），臺北：聯經出版事業股份有限公司，2003年版，第200頁。

〔註5〕徐復觀：《徐復觀治經學史二種》，上海：上海書店出版社，2006年版，第36頁。

對於前者，徐復觀評價了荀子對「禮」所作的貢獻：（1）總結了禮樂精神，賦予了禮樂以理論根據；（2）將「禮」的根源推廣到經濟生活的合理分配；（3）把禮的「定分」推廣到政治、社會上。不過，在具體內容上，他對荀子的「禮」論頗有微辭，認爲荀子將禮外在化、政治化，遂使禮逐漸具有強制性和機械化，並讓人最終喪失自主性。它潛藏著走向獨裁政治的可能性，其根源即在荀子的人性問題上。當然，荀子與法家還是存在著明晰的界限：法家反歷史文化，荀子思想則紮根於歷史文化；荀子代表了儒家的人本主義，而法家則爲「法爲主而人爲客」的法本主義；法家重君主的「術」、「勢」，而荀子雖「尊君」，但重君主之「德」，重主道之「明」與「宣」。

徐復觀在《中國人性論》一書中集中探討了「人性」問題。他反對訓「性」爲「生」，而認爲「性」是從「生」中孳乳出來的，並以此攻訐告子的「生之謂性」。在他看來，荀子對人性的界定，有三個方面的內容：官能的欲望、官能的能力與性的可塑性。這與告子的「生之謂性」並無二致。而荀子的「經驗地性格」，無法透顯「性」的形上意義，並使得性、情、欲扯平，「以欲爲性」，故有「性惡」之說。

荀子根本上反對孟子的「性善論」，他在批評思孟一系時，認爲他們：「案往舊造說，謂之五行」（《荀子・非十二子》）徐復觀認爲荀子的「性惡論」並不是嚴密的論證，與孟子的爭論不是針鋒相對。而且，他大膽地推測荀子根本就沒有見過後來流行的《孟子》一書，只是從以陰陽家爲主的稷下學者口中獲知。一方面，以荀子的精密的思維，如若看過《孟子》，不至於那麼膚淺地理解荀子。另一方面，《孟子》一書，是由弟子手中完成，該時期與荀子生活年代相近，但以當時竹簡的流行情況來看，是很困難的。

儘管，荀子的目的和孟子一樣，也是導人向善。不過，孟子的途徑是擴充「四端」之善，從內在的道德心出發；荀子則倡導「虛壹而靜」，從認識心出發。問題是，知識並不能確保行爲的道德性。並且，荀子把「善」理解爲外在的，要替代本性的惡，在知善的基礎之上，靠人爲的努力向外探求，尤其是依靠經驗的積累。這種經驗式的「積」、「靡」工夫，必然需要依賴於特定的環境與條件。所以，荀子非常強調「師」、「法」的重要性。徐復觀認爲。既然荀子主張了性惡之說，那麼教育者必然就會處於被動的地位。「師」外有「君」，又給教育附加了政治的強制力量。

繼而，徐氏考察了荀子人性論的結構，認爲：「是以人性另一方面的知與

能作橋梁，去化人性另一方面的惡，去實現客觀之善。」〔註6〕儘管，荀子的人性論中包含著性無定向的傾向，但是，性「惡」的價值判斷，卻破壞了他的性無定向的觀點。所以，他認為荀子的性惡論，甚至不及告子的性無善無惡論。荀子雖然自稱繼承孔子，但是他將「禮」局限於經驗世界，完全否定了道德的超越性，從根本上講，與孔孟的「仁」是難以契合。故而，他說：「然因其對人性的根源自信不及，即是對人格尊嚴的根源自信不及，遂偏於在功利上、在利害上去解決人的問題，差之毫釐，遂在其政治構想之歸結點流於與孔子相反的方向而不自覺。」〔註7〕

在對荀子的總體評價上，徐復觀認為荀子讓儒家的倫理道德獲得了客觀化意義，突出了心靈中理性認知的地位。在超越詭辯學派的同時，為中國的邏輯學的形成，作出了開創性的理論貢獻。頗具意味的是，徐復觀否定了荀子思想可以開出科學的說法。在他看來，荀子的興趣在道德，不在知識，使得知識與道德互相牽制，兩者都很難發展。而科學的進步，需要「知識地形而上學」。荀子宥於經驗世界，乏有形而上學的興趣，故而阻礙了對科學的追求。

三

唐君毅雖然沒有專門研究荀子的著作，不過，他很早就表現了對荀子的興趣，在青少年時代曾發表過《荀子的「性」論》一文。他的著作，也多見關於荀子的論述，雖然體系性不是很強，但對於荀學的概念範疇的分析與梳理卻別具一格，迭有新見。撮述如下：

1、命（制命）：荀子的「命」剔除了傳統天命的「宗教意義」、「預定意義」、「道德意義」、「形上意義」，是純粹經驗意義上的「命」，是現實的人與外部環境關係的體現。荀子的「制天命」強調的是人主動地控制環境，控制命運。唐君毅中國哲學原論（原性篇）〔M〕，北京：中國社會科學出版社，2005年9月。

2、性（對心言性）：唐氏認為，人性問題，並非荀子的中心思想，而是針對孟子的人性立場而發，性惡論也並非荀子政治文化思想必然的邏輯前

〔註6〕 徐復觀：《中國人性論史（先秦篇）》，上海：上海三聯書店，2001年版，第225頁。

〔註7〕 徐復觀：《中國思想史論集續編》，上海：上海書店出版社，2004年版，第305頁。

提。荀子看到人的自然生命的情欲爲不善的源頭，但是僅就「性」不足以言「惡」。荀子似乎想以「人欲善」，反證「人之初無善」。但是「無善」並不能證成「惡」。唐先生給出的解釋是：「今荀子乃緣此人之欲善，以言性惡，正見其唯在『人欲之善』與『其現實上之尙無此善』，二者互相對較對反之關係中，以所欲之善爲標準，方反照出其尙未有善之現實生命狀態之爲惡。」〔註8〕荀子是以「性惡」反襯「遷善」的緊迫性，具有道德理想主義的色彩。在荀子那，心與性相對待，且「以心治性」，雖然注重道德修養，卻缺乏「超越的反省」，不知「心之性」即「心之理」。

3、心（統類心）：荀子思想的中心即是言「心」。荀子論「心」與墨子重心知，重辨相同，與莊子重心之虛靜相同，荀子言治氣養心之術與孟子言養心，養浩然之氣相類。與墨莊稍異的是，荀子的「心」不只是一「知類心」，而是一「統類心」。與孟子不同的是荀子的心與性分，而孟子則體現爲心性合一。此爲荀子最大的缺點：「唯其裂心與性情爲二，貴心賤性情，未能眞認識孟子之性情心，遂不能由心之善處，以指證性善，則荀子之大缺點所在耳。」〔註9〕

4、天（自然之天）：荀子那裏的天不具備道德、宗教乃至文化涵義，只是一個純粹的自然義。以「天有常行其象可期然於天之本身」，故不求知天。荀子重在「立人道以與天地參」，其思想重系統、重理智、重文化禮制的組織，與西方的亞里士多德思想很類似，但是與亞氏哲學的最高境界「思上帝所思之純形式」又是不同的。

5、道（人文統類之道）：荀子論道，重在人道，以「人爲之事」上說：「荀子之道，乃以天爲根據，如由上而下，以向前向外走出之道」〔註10〕〔11〕。荀子的「道」有兩層含義：一爲心之道，一爲心所知人爲歷史之道。如何從「虛壹而靜」而養得「大清明心」，即是知道之始，返回來，從識得「大清明心」到「虛壹而靜」則是行道之始。由知道而行道，即是「成其道心之道」。同時，荀子的「道」一則恒爲歷史時代治亂興衰標準的「當然」之道，一則

〔註 8〕唐君毅：《中國哲學原論（原性篇）》，北京：中國社會科學出版社，2005 年版，第 9 頁。

〔註 9〕唐君毅：《中國哲學原論（導論篇）》，北京：中國社會科學出版社，2005 年版，第 74 頁。

〔註10〕唐君毅：《中國哲學原論（原道篇）》（上），北京：中國社會科學出版社，2006 年版，第 9 頁。

貫穿於歷史發展過程中的「實然」之道。

6、理（文理之理）：《荀子》中多見「理」字，唐先生敏銳地斷定，這與荀子重「禮」有密切的關係。並且他認爲荀子較早地以理言禮義。荀子的禮義之文理，也是他所說的「大理」。雖然荀子所說的理有純粹知性思想活動的「物理」意味，但是不被視爲眞正的「大理」。此外，在荀子那，「理」不僅被視爲一靜態的客觀對象，注重分別義，而且也被視爲主觀的內心修狀態，注重心靈之安靜。

7、名（正名）：荀子「正名」的目的維護「禮義之統」，主要針對的當時社會流行的各種不符合儒家價值立場的社會思潮，如「以名亂名」的墨家、「以實亂名」的惠施及道家、「以名亂實」的公孫龍派。唐先生認爲，荀子的正名篇，與其說是近於邏輯學，不如說是更近於語意學，但是它目標又是在成就治道，又要超拔於語意學。

四

牟宗三、徐復觀、唐君毅同爲海外新儒家，並且相互問學，相互影響，不過，他們的治學方向亦有著明顯的不同：牟宗三是一個極具有原創力的哲學家，他精研康德，貫通中西，並以復興儒學，建構「道德的形上學」爲一生的使命；徐復觀「由仕而學」，深識傳統政治的弊病，他亦是治中國思想史的專家；唐君毅則很受黑格爾思想的啓發，終生以「宗教家的熱忱」弘揚中國文化的價值精神。故而，他們對荀子研究有著不同的進路：牟宗三試圖給荀學以義理上的「善解」；徐復觀從治史的角度對荀學進行梳理；唐君毅則是從「中國文化之價值精神」出發，著重對荀子思想的重要範疇進行探究。他們對荀子的闡發確實有著超越前人的地方。不僅能夠將荀學在義理上作全新的闡發，也能夠自覺地進行中西比較。尤其是，在現代性視野之下，一方面肯定荀子與西方理性主義文化可以契合的一面，另一方面則注重對荀學進行現代意義的價值轉換。

然而，新儒家對荀子的研究最大的問題是「門戶之見」。他們一致高度重視「心性」之學，視孔孟爲正宗，其他學派思想則爲「歧出」。所以，他們幾乎一致地把荀子的「性」理解爲自然性，「天「理解爲純粹的自然之天，「心」則爲純粹理智之心。而且毫無例外地認爲荀子在人性的認識上，要低孔孟一截。牟宗三認爲宋明儒家對荀子的人性論認識不夠，但是，海外新儒家們對

荀子人性論的看法，實際上與宋明儒者「只一句『性惡』，大本已失」（《二程集・河南程氏遺書》卷十九）的價值立場不相徑庭。因為，荀子是儒家，所以，新儒家對荀子有同情的理解，甚至希望能夠給荀子思想以更好的發揮；因為荀子不主「性善論」，所以，他們又和宋明理學家一樣，糾纏於荀子的「性惡論」，而繼續對荀學採取謹慎和保留的態度。

　　宥於這種矛盾的心理狀態，以致於海外新儒家的研究方法乃至一些結論殊難讓人信服。牟宗三受康德影響最大，唐君毅浸染於黑格爾。不過，在荀學研究上，在唐君毅那倒看不出黑格爾的影子，而在牟宗三那卻出現了黑格爾思想的烙印。「主觀精神」、「客觀精神」與「絕對精神」是黑格爾「精神現象學」的知識譜系，它突出的是精神所經歷「正、反、合」三階段的動態發展過程。牟宗三借用了這一說法，但是，卻將之視為靜態的、具有品級高低的價值標準，以此來擡高孔孟，貶抑荀子。這樣的做法不僅有扭曲黑格爾的危險，更有誤解荀子的可能。

　　徐復觀認為荀子的思想開不出科學，因為荀子興趣是道德，不是知識。問題是，倘使荀子思想開不出科學，那麼新儒家們所推崇的孟子斷無可能。正若荀學研究者 Janghee Lee 所言：「雖然不能肯定荀子關注人事的傳統能否促進科學和技術的發展，但至少比主觀意志論對於中國現代化更少不足。」〔註11〕然而奇怪的是，在新儒家的邏輯中，孟子代表著道統，從孟子一系不僅可以開出科學，還能開出民主。

　　牟宗三承認荀子的「心」有道德的涵義，卻語焉不詳。唐君毅承認荀子的心有「虛靜心」的特點，卻概括為具有純粹理性色彩的「統類心」。徐復觀甚至認為荀子的人性論甚至不及告子的人性論。這種說法無非是基於荀子「性惡論」的不滿。唐君毅認為荀子思想的核心是論「心」，而非論「性」，而且他提出荀子「性惡」只是為了反襯「向善」的緊迫性的觀點。這也反映出新儒家基於心性論的立場，為了肯定荀子思想的人文價值，只能走向弱化「性惡論」的地位或是對「性惡」進行新的言說。

　　海外新儒家，尤其牟宗三的荀學研究立場在港臺具有支配性的地位，不僅影響了很多師承其學的後輩學者，而且還影響了其他眾多的荀學研究者。儘管，很多臺灣學者自覺地批評新儒家荀學研究立場。但從整個荀學研究領

〔註11〕Janghee Lee.XunZi and Early Chinese Naturalism. Albany：State University of New York Press，1981.pp.102.

域來看，依然有相當多的荀學研究者如新儒家一般，完全受某種「先在」的價值立場支配，不自覺地將荀子套入某種特定的理論框架之內，從而形成了各式各樣的荀子。顯然，只有走出荀學研究的「門戶之見」，才能達至客觀、公允的持平之論，這才是荀學研究求「善解」的必由之路。至於如何邁出這一步，則需要荀學研究者進行深入的反思。

附錄二　國外荀子研究述評

　　近年來，荀子研究在大陸逐漸掀起了一股熱潮，取得了斐然的成績。但是，國外的荀子研究狀況卻很少爲大陸學人所知。與之形成鮮明對比的是，臺灣的荀子研究者對國外荀子研究動態給予了較多的關注。茲在借鑒臺灣學者的研究成果基礎上，綜合國內外各種荀子研究資料，盡可能全面地介紹國外荀子的研究狀況。

一、西方世界的荀子研究

　　西方〔註1〕世界最早開始研究荀子始於十九世紀末期，迄今已有一個世紀的歷程。根據 T.C. Kline Ⅲ 與 Philip J.Ivanhoe 主編的《〈荀子〉中的美德、自然與道德主體性》統計顯示：西方世界荀子有研究論著 18 部，相關論文 57 篇〔註2〕。臺灣學者王靈康則統計出 1893～2003 間荀子英文研究著作及論文達 119 部（篇）〔註3〕。由於荀子性惡論的價值立場以及極強的理性色彩與西方文化有某種契合之處，這也使得漢學家們對荀子能夠和孟子同等對待。從地域來看，相對而言，英國與美國的荀子研究要比歐洲大陸國家更爲發達。荀子研究中心與海外漢學陣地的轉移有一定關係。最早的荀子研究出現在英國，後來隨著漢學中心從歐洲轉移到美國，並形成了以波士頓、夏威夷爲中心的漢學研究學派，荀子研究在美國漸趨形成了一定的規模，並出現了 John

---

〔註 1〕　「西方世界」在此非政治意義上的使用，主要指歐洲各國和美國，不含日本。
〔註 2〕　T.C. Kline III and Philip J.Ivanhoe. Virtue，Nature and Moral Agency in the XunZi .Indianapolis：Hackett Pub，2000，pp.253～258.
〔註 3〕　王靈康：《英語世界的荀子研究》，《國立政治大學學報》，2003 年（11）。

Knoblock、D.C.Lau 等長期從事荀子研究的專家。在歐洲大陸，德語、法語地區的荀子研究並不多見。德國只有 Hermann K ster 的《論荀卿哲學》（1979）以及 Heiner Roetz 的博士論文《古代中國的人與天》（1983）三分之一部分涉及荀子研究。法國直到 1987 年才出現荀子譯本，甚至根本沒有出現專門的荀子研究著作〔註4〕。從總體上看，西方世界荀子研究主要建立在兩個「交互」層面：一是文本轉換，即翻譯問題；另一則為思想詮釋。

首先，從文本轉換來看，荀子最早被翻譯成英文是在 1893 年，James Legge 翻譯出《性惡篇》；1924 年，Duyvendak 翻譯了荀子的《正名篇》；1928 年，Homer Dubs 作《荀子選譯》，翻譯了《荀子》版本三十二篇中的十九篇以及《堯問篇》的最後一段；從 1951 年開始，Y.P.Mei 相繼翻譯了《正名篇》、《勸學篇》、《王制篇》；1963 年，Burton Watson 翻譯了《荀子》中的十一篇；1967 年 Hermann K ster 出版了《荀子》的德文全譯注；1987 年，《荀子》法譯本在巴黎出版；1988 年，美國的 John Knoblock 連續出版《荀子》英譯三卷本，從而使《荀子》的文本轉換在英文世界從局部性翻譯，走向全面系統的譯介。John Knoblock 的英譯本附錄了詳細的歷史背景、考訂說明以及眾多的中、西、日文參考數據，為西方學人研究荀子提供了不可多得的文本。到目前為止，John Knoblock 的英譯本在西方漢學界依然很受歡迎。

其次，從思想詮釋來看，有兩種研究進路：內在研究進路和外在研究進路〔註5〕。前者偏重於從荀子思想內容本身出發進行詮釋；後者則側重從歷史脈絡中把握荀子的思想。D.C.Lau、Wing-tist Chan 是採取「內在研究進路」，其長處是可以有效地分析《荀子》中的諸多範疇，能夠深入地把握範疇之間的有機聯繫。但是，將研究範疇抽離具體的歷史語境，作抽象化的概念分析，很容易導致無法把握荀子的儒學精神。Dubs、Herrlee G.Creel、Donald Munro 等漢學家則主要採用「外在研究進路」，該研究方法重視歷史與思想的辯證統一，有助於切實理解儒家倫理的實踐性、超越性特徵，但是對於儒家思想內涵的深入挖掘容易顯得無力。不過，內在研究進路與外在研究進路只是相對意義的劃分。從荀子研究在西方世界的歷程來看，兩種研究方法逐漸互相滲透，呈現了良好的互補態勢。

〔註4〕蔡錦昌：《細軟的「一」與粗硬的「一」：評兩種德國的荀子研究》，《漢學研究》，2007 年（2）。

〔註5〕此處借用著名知識社會學家施達克（Werner Stark）的觀點（Stark，Werner. The Sociology of Knowledge. London：Routledge & Kegan Paul，1958，pp.213.）。

　　此外，西方世界荀子研究者廣泛地將西方的哲學分析方法應用於荀子研究之中，一個比較顯著的特色是比較研究被相當多地加以使用。這其中，不僅包括在中國哲學內部，將荀子與孟子、道家、法家人物等作比較，更主要的是進行中西比較。其中如：Aaron Stalnaker 關於荀子與奧古斯丁人性問題的比較；Eric Hutton 對於亞里士多德與荀子道德理性的比較；Schwitzgebel 在自然與道德教育問題上，對荀子與霍布斯、盧梭思想的比較；Rosemont 則辨析了荀子的儒家理想社會並非 Karl Popper 所說的「封閉社會」。

二、日本的荀子研究

　　正如尚永亮所說：「在域外漢文化圈中，日本是至今仍使用漢字並在漢籍保存、漢學研究中最引人注目的國家。」〔註6〕日本的漢學研究歷來以實證主義的風格，嚴謹細密的工夫著稱，這也造就了日本荀子研究的一貫特色。最初的日本荀子研究，即非常注重實證的考據與訓詁。根據《日本國現在書目錄》所載，《荀子》傳入日本大約在 8 世紀左右〔註7〕。但是，長期以來，荀子並沒有受到太多的注意。一直到日本的德川時代（1603～1867），以 1738 年刊行的荻生徂徠《讀荀子》為首〔註8〕，掀起了一股釋詁荀子的高潮。這一時期，有關《荀子》的注釋本達到五十多種〔註9〕。此時的研究不僅吸收了我國清代考據學者王念孫、王引之、俞樾等人的見解，而且在考據和注疏的水平上，很多甚至被認為超過了清人的學術水平。其中比較著名的如桃井白鹿的《荀子遺秉》、久保愛的《荀子增注》、豬飼敬的《荀子補遺》、冢田虎的《荀子斷》、朝川鼎的《校定荀子箋釋》等。

　　明治時期（1868～1911）依然繼承了德川時代以來的荀子研究側重考據

〔註6〕 尚永亮《日本漢學研究的幾個特點及其啟示意義》，《中州學刊》，2005 年第 5 期。

〔註7〕 張才興：《與荻生徂徠〈讀荀子〉有關的幾個問題》，《逢甲人文社會學報》，2004 年第 9 期。

〔註8〕 《讀荀子》一書在徂徠學的形成過程中具有極其重要的意義。韓東育認為：「《讀荀子》是一部給徂徠學賦予了基本理論框架並規定其邏輯走向的重要著作。」（韓東育：《日本漢學的幾個特點及其啟示意義》，北京：中華書局，2003 年版，第 33 頁。）

〔註9〕 佐藤將之：《漢學與哲學的邂逅：明治時期日本學者之〈荀子〉研究》見《漢學研究集刊》（荀子研究專號），臺北：國立雲林科技大學漢學資料整理研究所，2006 年版，第 159 頁。

注疏的傳統，出現了桂十五郎的《荀子國字解》、島田重禮的《荀子解題》、安井小太郎《荀卿學案》、本城賣的《荀子考》等一系列著述文章。由於明治維新特定的時代背景，荀子思想也引起了西周、加藤弘之、西村茂樹、三島毅等日本啓蒙知識分子的關注。然而，他們的理論興奮點首先出於社會現實的需要，將荀子思想作爲改造現實的理論工具。嚴格意義上而言，他們對荀子的很多論述，還稱不上「研究」。不過，他們很多留學海外、深諳西方學術思想。而荀子思想是連貫東西方文化一個很好的橋樑，必然會引起他們的重視。這在客觀上促使了日本的荀子研究從「考據注疏」轉向到「義理闡釋」，並一開始便具有強烈的西方哲學分析立場，自覺地將荀子與西方思想人物進行比較。在啓蒙知識分子中，尤其以西周對於荀子思想從傳統闡釋走向哲學性詮釋具有典範性意義。囿於對西方哲學的介紹和消化還處於初級階段，所以啓蒙知識分子對荀子的研究還存在著生硬化和粗淺化的問題。

到了明治後期，藤田豐八、木村鷹太郎、蟹江義丸、桑木嚴翼等早年畢業於東京帝國大學的學者，在受到良好的漢學訓練的同時，掌握了西方學術方法並以之爲主進行荀子研究。此時對西方哲學的消化與吸收已經達到一定高度，故而，他們具有明確的比較哲學的視野。以蟹江義丸爲例，蟹江的研究代表了明治時期荀子研究的一個高峰。他有著明確的「哲學」、「倫理學」、「心理學」等學科分類的觀念，並將之納入荀子的研究框架，並以「功利主義」、「社會進化論」、「英國經驗論」等西方哲學範疇分析荀子的哲學特質。此外，他還注意到《荀子》邏輯思想的意義，這直接觸發了桑木嚴翼對荀子邏輯思想的進一步探討。

進入二十世紀，從 30 年代到 50 年代，荀子的研究主要從文獻考據與「思想史方法論」〔註10〕角度出發進行荀子研究。前者以木村英一、金谷治以及豐島睦爲代表，他們受到我國「古史辨」學派的刺激，其中尤以胡適和楊筠如的荀子研究對其影響很大，不過對後兩人的觀點多有批評。後者以重澤俊郎和板野長八爲代表。重澤俊郎的《荀子研究》不僅從生平、學術風格，乃

〔註10〕佐藤將之認爲，自從現代文本研究開始，日本學者不斷地詳盡闡釋先秦思想演化過程的重構，其方法稱之爲「Shisôshi hôhôlon」（思想史方法論），其要點有三：（1）關注各自的思想與概念；（2）繼承前人的視角，繼續嘗試解決先前學者尚未解決的問題；（3）區分歷史對話與虛擬對話（參見 Sato，Masayuki. The Confucian quest for order：The origin and Formation of the Political Thought of Xunzi. Leiden and Boston：Bril，2003，pp.18～21.）

至從經濟、政治、法律、邏輯等各個角度較爲系統的介紹了荀子思想，該書被認爲是日本研究荀子思想的第一部專門著作〔註11〕。到了六七十年代，日本的荀子研究則向縱深和多元化方向發展，成爲日本荀子研究的「黃金時代」〔註12〕。不過，除了內山俊彥和藤井專英對荀子進行宏觀研究而外，絕大多數學者僅僅從荀子思想的某個方面出發進行微觀研究，尤其集中於「天論」、「性論」或者語言邏輯思想。進入 80 年代，日本的荀子研究則從「內在研究進路」轉向「外在研究進路」。這與我國馬王堆帛書、郭店楚簡、上博簡等先秦文獻的出土問世有著密切的聯繫。它直接引發了日本學者的考據興趣。這一時期，積極利用先秦出土文獻對荀子進行學術思想的解讀和建構，研究對象也從荀子思想特色轉移到荀子思想來源問題上。

三、韓國的荀子研究

韓國荀子的研究起步比較晚，發展卻比較快。從 1950～2005 年間，有 4 本荀子研究專著出版，各類期刊文章 121 篇，以荀子爲題的博士論文 7 篇，與荀子相關的碩士論文 82 篇〔註13〕。目前，荀子研究雖然不是韓國儒學研究的中心，卻保持著良好的研究態勢。在韓國，荀子僅次於朱子，位列中國思想家人物研究的第 6 位〔註14〕。

由於朱子學在韓國長期佔據統治地位，所以荀子研究一直處於邊緣化狀態，乃至整個朝鮮時代（1392～1910）幾乎沒有《荀子》注釋本的出現。1954年，曾留學北京大學的李相殷發表了《荀子的人心道心論》，該文是韓國最早的荀子研究論文。進入 19 世紀 60 年代，伴隨著韓國邁步進入現代化國家的行列，荀子思想以其可以與西方思想會通的理論特質，引起了韓國學者的關注：從「天人之分」中發現人類的主體性與科學精神；從「禮論」中發現人文精神和社會秩序原理；從「正名」中挖掘邏輯思想；從荀子重視感覺、知

〔註11〕 佐藤將之：《二十世紀日本學界荀子研究之回顧》，見《東亞儒學研究的回顧與展望》，臺北：國立臺灣大學出版社，2005 年，第 87 頁。
〔註12〕 佐藤將之：《漢學與哲學的邂逅：明治時期日本學者之〈荀子〉研究》見《漢學研究集刊》（荀子研究專號），臺北：國立雲林科技大學漢學資料整理研究所，2006 年版，第 100 頁。
〔註13〕 鄭宰相：《韓國荀子研究評述》，石立善、閻淑珍譯，見《漢學研究集刊》（荀子研究專號），臺北：國立雲林科技大學漢學資料整理研究所，2006 年版，第 208～219 頁。
〔註14〕 同上，第 186 頁。

性的認識論，去對應西方的經驗論和理性主義。一直持續到 80 年代前期，以西方思想詮釋荀子成為當時荀子研究的主流。

進入 70 年代，伴隨著韓國經濟的迅猛發展，社會的成功轉型，增強了韓國人民的民族自信力，再加上現代化所帶來的一些社會弊病，使得人們對傳統的關注日趨高漲。所以，荀子研究從「西方詮釋」轉向為「傳統詮釋」。同時，如何看待和協調荀子思想的現代意義與傳統價值，逐漸成為荀子研究關注的焦點。

韓國荀子研究一個重要特點就是具有開放性，能夠積極利用國外荀子研究成果。甚至，對國外荀子研究成果的消化、吸收、創新，成為韓國國內荀子研究的一個主要傾向。由於韓國政治、經濟、外交關係的變化，使得派送國外的韓國留學生的流向也出現變化，這也影響到韓國的荀子研究。鄭宰相發現不同時期的韓國荀子研究參考論文和引用文獻呈現了不同的地域來源變化：日本（1950 年代～1970 年代）→臺灣（1970 年代～1990 年代）→中國大陸、歐美（1990～現在）〔註 15〕。不過，這也造成了韓國的荀子研究缺乏學術獨立性，忽視國內成果的繼承與創新。

重視理論分析，忽視文獻研究是韓國荀子研究的另一特點。眾多的研究者從「人性論」、「天論」、「禮論」等不同的角度闡釋荀子，其中亦不乏新意。但是，半個世紀以來，除了洪淳昶、金勝惠的荀子研究外，鮮見荀子的文獻考據性著述，並缺少從「外在研究進路」出發的荀子研究。另外，韓國荀子研究者忽視近年來中國大陸最新的出土文獻，忽視對荀子思想來源的考察。這些方面，不僅是目前韓國荀子研究亟待克服的不足，而且也是其中國哲學研究尋找學術生長點必須面臨的課題。

〔註15〕同上，第 206 頁。

參考文獻

一、中文文獻

1. 〔美〕斯蒂芬・范・埃弗拉：《戰爭的原因》，何曜譯，上海：上海人民出版社，2007 年版。

2. 〔荷〕弗朗斯・凡・愛默倫、羅布・荷羅頓道斯特：《批評性論辯：論辯的語用辯證法》，張樹學譯，北京：北京大學出版社，2002 年版。

3. 〔美〕安樂哲：《和而不同：比較哲學與中西會通》，溫海明編，北京：北京大學出版社，2002 年版。

4. 〔美〕昂格爾：《現代社會中的法律》，吳玉章、周漢華譯，南京：譯林出版社，2001 年版。

5. 〔英〕邁克爾・歐克肖特：《政治中的理性主義》，張汝倫譯，上海：上海譯文出版社，2004 年版。

6. 〔英〕齊格蒙特・鮑曼：《現代性與矛盾性》，邵迎生譯，北京：商務印書館，2003 年版。

7. 〔美〕布迪，莫里斯：《中華帝國的法律》，朱勇譯，南京：江蘇人民出版社，1995 年版。

8. 蔡仁厚：《孔孟荀哲學》，臺北：臺灣學生書局，1984 年版。

9. 蔡錦昌：《細軟的「一」與粗硬的「一」——評兩種德國的荀子研究》，《漢學研究》，2007 年第 2 期。

10. 曹礎基：《莊子淺注》，北京：中華書局，1982 年版。

11. 陳登元：《荀子哲學》，上海：商務印書館，1928 年版。

12. 陳飛龍：《荀子禮學之研究》，臺北：文史哲出版社，1979 年版。

13. 陳飛龍：《孔孟荀禮學之研究》，臺北：文史哲出版社，1982 年版。

14. 陳鼓應：《黃帝四經今注今譯》，北京：商務印書館，2007 年版。

15. 程顥、程頤：《二程集》，王孝漁點校，北京：中華書局，1982 年版。

16. 陳來：《古代思想文化的世界——春秋時代的宗教、倫理與社會思想》，北京：三聯書店，2002 年版。

17. 陳來：《古代宗教與倫理——儒家思想的根源》，北京：三聯書店，1996 年版。

18. 陳啓天：《中國法家概論》，上海：中華書局，1936 年版。

19. 陳弱水：《公共意識與中國文化》，北京：新星出版社，2006 年版。

20. 陳文潔：《荀子的辯說》，北京：華夏出版社，2008 年版。

21. 陳柱：《諸子概論》，上海：商務印書館，1930 年版。

22. 儲昭華：《明分之道——從荀子看儒家與民主政道融通的可能性》，北京：商務印書館，2005 年版。

23. 東方朔：《從橫渠、明道到陽明》，香港：香港中文大學出版社，2005 年版。

24. 杜維明：《論儒家知識分子》，錢文忠、盛勤譯，上海：上海人民出版社，2000 年版。

25. 樊浩：《中國倫理精神的歷史建構》，南京：江蘇人民出版社，1992 年版。

26. 芬格萊特：《孔子：即凡而聖》，彭國翔譯，南京：江蘇人民出版社，2002 年版。

27. 馮友蘭：《中國哲學史》（上冊），見涂又光纂：《三松堂全集》（第二卷），鄭州：河南人民出版社，1988 年版。

28. 馮友蘭：《中國哲學簡史》，北京：北京大學出版社，1996 年版。

29. 馮友蘭：《中國哲學史新編》（上卷），北京：人民出版社，1998 年版。

30. 弗里德里希：《超驗正義——憲政的宗教之維政治中的理性主義》，周勇、王麗芝譯，北京：三聯書店，1997 年版。

31. 高明：《禮學新探》，臺北：臺灣學生書局，1984 年版。

32. 〔英〕葛瑞漢：《論道者：中國古代哲學的論辯》，張海宴譯，北京：中國社會科學出版社，2003 年版。

33. 〔日〕溝口雄三：《中國的思想》趙士林譯，北京：中國社會科學出版社，1995 年版。

34. 郭沫若：《十批判書》，北京：人民出版社，1954 年版。

35. 郭湛波：《先秦辯學史》，上海：中華印書局，1932 年版。

36. 〔英〕哈耶克：《自由秩序原理》（上冊），鄧正來譯，北京：三聯書店，1997 年版。

37. 韓德民：《荀子與儒家社會》，濟南：齊魯書社，2001 年版。

38. 韓星：《先秦儒家源流述論》，北京：中國社會科學出版社，2004 年版。

39. 韓冬育：《日本近世新法家研究》，北京：中華書局，2003 年版。

40. 〔匈〕阿格尼絲·赫勒：《現代性理論》，李瑞華譯，北京：商務印書館，2005 年版。

41. 洪亮吉：《春秋左傳詁》，李解民點校，北京：中華書局，1987 年版。

42. 桓寬：《鹽鐵論》，上海：商務印書館，1936 年版。

43. 黃宗羲：《明夷待訪錄》，北京：中華書局，1981 年版。

44. 黃宗羲：《黃宗羲全集》（第一卷），杭州：浙江古籍出版社，1985 年版。

45. 〔英〕霍布斯：《利維坦》，黎思復、黎廷弼譯，北京：商務印書館，1985 年版。

46. 〔英〕霍布斯：《論公民，》應星、馮克利譯，貴陽：貴州人民出版社，1998 年版。

47. 侯外廬、趙紀彬、杜國庠：《中國思想通史》（第一卷），北京：人民出版社，1957 年版。

48. 侯外廬：《中國古代思想學說史》，瀋陽：遼寧教育出版社，1998 年版。

49. 侯外廬：《中國古代社會史論》，石家莊：河北教育出版社，2000 年版。

50. 蔣鴻禮：《商君書錐指》，北京：中華書局，1986 年版。

51. 蔣慶：《政治儒學：當代儒學的轉向、特質與發展》，北京：三聯書店，2003 年版。

52. 姜忠奎：《荀子性善證》，出版地及單位不詳，1926 年版。

53. 金耀基：《中國民本思想》，北京：法律出版社，2008 年版。

54. 〔美〕丹尼斯·朗：《權力論》，陸震綸、鄭明哲譯，北京：中國社會科學出版社，2001 年版。

55. 康有為：《長興學記·桂學答問·萬木草堂口說》，北京：中華書局，1988 年版。

56. 〔德〕克勞塞維茨：《戰爭論》，中國人民解放軍軍事科學院譯，北京：商務印書館，1978 年版。

57. 孔繁：《荀子評傳》，南京：南京大學出版社，1997 年版。

59. 黎翔鳳：《管子校注》，梁運華整理，北京：中華書局，2004 年版。

60. 〔德〕魯登道夫：《總體戰》，戴耀先譯，北京：解放軍出版社，1988 年版。

61. 李安宅：《〈儀禮〉與〈禮記〉之社會學的研究》，上海：上海人民出版，2005 年版。

62. 李民、王健：《尚書譯注》，上海：上海古籍出版社，2004 年版。

63. 李澤厚：《中國古代思想史》，北京：人民出版社，1985 年版。

64. 李哲賢：《荀子之名學析論》，臺北：文津出版社，2005 年版。

65. 廖名春：《荀子新探》，臺北：文津出版社，1994 年版。

66. 〔美〕列文森：《儒家中國及其現代命運》鄭大華、任菁譯，北京：中國社會科學出版社，2000 年版。

67. 劉又銘：《荀子的哲學典範及其在後代的變遷轉移》，見《漢學研究集刊》（荀子研究專號），臺北：國立雲林科技大學漢學資料整理研究所，2006 年版。

68. 劉耘華：《詮釋學與先秦儒家之意義生成》，上海：上海譯文出版社，2002 年版。

69. 劉澤華：《先秦政治思想史》，天津：南開大學出版社，1984 年版。

70. 劉澤華：《中國的王權主義》，上海：上海人民出版社，2000 年版。

71. 劉澤華、葛荃：《中國古代政治思想史》，天津：南開大學出版社，2001 年版。

72. 劉澤華：《先秦士人與社會》，天津：天津人民出版社，2004 年版。

73. 劉子靜：《荀子哲學綱要，》，上海：商務印書館，1938 年版。

74. 劉祖信等：《郭店楚簡綜覽》，臺北：萬卷樓圖書股份有限公司，2005 年版。

75. 梁啟超：《先秦政治思想史》，上海：上海書店出版社，1986 年版。

76. 梁濤：《竹簡〈窮達以時〉與早期儒家天人觀》，《中州學刊》，2003 年版第 4 期。

77. 陸建華：《荀子禮學研究》，合肥：安徽大學出版社，2004 年版。

78. 盧瑞鍾：《韓非子政治思想新探》，臺北：三民書局，1989 年版。

79. 羅斯：《社會控制》，秦志勇等譯，北京：華夏出版社，1989 年版。

80. 呂思勉：《先秦學術概論》，昆明：雲南人民出版社，2005 年版。

81. 馬積高：《荀學源流》，上海：上海古籍出版社，2000 年版。

82. 〔法〕孟德斯鳩：《論法的精神》（下冊），張雁深譯，北京：商務印書館，1961 年版。

83. 〔美〕米德：《心靈、自我與社會》，趙月瑟譯，上海：上海譯文出版社，1992 年版。

84. 牟宗三：《名家與荀子》，見牟宗三全集編委會：《牟宗三先生全集》（第二冊），臺北：聯經出版事業股份有限公司，2003 年版。

85. 牟宗三：《政道與治道》桂林：廣西師範大學出版社，2006 年版。

86. 〔美〕倪德衛:《儒家之道:中國哲學之探討》,周熾成譯,南京:江蘇人民出版社,2006 年版。

87. 錢穆:《國學概論》,北京:商務印書館,1997 年版。

88. 錢穆:《晚學盲言》,桂林:廣西師範大學出版社,2004 年版。

89. 瞿同祖:《中國封建社會》,上海:上海人民出版社,2005 年版。

90. 任劍濤:《倫理王國的構造:現代性視野中的儒家倫理政治》,北京:中國社會科學出版社,2005 年版。

91. 任劍濤:《政治哲學講演錄》,桂林:廣西師範大學出版社,2008 年版。

92. 〔瑞士〕A・H・若米尼:《戰爭藝術概論》,劉聰譯,北京:解放軍出版社,1986 年版。

93. 薩孟武:《中國政治思想史》,臺北:三民書局,1979 年版。

94. 〔美〕本傑明・史華茲:《古代中國的思想世界》,程鋼譯,南京:江蘇人民出版社,2004 年版。

95. 司馬遷:《史記》,北京:中華書局,2006 年版。

96. 司馬光:《資治通鑒》,胡三省注,北京:中華書局,1956 年版。

97. 尚永亮:《日本漢學研究的幾個特點及其啟示意義》,《中州學刊》,2005 年版,第 5 期。

98. 〔美〕列奧・斯特勞斯:《什麼是政治哲學?》,見古爾德等編:《現代政治思想》,楊淮生等譯,北京:商務印書館,1985 年版。

99. 〔美〕列奧・斯特勞斯:《霍布斯的政治哲學》,申彤譯,南京:譯林出版社,2001 年版本。

100. 宋清華:《經驗理性與制度演進》,北京:中國社會科學出版社,2007 年版。

101. 蘇力:《認真對待人治》,見《制度是如何形成的》,北京:北京大學出版社,2007 年版。

102. 孫詒讓:《周禮正義》,陳玉霞、王文錦點校,北京:中華書局,1987 年版。

103. 孫希旦:《禮記集解》,沈嘯寰、王星賢點校,北京:中華書局,1989 年版。

104. 孫中原:《儒家智者的邏輯——荀子正名析論》,見中國人民大學孔子學院編:《儒學評論》(第二輯),保定:河北大學出版社,2006 年版。

105. 譚嗣同:《譚嗣同全集》,蔡尚思等編,北京:中華書局,1981 年版。

106. 唐才常:《唐才常集》,北京:中華書局,1980 年版。

107. 唐君毅:《中國哲學原論原道篇》(上冊),北京:中國社會科學出版社,2006 年版。

108. 唐君毅：《中國哲學原論導論篇》，北京：中國社會科學出版社，2005 年版。

109. 陶師承：《荀子研究》，上海：大東書局，1926 年版。

110. 王邦雄：《中國哲學史論集》，臺北：臺灣學生書局，2004 年版。

111. 王博：《論〈勸學篇〉在〈荀子〉及儒家中的意義》，《哲學研究》，2007 年版，第 5 期。

112. 王楷：《天然與修爲——荀子道德哲學的精神》，北京：北京大學出版社，2011 年版。

113. 王愷鑾：《尹文子校正》，上海：商務印書館，1935 年版。

114. 王靈康：《英語世界的荀子研究》，國立政治大學學報，2003 年版，第 11 期。

115. 王念孫：《讀書雜志》，南京：南京古籍出版社，1985 年版。

116. 王啓發：《禮學思想體系探源》，鄭州：中州古籍出版社，2005 年版。

117. 王斯睿：《慎子校正》，上海：商務印書館，1935 年版。

118. 王叔岷：《先秦道法思想講稿》，臺北：中央研究院中國文哲研究所，1992 年版。

119. 王曉波：《儒法思想論集》，臺北：時報文化出版事業有限公司，1983 年版。

120. 王先謙：《荀子集解》，沈嘯寰、王星賢點校，北京：中華書局，1988 年版。

121. 王先慎：《韓非子集解》，鍾哲點校，北京：中華書局，1998 年版。

122. 王陽明：《傳習錄》，閻韜注評，南京：江蘇古籍出版社，2001 年版。

123. 王中江：《視域變化中的中國人文與思想世界》，鄭州：中州古籍出版社，2005 年版。

124. 〔英〕格雷厄姆·沃拉斯：《政治中的人性》，朱曾汶譯，北京：商務印書館，1995 年版。

125. 〔德〕馬克斯·韋伯：《儒教與道教》，王容芬譯，北京：商務印書館，1995 年版。

126. 〔德〕馬克斯·韋伯：《經濟與社會》（下卷），林榮遠譯，北京：商務印書館，1997 年版。

127. 韋政通：《儒家與現代中國》，上海：上海人民出版社，1990 年版。

128. 韋政通：《荀子與古代哲學》，臺北：臺灣商務印書館，1997 年版。

129. 韋政通：《中國思想史》，上海：上海書店出版社，2004 年版。

130. 韋政通：《荀子「禮義之統」的系統解析》，見《韋政通自選集》，濟南：山東教育出版社，2005 年版。

131. 〔日〕五來欣造：《政治哲學》，李毓田譯述，上海：商務印書館，1935 年版。

132. 〔美〕伍德拉夫：《尊崇：一種被遺忘的美德》，林斌、馬紅旗譯，北京：商務印書館，2007 年版。

133. 吳龍輝：《原始儒家考述》，北京：中國社會科學出版社，1996 年版。

134. 吳樹勤：《禮學視野中的荀子人學——以「知通統類」爲核心》，濟南：齊魯書社，2007 年版。

135. 蕭公權：《中國政治思想史》（一），瀋陽：遼寧教育出版社，1998 年版。

136. 蕭延中：《中國古代「天學」理念與政治合法性信仰的建構》，《華東師範大學學報》（哲學社會科學版），2008 年版，第 11 期。

137. 熊公哲：《荀卿學案》，上海：商務印書館，1934 年版。

138. 熊十力：《韓非子評論·與友人論張江陵》，上海：世紀股份有限公司，2007 年版。

139. 徐復觀：《中國人性論史（先秦篇）》，上海：上海三聯書店，2001 年版。

140. 徐復觀：《中國思想史論集續編》，上海：上海書店出版社，2004 年版。

141. 徐復觀：《徐復觀治經學史二種》，上海：上海書店出版社，2006 年版。

142. 許抗生：《中國法家》，北京：新華出版社，1992 年版。

143. 〔古希臘〕亞里士多德：《亞里士多德選集》（政治學卷），顏一編，北京：中國人民大學出版社，1999 年版。

144. 閻步克：《士大夫政治演生史稿》，北京：北京大學出版社，1996 年版。

145. 楊大膺：《荀子學說研究》，上海：中華書局，1936 年版。

146. 楊國榮：《倫理與存在：道德哲學研究》，上海：上海人民出版社，2002 年版。

147. 楊榮國：《簡明中國哲學史》，北京：人民出版社，1975 年版。

148. 楊陽：《王權的圖騰化——政教合一與中國社會》，杭州：浙江人民出版社，2000 年版。

149. 楊幼炯：《中國政治思想史》，上海：商務印書館，1937 年版。

150. 楊筠如：《荀子研究》，上海：商務印書館，1933 年版。

151. 楊志剛：《中國禮儀制度研究》，上海：華東師範大學出版社，2005 年版。

152. 余英時：《士與中國文化》，上海：上海人民出版社，1987 年版。

153. 余英時：《中國思想傳統的現代詮釋》，南京：江蘇人民出版社，2004 年版。

154. 袁柏順：《尋找權威與自由的平衡》，長沙：湖南人民出版社，2006 年版。

155. 翟錦程：《先秦名學研究》，天津：天津古籍出版社，2005 年版。

156. 張才興：《與荻生徂徠〈讀荀子〉有關的幾個問題》，《逢甲人文社會學報》，2004 年版，第 9 期。

157. 張涅：《論韓非與荀子無思想承傳關係》，見《先秦諸子論集》，上海：上海古籍出版社，2005 年版。

158. 張舜徽：《周秦道論發微》，北京：中華書局，1982 年版。

159. 趙汀陽：《荀子的初始狀態理論》，《社會科學戰線》，2007 年版，第 5 期。

160. 鄭曉江：《論「忠」之精神探源》，《江西師範大學學報》（哲學社會科學版），1991 年版，第 4 期。

161. 鄭宰相：《韓國荀子研究評述》，石立善、閻淑珍譯，見《漢學研究集刊》（荀子研究專號），臺北：國立雲林科技大學漢學資料整理研究所，2006 年版。

162. 周熾成：《荀子韓非的歷史哲學》，廣州：中山大學出版社，2002 年版。

163. 周群振：《荀子思想研究》，臺北：文津出版社，1987 年版。

164. 周紹賢：《荀子要義》，臺北：臺灣中華書局，1977 年版。

165. 周振甫：《周易譯注》，北京：中華書局，1991 年版。

166. 朱熹：《四書章句集注》，北京：中華書局，1983 年版。

167. 左丘明：《國語》，焦傑點校，瀋陽：遼寧教育出版社，1997 年版。

168. 佐藤將之：《漢學與哲學的邂逅：明治時期日本學者之《荀子》研究》見《漢學研究集刊》（荀子研究專號），臺北：國立雲林科技大學漢學資料整理研究所，2006 年版。

169. 佐藤將之：《二十世紀日本學界荀子研究之回顧》，見《東亞儒學研究的回顧與展望》，臺北：國立臺灣大學出版社，2005 年版。

二、英文文獻

1. Alexandrakis，Aphrodite. 2006. The Role of Music and Dance in Ancient Greek and Chinese Rituals：Form versus Content，Journal of Chinese Philosophy，33（2）：267～278.

2. Cheng，Andrew Chih-yi. 1928.Xüntszu' Theory of Human Nature and its Influence on Chinese Thought. Columbia University Thesis（Ph.D.）.

3. Chong，Kim-Chong.2003.Xunzi' Systematic Critique of Mencius.Philosopy East&West，53：215～233.

4. Dubs，Homer.1927. Hüntsze：The Moulder of Ancient Confucianism. London：Arthur Probsthain.

5. Fraser，Chris. 2006. Zhuangzi and the Paradoxical Nature of Education. Journal of Chinese Philosophy，33（4）：529～542.

6. Goldin，Paul Rakita.1999. Rituals of the way：the philosophy of Xunzi. Chicago：Open Court.

7. Kline III，Thoenton.C. & Ivanhoe，Philip.J. 2000.Virtue，Nature and Moral Agency in the Xunzi.Indianapolis：Hackett Pub.

8. Lee，Janghee.2005. Xunzi and Early Chinese Naturalism. Albany：University of New York Press.

9. Machle，Edward. 1993. Nature and Heaven in the Xunzi：A Study of the Tian Lun. Albany：State University of New York Press.

10. Sato，Masayuki.2003. The Confucian quest for order：The origin and Formation of the Political Thought of Xunzi. Leiden and Boston：Bril.

11. Schofer，Jonathan .1993. Virtues in Xunzi' Thought. Critique of Mencius.The Journal of Religious Ethics，21：117～136.

12. Stark，Werner.1958. The Sociology of Knowledge.London：Routledge & Kegan Paul.

13. Wong，Pui-Yee. 1985. The philosophy of Husn-Tze，Hong Kong：Swindon Book Company.

後　記

　　本書是我在攻讀清華大學哲學系博士研究生階段的學位論文基礎上修改而成。早在讀博之前，已從北大畢業的黃芸師姐對我說：「與孔、孟研究相比較，荀子研究顯得有點薄弱。」碰巧，我碩士階段曾仔細研讀過《荀子》，並寫過相關的文章。這讓我傾向於將荀子作為博士階段的研究選題。更為重要的原因——荀子是先秦思想的集大成者。我想以荀子為基點，回溯先秦學術史；亦以荀子為起點下貫秦漢學術史，乃至其他諸階段的學術史，進而形成我對中國哲學史的系統認知。這本書的出現，只是我前一部分設想的階段性成果。在浩如煙海的史料以及林林總總的各類研究著作面前，我才發現即使是第一階段的工作，哪怕一輩子皓首窮經，也可能還僅僅是蜻蜓點水，霧裏看花。無論如何，值得慶幸的是，在經典的閱讀過程中，我感受到了儒家文化的洗禮，感受到了諸子智慧的通透，余願足矣。

　　首先要感謝業師胡偉希教授。胡師接人待物，持中秉正；學問踏實，文風嚴謹；知識淵博，學貫中西，有儒雅之氣。與他的每一次交流都能讓我如沐春風，如潤細雨。為了順利地完成本文的寫作，2009 年的春節，我選擇了留在學校。胡師知曉後，便邀我到他家裏一起共度春節。我的這篇論文，從寫作到修改，再到定稿都融入了他的汗水與辛勞。「經師易遇，人師難遭」，吾師之人格與學識永遠是我學習的典範！在清華的學習與生活過程中，我還得到了諸位師友的幫助。感謝在開題報告和預答辯時萬俊人、王曉朝、王路、鄒廣文、貝淡寧（Daniel A. Bell）諸師對論文提出的寶貴意見。非常想念曾經朝夕相處的同學，如今大家已經各奔東西，有了自己的家庭與事業。

在我的書稿即將付梓的時候，我碩士階段的導師鄭曉江教授卻蓬歸道山。他的轉身離去，讓我久久不能釋懷。他一直用「生命」詮釋著中國哲學與文化，並致力於以「生命教育」來凸顯傳統文化的人文關懷功能。甚至，他把我們這些弟子，視爲他精神生命的延續。師恩如山，師愛似海。懷念鄭師以及那似水的年華！

2010 年，我從鄭師的身邊回到了離家較近的中國礦業大學工作。感謝馬克思主義學院的各位領導與同事。尤其感謝池忠軍院長，他在我的調動與工作過程中，均給予了莫大的幫助與支持。

感謝用汗水和心血栽培我的父母。沒有他們，就沒有我的今天；感謝溫柔賢惠的妻子房媛，她不僅理解與支持我的學術追求，而且以行動讓我擺脫了許多世俗煩務的干擾；感謝一直給予我幫助的龔小蘭、黃明理、李承貴等老師。正是有了他們的幫助，我才得以順利地渡過了許多人生旅程中出現的暗礁與險灘。

此外，感謝花木蘭文化出版社的擡愛，他們一直致力於推動中國學術思想研究。本書能夠系列「中國學術思想研究輯刊」，實屬榮幸之至。感謝本書編輯陳世東先生的辛勤勞作與無私付出。

胡可濤

2013 年 4 月 29 日於「思齊齋」